The Great Book-Collectors

伟大的藏书家

[英] 查尔斯·艾萨克·埃尔顿　[英] 玛丽·奥古斯塔·埃尔顿　/　著

李凌云　/　译

深圳出版社

图书在版编目（CIP）数据

伟大的藏书家 / (英) 查尔斯·艾萨克·埃尔顿，
(英) 玛丽·奥古斯塔·埃尔顿著；李凌云译. -- 深圳：
深圳出版社，2023.9
　（海天译丛）
书名原文：The Great Book-Collectors
ISBN 978-7-5507-3905-5

Ⅰ.①伟… Ⅱ.①查… ②玛… ③李… Ⅲ.①藏书—
图书史—欧洲 Ⅳ.①G259.5

中国国家版本馆CIP数据核字(2023)第176493号

伟大的藏书家
WEIDA DE CANGSHUJIA

出 品 人　聂雄前
责任编辑　邱秋卡
责任校对　万妮霞
责任技编　梁立新
装帧设计　龙瀚文化

出版发行　深圳出版社
地　　址　深圳市彩田南路海天综合大厦（518033）
网　　址　www.htph.com.cn
订购电话　0755-83460239（邮购、团购）
设计制作　深圳市龙瀚文化传播有限公司 0755-33133493
印　　刷　中华商务联合印刷（广东）有限公司
开　　本　787mm×1092mm　1/16
印　　张　19.25
字　　数　248千
版　　次　2023年9月第1版
印　　次　2023年9月第1次
定　　价　68.00元

译 序

翻译这本《伟大的藏书家》，我断断续续地用了两年时间，主要原因在于书中提到的藏书家众多，涉及地域之广和时间之长，让我不得不查阅大量的背景资料，这可能也是有过翻译经历的人的共同感受。在跨文化的背景下，语义翻译只是浅表之事，了解背后的历史和文化现象才是耗时耗力之举。希望我的努力能帮助读者更方便地阅读此书，其中的不当和错漏之处，也请读者指正。

这本写于 19 世纪的书，既是一部古往今来西方藏书家的轶闻掌故集，也是一部记录书籍流转的书志学之书。书里提到的藏书家，或是王公贵胄，或是巨商富贾，或是饱学之士，不管是出于对书籍的真诚热爱，还是出于将书籍作为财富的炫耀之心，他们不知不觉间都扮演了文化保护者和文明传承人的角色，在书籍稀缺、文明之光熹微的年代，其爱书、藏书之举为知识和文明的传播及保护起到了推动作用。这些大大小小的人物，也在历史的长河里留下了名头。很多人的功业早已被人遗忘，却因藏书为后人所记。比如格罗利耶，这位 15 世纪末 16 世纪初在法国占领米兰时的财务官，生前权势煊赫，广有资财，但若非他丰富的藏书和精致的装帧趣味，恐怕早已被后人遗忘。故美国铁路大王亨利·亨廷顿才会产生通过收藏珍贵书籍获取不朽声名之思，亨廷顿如此，J. P. 摩根亦如此。书中的很多人物，虽然在历史中褒贬不一，他们对文化事业的赞助却是一桩无可争议的善举。

翻译此书之前，我曾翻译过《随泰坦尼克沉没的书之瑰宝》《艺术中的灰姑娘》这两本与书籍有关的书，自此对这一类图书产生兴趣。无疑，书籍是知识的载体，但书籍本身的制作、演变和传播也是人类文明的一个小小分支，有太多的人和事可记述，有太多的踪迹和脉络可寻。因此，尽管为查阅资料费了不少时间和精力，却也乐在其中，有入宝山满载而归的幸福感。

感谢深圳出版社的胡小跃先生，在拿到译稿后不久就立刻决定将之收入"海天译丛"并出版。在出版社同仁的辛勤付出和共同努力下，这本书仅用两个月时间便完成选题申报、文字编辑和设计制作，这种超常的出版速度，正符合深圳的创新精神和对读书、藏书的热情，也借此向古今中外那些为书籍收藏作出过贡献的人致敬。

李凌云

2023 年 8 月 28 日于北京

目 录

第一章

古典时期

在开始着手写作这本藏书家生平的著作时，我觉得很有必要在那些狭窄的字里行间寻寻觅觅，钩沉择微，寻找跟这一主题相关的所有内容，且避免对某本书着墨过多，重点应放到藏书家或者猎书客身上，把他们与那些图书管理员、书商、学者、经纪人以及想把目中所见都据为已有的书饕（gormandiser）区别开来。

法国学者纪尧姆·波斯塔尔（Guillaume Postel）[1]曾和朋友就"大洪水"[2]之前的作家争论不休，而今日今时，人们早已忽略不提闪（Shem）[3]的图书馆，并对《以诺书》（*Book of Enoch*）[4]的真伪表示怀疑。但为行文所需，仍有必要回溯到远古年代，聊一聊远东、希腊、罗马、埃及、本都（Pontus）[5]和小亚细亚的古书。我们曾见过尼尼微（Nineveh）[6]的泥板图书馆，见识过巴比伦帝国国王们的藏书，听说过埃克巴塔那（Ecbatana）[7]居鲁士的诏令。世人均知尼希米（Nehemiah）[8]曾建起一座图书馆，勇敢的马加比家族（Maccabees）[9]将因战争而散佚流失的书籍重新收罗到一起。东方的每片沙漠似乎都曾有过一座图书馆，神殿庙宇的残垣断壁躺在黄沙中，已逝之人"将沉默思想悬挂于沉默之墙"。埃及旅行者找到了拉美西斯（Ramesses）[10]法老们的藏书之所，称其为"灵魂拯救之地"：一座位于狮身人面像胸部，一座位于现在的开罗，一座在亚历山大城，毁于恺撒的进攻，而后来那些放在塞拉比斯（Serapis）[11]神庙中的残存书籍，据称已成为阿拉伯帝国哈里发欧麦尔（Umar）[12]献给《古兰经》的祭品。

小亚细亚的图书馆也负有盛名，以弗所（Ephesus）[13]有很多奇书，奥朗提斯河（Orontes）[14]边的安提俄克（Antioch）[15]藏书颇丰。在塔尔苏斯（Tarsus）[16]，头戴灰帽的学生在河边像水鸟一样喋喋不休；在帕加马王国（Pergamum）[17]，人们制作的羊皮纸宛如象牙般精美，他们的敌人描述道："黄皮肤的书痴们视书如宝，他们的肤色来自他们所吃的食物。"阿塔罗斯王朝（Attalid dynasty）[18]的国王建起的皇家图书馆被马克·安东尼（Mark Antony）[19]在战争中大肆劫掠，他将其作为礼物赠予自己的情人——埃及艳后克利奥帕特拉（Cleopatra，前69—前30）。

　　雅典人只要想到被波斯国王薛西斯一世（Xerxes I）[20]掳走的萨摩斯（Samos）[21]国王波利克拉特斯（Polycrates）[22]和雅典僭主庇西特拉图（Pisistratus）[23]的藏书，想到在亚历山大大帝东征得胜后重返故里这类传奇，就会欣然开怀。亚里士多德的藏书是历史上首次有确切记载的私人藏书，它们的曲折命运至今仍被人津津乐道。亚里士多德去世前将这批藏书留给弟子塞奥弗拉斯托斯（Theophrastos），塞奥弗拉斯托斯也成就非凡，乃一杰出的哲学家和自然学家，他去世前，又将亚里士多德的藏书和他本人的著作手稿赠给弟子纳留斯（Neleus），纳留斯将这批书运至位于小亚细亚的家乡，保存在邻近特洛伊废墟的家中。其中一部分被托勒密王朝（Ptolemaic dynasty）[24]的国王们买去充实亚历山大图书馆，想必已毁于同罗马人的鏖战。其余尚在原址，当时帕加马王国的君主为建图书馆向民间广征书籍，为避免被征用，纳留斯的后人将这批书草草转移至一座山洞，洞中湿气几乎令它们彻底被毁，重见天日后又成为雅典藏书家亚贝里康（Apellicon）[25]的财产。这位仁兄最早应验了"藏书家并非爱学问之人"这句话，他将这批书运往雅典，试图修复羊皮卷上的虫蛀痕迹，这反倒令书愈发受损。之后，罗马将军苏拉（Sulla）[26]攻占雅典，将亚贝里康的藏书作为战利品运往罗马，结果藏书在罗马学者提拉尼翁（Tyrannion）手中再遭蹂躏，他为遍布罗马的图书馆提供亚里士多德藏书的副本并从中牟利，其粗蛮行为令这些书再次历劫。

　　罗马人在征战过程中，边收获战利品，边学做藏书家。据说迦太基（Carthage）陷落后，城中藏书都赏赐给了当地的酋长。他们是朱古达

（Jugurtha）[27] 国王和朱巴（Juba）[28] 国王的祖先。还有一种说法，它们被当作抚恤品赏赐给惨遭杀害的雷古鲁斯（Regulus）[29] 的家人。这些书显然都留存了下来，数世纪后的学者还曾引用迦太基典籍来描述大西洋上最早的航行。恹恹不乐的马其顿国王珀尔修斯（Perseus）[30] 后来被罗马人灭国，皇家图书馆藏书沦为罗马将军保卢斯（Paullus）[31] 的战利品；阿西尼乌斯·波里奥（Asinius Pollio）[32] 用达尔马提亚（Dalmatia）[33] 的文学典籍装饰了一大间书房，尤里乌斯·恺撒在"罗马七丘"之一的阿文丁山（Aventine）上建了一座公共图书馆，屋大维在恺撒宫建有两座，他的姐姐小屋大维娅（Octavia，前 69—前 10）在台伯河边也建了图书馆，以纪念她早逝的儿子马斯鲁斯（Marcellus）；阴郁的图密善（Domitian）[34] 重修了朱庇特神庙里的图书馆，这座建筑曾被雷电击中并起火；图拉真（Trajan）[35] 则为了他在欧比亚浴场的藏书集尽天下财富，它们成为戴克里先（Diocletian）[36] 浴场里最引人入胜之物。

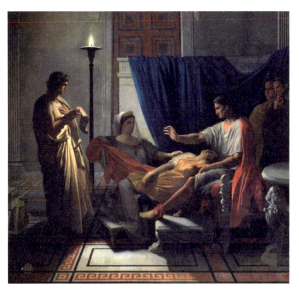

油画表现维吉尔为奥古斯都、利维亚和奥克塔维亚朗读《埃涅阿斯纪》。法国画家让·奥古斯特·多米尼克·安格尔作于1812年，现存于图卢兹奥古斯丁博物馆。

　　私人图书馆在卢库鲁斯（Lucullus）[37]时代达到辉煌，本都一战，他将本都国王米特里达梯六世（Mithridates Ⅵ）[38]的财富和全部藏书据为己有，以充实自家收藏，里面满是哲学家和诗人之作，好似为缪斯找到了新家，为希腊文化找到了新归宿。哲学家塞涅卡（Seneca）[39]虽是富翁，却对那种炫富式藏书颇为不屑，他甚至为亚历山大图书馆的浩劫而欢欣，写道："这些无所事事的猎书者，只知书名和装帧，于内容一无所知，他们把书装进雪松或者象牙制成的大箱子里，摆在浴场里，纯为炫耀，跟学问没有半点关系。"讽刺作家卢奇安（Lucian）[40]也对安东尼时代的猎书者提出严厉批评，说这伙人手持书本，活像一尊柏勒洛丰（Bellerophon）[41]的雕像，手持密信，却对里面的内容毫不知晓，仅在意书是否为羊皮制成，上面有无金饰："我想不出你们究竟打算从书中获得什么，你们目不转睛地盯着它们，又是装帧又是捆扎，还用番红花和雪松油不停擦拭。仿佛它们能令生来木讷寡言的你能言善辩。"他将这些勤勉而愚笨的人比作对着乐谱的蠢驴，或是穿上金马甲的猴子，徒然予人笑柄："倘若书籍令人原形毕露，阁下最好敬而远之。"

　　自君士坦丁堡兴建伊始，文学典籍在东方就有了庇护之所。后来帝国边境被不断推进的萨拉森人（Saracens）[42]侵扰，学术活动只能偏安于君士坦丁堡的大学和基督教堂、多石的阿索斯圣山（Athos）[43]上的希腊修道院和爱琴海东南的帕特摩斯岛（Patmos）[44]。东罗马帝国境内饱学之士并不多见，却有大批甘心献身于古代典籍保护的人。仅有的几个真正的爱书人在众多业余爱书者中可谓凤毛麟角。圣庞非勒（St. Pamphilus）[45]算是其中的佼佼者，他在改信基督教之前曾是贝鲁特法学院（Law school of Berytus）的学生，之后在位于巴勒斯坦的恺撒利亚（Caesarea）[46]建起一座神学院，在这里收藏了三万多册书籍。他醉心于奥利金（Origenes）[47]的学说，并专程到亚历山大城研修奥利金的神秘理论。圣庞非勒后来殉教，其研究成未竟之业，他将自己的藏书留给恺撒利亚教堂，由好友尤西比乌斯（Eusebius）[48] 照管。圣哲罗姆（St. Jerome）[49] 还是藏书家时，曾四处游历，领略罗马的富庶和君士坦丁堡的壮美，从他那里，我们第一次听说金银墨水，听说写在牛皮纸上的泰尔紫（Tyrian purple）[50] 颜料。他也曾踏足恺撒利亚，并对庞非勒的藏书叹为观止，称不知何物能与之媲美。他还得到二十五卷奥利金之作，上面留有殉道者庞非勒的纤细笔迹，对圣哲罗姆而言，就算找到吕底亚国王克洛伊索斯（Croesus）[51] 的宝藏也难敌他此番所得。

恺撒利亚的尤西乌斯。出自13世纪亚美尼亚手抄本《托罗斯罗斯林福音书》。

罗马皇帝尤里安（Julian）[52] 是尤西比乌斯的学生，也曾是恺撒利亚教堂藏书的读者，他在安提俄克、君士坦丁堡以及他喜爱的塞纳河小岛上的卢泰西亚（Lutetia）[53] 都建有图书馆，安提俄克图书馆大门上刻着这位皇帝的隽语，摘自他的某封信："有人喜马，有人悦鹰，有人好猎犬，惟吾自幼汲汲于书，情愿为伊独憔悴。"

相传尤里安在安提俄克图书馆的藏书被其继任者约维安（Jovian）[54] 焚毁，此人效当年亚历山大大帝宴后纵火焚毁波斯波利斯（Persepolis）[55] 之举，将前任珍贵藏书付之一炬，以报复尤里安这位叛教者。后人对这些暴行难以释怀，喟然叹曰，在多次征伐中，书籍背井离乡，被"撕碎、刺戳和毁坏"：或埋于尘土，或溺于大海，多少书籍毁于好战的大西庇阿（Scipio）[56] 之手，多少书籍在波伊提乌（Boëthius）[57] 的流放路上四散佚失，宛如离群的羔羊。

《荒野中的圣哲罗姆》 丢勒作品，大约创作于1495年，现存于伦敦国家美术馆

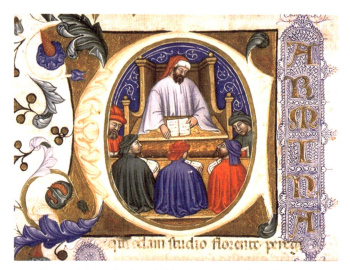

14世纪意大利手抄本《哲学的慰藉》，描绘波伊提乌给学生授课的场景。

　　或许这一话题应单独讨论，残暴的欧麦尔、约维安和日后在英格兰摧毁修道院的暴徒都应在书里披枷示众，塞涅卡当为他对克利奥帕特拉藏书的不敬受到控告，而托马斯·布朗（Thomas Browne）[58]爵士也应为其不当言辞遭到讨伐，他曾说："纵使梵蒂冈沦为废墟，目见之下，吾亦无动于衷，惟愿与他人一道，于灰烬中寻出几页所罗门的湮灭之文。"或许后面那句话会令他受到的攻击稍稍减轻一些。人们也会为塞涅卡找到一些免于罪责的说辞；但其他人则会像热那亚的暴徒一样被归为"极坏之人"，被钉在人类的耻辱柱上。

　　东罗马帝国建立后，其首都君士坦丁堡几百年来都是世界的文化中心、艺术和科学的栖息地。约翰·亨利·米德尔顿（John Henry Middleton）[59]在其所著的《古典时期和中世纪的彩饰手抄本》（*Illuminated Manuscripts in Classical and Mediaeval Times*）中指出，东罗马帝国的人们将波斯、埃及和帝国西部国家的艺术熔于一炉，形成拜占庭艺术的新流派。他告诉我们，数世纪以来，君士坦丁堡都是手稿抄写和制作中心，他们还擅长编纂摘要和撰写词典，在典籍管理方面也颇有成就。正如英国历史学家爱德华·吉本（Edward Gibbon）[60] 所言，古代典籍在这里以摘要或节略的形式得到传承，"既可满足大众的猎奇心理，又不致给他们懒散的生活带来压力"。君士坦丁堡主教佛提乌（Photius）[61] 在 9 世纪的评论家和批评家中堪称巨匠，这位闻名遐迩的藏书家，因为给远方的兄弟编纂藏书节略，从而保护了许多极富价值的古典作品。他当侍卫长时过着平静的学者生活，成为拜占庭教会主教后，却割裂了整个基督教世界，东西两边教会的宗教法庭时而将他逐出教会，时而又将他赦免，轮番交替进行。他那本著名的《群书摘要》（*The Myriad of Books*）成书于其任驻巴格达大使期间。他在此间收到弟弟来信，信中回忆二人当年在图书馆度过的许多美妙夜晚，彼时他们一起潜心研习古代典籍，探讨书中要义精髓。于是佛提乌决定编写一部古代典籍摘要，他重温了三百本历史学家、演说家、哲学家、神学家、旅行家和文学家之作，"以不偏不倚的态度为他们的叙述和学说写出概要和节略，并从中品读其风格与个性"。

宏大的帝国图书馆矗立在圣索菲亚教堂旁边，在"偶像破坏者列奥"（Leo the Iconoclast）[62] 统治时期被毁，而在此之前，还着过一场大火，据说导致超过五十万卷藏书从教堂失踪。大火带来的损失在持续，修复也随之进行。"哲人列奥"（Leo the Philosopher）[63] 曾受教于佛提乌，他和儿子及继承人君士坦丁（Constantine）均以知识保护者著称，经他们努力，古代作家的作品得以在国库旁边的广场大厅再次聚首。

知识传播早已越过帝国边境的限制，阿拉伯人的学问在西班牙的摩尔人（Moors）[64] 中间和更远的亚洲地区同样驰名。据说某位医生曾拒绝布哈拉（Bokhara）[65] 的苏丹之邀，理由是"驮载他的书需要四百只骆驼"。倭马亚王朝（Umayyads）[66] 在科尔多瓦（Cordova）建起一座巨大的图书馆，在格拉纳达王国（Emirate of Granada）[67] 境内，各所大学拥有的图书馆多达七十余座。而西欧其他地区的文化在被蛮族入侵后就逊色得多了，那些残存于墨洛温王朝（Merovingian dynasty）[68]、西哥特

表现佛提乌正在给保加利亚人施洗的插图，出自16世纪的一本手抄本。

人（Visigoths）[69]、东哥特人（Ostrogoths）[70]和勃艮第人的宫廷里的若干宗教书籍的微弱影响已不值得我们费心劳神地去研究，我们更愿意在野蛮人发起最后进攻前的时光里停留片刻。西多尼乌斯（Sidonius）[71]的信令我们得以窥见在匈奴王阿提拉（Attila）[72]入侵不久之后高卢南部文化界的回光返照，这位克莱门特地区的主教曾在信中绘声绘色地描写他的别墅：游廊从中庭通向湖边花园，由南向北，依次为花厅、起居室和会客厅，各种细节罗列无遗，却只字未提藏书室，可能这位主教在刻意效仿小普林尼（Pliny the Younger，约61—113），将他这座位于奥弗涅（Auvergne）[73]的别墅弄成普林尼在洛兰图姆（Laurentum）[74]别墅的翻版。普林尼将书柜嵌到墙里，免得书籍被人频繁翻阅。但西多尼乌斯对朋友府邸的藏书之所倒是不吝笔墨，比如他写诗人康森提乌斯（Consentius）[75]坐在一间大书房里，斟酌诗句或者"采摘音乐之花"；他还记载过自己拜访高卢长官，"简直是在快乐的激流里旋转疾驰"，有各种各样的户外娱乐不说，还有一间满是书籍的图书室，"你尽可以想象自己置身于一间教授的书房、一家书店或者坐在一间讲厅的椅子上"。书籍按门类摆放，房间里还有一间女士盥洗室，内陈祈祷书，书上那些彩饰，照今人眼光看来，与其说是光彩夺目，毋宁说是华而不实，但在那样一个堕落放纵的年代倒也正常。绅士们的座位旁摆的是常见的经典作品，有瓦罗（Varro）[76]的所有著作，而今仅剩断简残篇，还有诗人之作，宗教和世俗题材应有尽有，一些轻松的读物，更适合敏感脆弱之人。总之，无论男女，皆可在此发现符合个人喜好与水平之读物。客人们在来访次日，一俟早餐完毕，便埋头书中，"在水钟旁阅读四个小时而不辍"，直到身着制服的厨师突然将门打开，庄重宣布午餐已备妥。用美食滋养肉体，以知识充实头脑，二者均乃人生之必需品。

当野蛮人在高卢和意大利崛起时，这些古老乡间别墅里的图书馆想必已被摧毁殆尽，当波伊提乌用"巧手修剪灯芯"时，知识的一线微弱光亮尚存；在卡西奥多罗斯（Cassiodorus）[77] 和塞维利亚的依西多禄（Isidore of Seville）[78] 生活的年代，尚有部分古代经典幸存下来，一些昔日辉煌尚在罗马或拉文纳（Ravenna）苟延残喘。波伊提乌在帕维亚的高塔中等待死刑时，忆起在忤逆暴烈的西奥多里克（Theodoric）[79] 国王之前自己那平静安逸的学术生活，想到那远在罗马的图书馆里镶着象牙的墙和亮闪闪的彩绘玻璃窗，不免惆怅满怀，若有所失。

15世纪波伊提乌所著《哲学的慰藉》的法语手抄本。现存于法国国家图书馆。

第二章

爱尔兰—诺森布里亚

　　到了 7 世纪，随着中世纪黑暗时代降临，学术传播和书籍制作日渐衰微，唯爱尔兰的修道院是个例外，文明依旧在那里传承，且成就不凡。

　　有趣的是，基督教在英格兰北部诺森布里亚（Northumbria）[1] 地区传播，长久以来都与爱奥那岛（Iona）[2] 上爱尔兰人修道院传教士的努力分不开。此前，当地的盎格鲁人已得到波莱纳斯（Paulinus）[3] 主教的教诲，后来，诺森布里亚国王埃德温被杀，波莱纳斯被迫离开，这里的人民又恢复了多神教信仰。正是由于爱奥那岛上修道院传教士的努力，他们再次皈依基督教。罗马基督教的正统地位日后经惠特比宗教会议（Council of Whitby）[4] 确定，故当圣艾丹（St. Aidan）[5] 在林迪斯凡恩（Lindisfarne）传教时，诺森布里亚人依旧遵循爱尔兰基督教的教规，俯首于圣帕特里克（St. Patrick）[6]、圣布丽吉特（St. Brigit）[7] 和圣科伦巴（St. Columba）[8] 的训诫和教诲。

　　在叙述英格兰神学院崛起之前，我们应先谈谈跟爱尔兰书籍相关的记载以及圣帕特里克的传奇和科伦巴时代的幽暗传统。

　　最早提到爱尔兰书籍的是《阿西库斯·伊斯特宇宙志》（*Aethicus Ister*）[9]，其中提到爱尔兰的那段，可能时间上与科伦巴努斯（Columbanus）[10] 生活的年代相近。那时，爱尔兰的传教士已开始在欧洲大陆上的维尔茨堡（Würzburg）[11] 和康斯坦茨湖（Lake Constance）[12] 边兴建教堂，或在伦巴第王后西奥多林达（Theodelind，约 570—628）及其继任者的保护下在意大利的博比奥修道院（Bobbio Abbey）[13] 精心制作彩饰手抄本。一位四处游历的哲学家曾造访爱尔兰北部，在爱奥那岛逗留过一段时间，醉心于修道院珍藏的彩饰手抄本，又看不起这里的教士，认为他们是"无知的神学家"，并为置身蛮荒之地而叫苦："此地几为世界尽头，阴郁荒凉，周遭尽是乡野鄙夫，殊无乐趣。"

当帕拉迪乌斯（Palladius）[14] 带领十二人前往盖尔人（Gaels）[15] 聚居地传教时，他将自己的藏书留在了塞尔菲（Cellfine）[16]；而当圣帕特里克进入阿尔斯特（Ulster）[17] 时，那里的国王竟然举火自焚，并将家园悉数烧毁，以拒绝皈依圣帕特里克。圣帕特里克带着八个人和一个背着书篋的小侍从，继续前往塔拉（Tara）[18]："好像八只鹿后面跟着一只小鹿，有白色的鸟停在他的肩膀上。"

表现圣帕特里克前往塔拉的插图，出自1904年出版的一本书

塔拉国王和他的德鲁伊（Druid）[19]祭司准备了一场神判，国王命令圣帕特里克："把你的书丢到水中！"圣帕特里克从容不迫地答"已就绪"，祭司却害怕了："此人崇拜水神，吾不能裁判。"国王又命令帕特里克"把你的书扔到火里去"，圣帕特里克依然回称"遵命"，祭司更害怕了："此人信奉火神，吾亦不敢评判。"最后，书竟完好未损。

修女布丽吉特曾在基尔代尔（Kildare）[20]一棵大橡树边建起一座教堂。她有本精美的福音书，历史学家和地理学家吉拉德·德·巴里（Gerard de Barri）[21]曾在 1185 年见过此书，说它颜色鲜亮，上面的绘画精美绝伦，线条交织繁复，不似出自凡人之手，更像天使之作。确实，人们深信艺术家在梦中得到了神助。

《达罗经》（*Book of Durrow*）[22]又被称为《圣科伦巴福音书》（*The Gospels of St. Columba*），可与著名的《凯尔经》（*Book of Kells*）[23]媲美。据说为圣科伦巴亲自书写，相传他 597 年去世时，已抄写并彩饰了三百本书，皆明亮华贵，粲然异常，随便取一本浸至水中，无论时间长短，字迹都不会洇化。专家们认为《达罗经》可能是这三百本中的一本。

《达罗经》中《马可福音》的开头。该手抄本制作于700年左右，现存于都柏林大学圣三一学院图书馆。

《凯尔经》书影　800年左右由苏格兰爱奥那岛的修道院教士制作，现存于都柏林大学圣三一学院图书馆。

圣科伦巴为人慷慨，曾将自己的福音书赠给索兹（Swords）[24] 地区的教堂，还把从图尔（Tours）[25] 带来的书赠给德里（Derry）[26] 的礼拜会。据说此书曾被置于圣马丁（St. Martin）[27] 胸口，在墓中待了一百年。据说有一次，圣科伦巴前往奥索里（Ossory）去拜访一位名叫朗加拉德（Langarad）的学者，谁知此人竟十分小气，将自己的书籍藏起秘不示人。科伦巴生气之余发出诅咒："汝吝啬至此，百年后，汝之藏书将无法再现于世。"并宣称，待朗加拉德死去，爱尔兰所有的书包将于当晚掉落。接下来的传说是，某一日，圣徒房间里所有的书包和书夹果然纷纷掉地，科伦巴及其追随者对书籍摇晃声惊讶不已。科伦巴遂大声宣布："奥索里的朗加拉德已去世。他对人不抱信任，才有此报应。"

另一传说则与圣芬念（St. Finnen）[28] 有关，并由此引发了一场著名的战争。科伦巴曾拜在圣芬念座下学习，他未经圣芬念允许，抄写了一份圣芬念的《诗篇》。圣芬念声称抄本来自他的底本，应归他所有。争执不下，闹到国王迪厄米德（Diarmid）面前，国王认为每个抄本都附属于原件，就像每头小牛属于母牛一样："所以，科伦巴，抄本应归芬念所有。"科伦巴大为光火，愤而宣称："此判决不公，他日吾定报复。"

这事过去不久，科伦巴的一位亲族在战斗中受伤，逃入修道院避难，却被国王的士兵强行拉出来杀掉。此事令科伦巴怒不可遏，他离开修道院，来到提康奈尔（Tyrconnell）[29] 和蒂龙（Tyrone）[30] 的部族中振臂一呼，掀起一战，击败迪厄米德并夺回此前的手抄本。之后，他离开爱尔兰，前往爱奥那岛，将这份《圣芬念诗篇》的抄件留给提康奈尔的部族首领。此书被称为《战争之书》（Book of the Battle），相传如果白天持此书绕敌人三次，就会赢得战争。此书日后成为提康奈尔贵族奥多奈尔（O'Donnell）的家族财产，直到家族后人离散。书上的镀金装饰和珠宝为 11 世纪后所添，某位家族后人还在神龛外加了一个框。书被拆分后，其中一部分被部族代理人托管于比利时的修道院，滑铁卢战役后归属家族的后人尼尔·奥多奈尔（Neal O'Donnell）爵士，现在则陈列于爱尔兰皇家学院美术馆。文物学家奥康里（O'Curry）[31] 曾见过这书，记录过它的样子：“为小四开本，共五十八页，抄写在精美的牛皮纸上，字体小而均匀，显为匆匆写就。”

现在把话题转回诺森布里亚，这一地区的书籍制作进步很快。635 年，艾丹和一些爱尔兰僧侣在林迪斯凡恩岛上建起修道院，很快使之成为学术中心。

《圣库斯伯特福音书》（*The Gospels of St. Cuthbert*）[32] 于 688 年制作完成，两百年来一直是林迪斯凡恩修道院的瑰宝，修士们将书藏至圣库斯伯特墓中。后来，丹麦人入侵，修道院被烧毁，修士们遂将圣人遗体装到柜子里，把福音书放在箱子中，远离林迪斯凡恩，并带着它们四处流浪，希望觅得新的庇护所。他们原打算驶往爱尔兰，因遭遇暴风雨，被迫折返。暴雨中，这本福音书竟从船舷掉入水中。当他们驶过索尔韦湾（Solway Firth）[33] 时，惊喜地发现这本福音书的金色封面在沙滩上闪闪发亮。之后一个世纪里，这本福音书与流离失所的修士们同患难，共命运，995 年，达勒姆（Durham）的教堂落成，人们将圣库斯伯特于此重新安葬，这本福音书也依旧随葬棺中。直到 16 世纪修道院解散，福音书被人再次从墓中取出，金色封面已经毁坏，装饰尽失。几经辗转，为罗伯特·科顿（Robert Cotton）[34] 所有，后与其庞大藏书一道入藏大英博物馆。

塔尔苏斯的西奥多（Theodore of Tarsus）[35] 于 669 年被任命为坎特伯雷大主教，他从欧洲大陆来到英格兰，随身带来一大批书，后来按照主教遗愿留给教堂图书馆。来自肯特郡的文物学家威廉·兰姆巴迪（William Lambarde）[36] 见过这些书，并留下文字记录。时任坎特伯雷大主教的是马修·帕克（Matthew Parker）[37]，兰姆巴迪说帕克“尽心竭力地保护这些书籍，但主教的努力未获足够褒奖”，他写道：“这位可敬的神甫给我看了《大卫诗篇》（*The Psalter of David*）[38]，里面有希腊语和希伯来语的布道文，抄在厚厚的纸上，非常漂亮。"因其外观古老，帕克认定这些书正是几百年前的西奥多所藏。

坎特伯雷的教士们说他们有一批粉红色的羊皮书，用红字书写，为教皇格里高利一世（Gregory I）[39] 赐给奥古斯丁（Augustine）[40] 之物，其中一本后来为帕克所有，他又赠给剑桥大学基督圣体学院；另一本是《圣奥古斯丁诗篇》（*The Psalter of St. Augustine*），现存于科顿图书馆手稿部；第三本保存在牛津大学博德利图书馆（Bodleian Library）[41]，两栏，四开本，用大号安色尔体（Uncial）[42] 书写，扉页上还有一位所罗门教士的藏书清单，以盎格鲁 – 撒克逊语写就。

此时，诺森布里亚俨然已成西方的文明中心，惠特比宗教会议后，罗马基督教被奉为正统，意大利艺术进入英格兰，大量书籍也随之输入。庄严宏伟的修道院沿海岸拔地而起，学生们拥进藏书丰富的图书馆和熙来攘往的学校，撷取知识之果。其文化繁荣可从阿尔昆（Alcuin）[43] 致查理曼大帝（Charlemagne）[44] 的信中略见一斑。他提到自己在约克大主教爱格伯特（Egbert）处潜心研究，并将英格兰北方这些学校比作"世外桃源和香花畦[45]"。他还请求查理曼大帝派年轻人到此学习，以便他们日后在图尔也可以像在约克那样，采集"乐园之花和天堂之果"。数年后，诺森布里亚遭维京人（Vikings）[46] 劫掠，修道院被毁，书籍被烧被毁，文明之邦陷入黑暗和奴役，阿尔昆为此痛心疾首："听闻这一灾难而不为自己的祖国向上帝哭泣之人，必定长着铁石心肠。"

本尼迪科特·比斯康普（Benedict Biscop）[47] 应算英格兰首位藏书家，他是富裕领主的儿子，本可踏上仕途求取功名，却醉心于学问。倘非教皇令其陪伴塔尔苏斯的西奥多重返英格兰，他可能会在罗马的修道院中安度此生。本尼迪科特·比斯康普曾数次前往罗马，第一次是和好友圣威尔弗里德（St. Wilfrid）[48] 结伴，二人乘坐肯特国王给他们的船渡过海峡，行至里昂，圣威尔弗里德留了下来，本尼迪科特则继续前行。他穿过塞尼山口（Mont Cenis）[49]，经过漫长而危险的旅途到达罗马。第二次访问罗马时，他正式削发为修士，此后又回到林迪斯凡恩。两年后又得到机会，搭乘一艘商船前往意大利，正是这次，他得教皇正式任命，回到英格兰。四年时间匆匆而过，他第四次前往罗马，收获了一大批书，返程途中经过维埃纳（Vienne）[50]时又入手一批藏书。本尼迪科特藏书之多，足够他在威尔茅斯（Wearmouth）新落成的修道院里建起一座图书馆，但他依然不满足。第五次踏上寻书之旅，又满载而归。他将这些书分置于威尔茅斯和贾罗（Jarrow）的修道院里，两座修道院隔河相望。他的继任者贾罗的塞欧弗雷德（Ceolfrid of Jarrow）日后也曾专程前往罗马，志在扩充本尼迪科特"高贵而丰富的藏书"。但他也干过一件事：将前任带到威尔茅斯的一本精美的宇宙志献给诺森布里亚国王，以换取一大片地产。

《阿米提努斯手抄本》插图，图中所绘为先知以斯拉正在室中抄写的场景，背景可以看到以红色犊皮装帧的书籍。该手抄本于700年左右在芒克威尔茅斯和贾罗修道院制作完成，现存于佛罗伦萨洛伦佐图书馆。

　　圣威尔弗里德曾送给里彭（Ripon）[51]的教堂两本书，一本是紫色犊皮纸抄写的福音书，还有一本《圣经》，纯金封面，镶嵌着珍贵宝石。领唱者约翰（John the Precentor）[52]曾将罗马礼拜仪式引入英格兰，死后其一批有价值的书遗赠给威尔茅斯修道院。比德（Bede）[53]自己并无太多藏书，他认定自己的职责就是播撒本尼迪科特那些书籍中的知识。但在撰写《英吉利教会史》（*The Ecclesiastical History*）的时候，他手头定有大批参考书籍。他曾透露，温彻斯特（Winchester）[54]的丹尼尔主教和南方博学的教会人士不断向他提供各种记录和编年史。

历史学家比德肖像画。出自12世纪比德所著《圣库斯伯特传》手抄本。

圣卜尼法斯（St. Boniface）[55] 也称得上是一名藏书家，他后来离开英格兰前往东法兰克王国控制下的德国传教，穿越那里的森林和弗里斯兰（Friesland）[56] 地区的沼泽时，只带了少量的书。身为传教士，他发现向人展示一本带有精美绘画的书颇为实用，"好似一盏耀眼的明灯，点亮那些异教徒的心灵"。为此，他四处写信，让朋友们给他寄书，比如他曾写信给修女埃德伯加（Edburga）[57]，向她讨要一本弥撒书和一本以金字书写的《彼得书信》（*Peters Epistle*），他跟丹尼尔主教讨要"用大字书写的先知书"，向卢拉（Lulla）主教要"宇宙志和诗集"，向大主教要比德的著作，并称比德为"教会的明灯"。此外，他还跟人索要《格里高利教皇答奥古斯丁书》（*The Pope's Answers to Augustine*），因为在罗马人的书店里找不到此书。他将这些书籍当作荒野中的提神物。卜尼法斯虽贵为德国首席主教，却不惧危险，不辞辛劳，深入弗里斯兰的蛮荒之地履行传教使命。他后来和同伴们被暴徒杀害，随身带着的书也四散佚落。当地人认为，他虽身故，但这里的草地和溪流却撒满了金光闪闪的祈祷书的福泽。

身在约克的埃格伯特主教在修道院教堂建起一座大图书馆，他去世后，由好友阿尔昆照管。阿尔昆还专门编纂了诗体目录，文体与内容相得益彰："在这里，你可以循着神甫们的脚步前行；在这里，你将邂逅睿智的亚里士多德和雄辩滔滔的图利（Tully）[58]；在这里，巴西勒（Basil）[59]、伏尔甘提乌斯（Fulgentius）[60]、卡西奥多罗斯和金口约翰（John of the Golden Mouth）[61] 才华耀眼，光芒四射。"阿尔昆曾到罗马访问，在返回英格兰途中，与查理曼大帝在帕尔马相遇，查理曼劝说这位旅行者来到他的宫廷，他们共同努力掀起了一场文学的伟大复兴。查理曼大帝有精美的私人图书馆，还建起一座公共图书馆，"好让最穷困的学者也能在知识的盛宴中享有一席之地"。阿尔昆曾将一本通用拉丁文《圣经》的修订本献给查理曼大帝，上面的彩饰由他本人亲自监督完成。

9世纪前期一手抄本插图，描绘阿尔昆和教士拉巴努斯·莫努斯向美因茨主教奥德加呈献书籍，中为阿尔昆。

　　阿尔昆晚年回到图尔圣马丁修道院，并在那里建起他的"图书馆"——实际上是编辑和抄写书籍的机构。他在这里写过许多令人愉快的信，我们之前已有节选。比如他给远在萨尔茨堡的朋友阿诺（Arno）寄去关于拼字法的小论文："噢，吾本应将信中文字变为见面问候，与老弟热情拥抱，此番情谊，书本焉能传递？然苦于未能亲自登门拜访，只能遣拙作一篇，向君致意。"他还写信给查理曼大帝，讲述他在图尔的生活："吾置身圣马丁之殿堂，吮吸经典之蜜，时而沉醉于古人智慧之琼浆，时而饱啖语法之丰美果实。"

　　当英格兰遭到丹麦人入侵，爱书人变得寥若晨星。北方地区的教堂被焚毁，图书馆也遭劫掠。约克的修道院虽逃过劫难，书却没如此幸运。同样的厄运也落到克罗兰修道院（Croyland Abbey）[62] 和彼德伯勒（Peterborough）[63] 修道院价值不菲的藏书上。今天的瑞典斯德哥尔摩皇家图书馆藏有一本有趣的"金色福音"，装饰风格与《林迪斯凡恩福音书》

（*Book of Lindisfarne*）⁶⁴ 如出一辙，也许是写于同一地点，上面有一则 9 世纪的题词，说它是被一位威塞克斯（Wessex）贵族阿尔弗雷德公爵从海盗手中买下，他后来又将这本福音书献给了坎特伯雷的教堂。

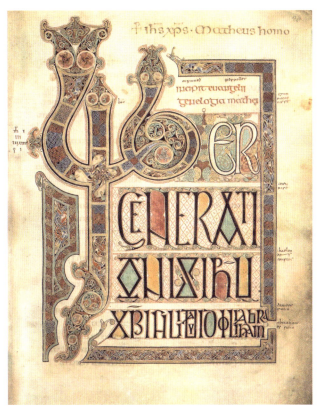

《林迪斯凡恩福音书》书影。由林迪斯凡恩主教艾德弗里斯于715—720年制作，现存于大英图书馆。

英国文学能够流传下来，要归功于阿尔弗雷德大王（King Alfred）⁶⁵对英国古代歌谣的热爱，他不但能亲口背诵那些歌谣，还让孩子们熟记于心。阿尔弗雷德并非学者，但他得到了麦西亚（Mercia）⁶⁶所有学者的帮助。普莱格蒙德（Plegmund）⁶⁷主教和他的教士曾担任国王秘书，"自旦及暮，只要国王有暇，都会令人为其诵读"。阿尔弗雷德的宫廷中，还有来自法国的学者兼歌手格里姆巴德（Grimbald）⁶⁸教长、学问渊博的科

尔比的约翰（John of Corbie）[69]。阿瑟尔（Asser）[70]也应邀从威尔士远道
前来，"在此盘桓八个月有余，为国王诵读，日夜不辍——或由我读给
他，或是聆听别人为他诵读"。

圣邓斯坦（St. Dunstan）[71]是位战歌和挽歌的狂热爱好者，他不仅热
衷于与各种学问为友，还是专业抄写员和微型画画家，今天在坎特伯雷
和牛津的博德利图书馆依然可见他的精美之作。他还兴建了格拉斯顿伯
里（Glastonbury）[72]修道院的图书馆，在他之前，那里仅有爱尔兰修士带
来的少量书籍。圣邓斯坦最大的建树就是在英格兰重新推行本尼狄克会
（Benedictines）[73]的修行规则，因而催生了一批新的修道院。每个修道院
都有一间忙碌的缮写室，藏书也日渐丰富起来。我们还须提及坎特伯雷
大主教艾尔弗里克（Aelfric），他是大部分英国编年史的作者。主教曾在
温彻斯特受教，担任大主教以后，颁布一项规定，要求每位修士在得到圣
职之前，至少要拥有一部《诗篇》和一本圣歌集、六本祈祷书。他自己
就有许多藏书，去世后遗赠给圣艾尔班修道院（Abbey of St. Alban）[74]。最
后，我们以雷奥弗里克（Leofric）的故事来结束盎格鲁 – 撒克逊这一章。
这位埃克塞特（Exeter）修道院的首任主教，将自己毕生所藏捐赠给主
教座堂，如今目录尚存，包括很多祈祷书，也有适合冬夏阅读的书和歌
谣，尤其是夜曲。精华之作乃一部英语诗歌集，称为《埃克塞特诗歌集》
（*Exeter Book*）[75]。在这部诗集中，诗人基涅武甫（Cynewulf）[76]面对伟大
建筑的废墟抒发着思古幽情，并且唱出了流放者的哀歌和漫游者的心声。

第三章

英格兰

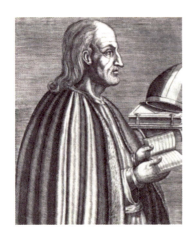

坎特伯雷大主教安瑟尔谟版画像。16世纪木刻版画。

诺曼人占领英格兰后，将更加严肃质朴的学问带到这里。在坎特伯雷，两位大主教兰弗朗克（Lanfranc）[1] 和安瑟尔谟 [2]（Anselm）醉心于学问，一片虔诚，神学之外，对诺曼人从意大利萨勒诺医学院 [3] 带来的新发现无比热爱。兰弗朗克自法至英时带来大批书籍，公务之余，尤热衷于修改抄写员们的抄本，不舍昼夜。安瑟尔谟在接替兰弗朗克担任坎特伯雷大主教后，也喜欢利用闲暇时间抄写手稿。兰弗朗克为人慷慨，经常把书借给他人，他曾借给圣艾尔班修道院一批藏书，包括弥撒书、祈祷书、两本福音书以及二十八本名著，皆以金银装帧，并饰以昂贵珠宝。

历史学家斯塔布斯（Stubbs）[4] 认为，12 世纪的英格兰是学者的天堂。他曾在文字中对那一时期的学术盛景展开想象：倘若有外国学生来到英格兰，定会惊喜地发现，这里书籍丰裕，足敷学者和作家之需，只有巴黎大学堪与之比肩。坎特伯雷是伟大的学术中心，而温彻斯特则有专门培养历史学家的学校；在林肯，他可以聆听沃尔特·迈普（Walter Map）[5] 授课，或在圣休（St. Hugh）[6] 座下研习学问。修道院里有丰富的学术活动，人们抄写手稿，精心彩饰。这里出借者大方，求借者无畏，学者之间存在着轻松的竞争和公开的较量。

英格兰中世纪作家沃尔特·迈普绘像。插图出自一本13世纪《亚瑟王传奇》手抄本，表现沃尔特·迈普手拿笔和刀制作手抄本的场景。

　　本尼狄克会的修士一直扮演着学术先锋的角色，他们乐于与书本为伍，"欣欣然与书籍交流"，理查德·德伯利（Richard de Bury）[7]在《书之爱》（*Philobiblon*）一书中如此表彰他们。但他也写到随之而来的不幸年代里书籍的悲惨遭遇，并为书况发出哀鸣，控诉加诸其身的种种暴行：被人从书架扔到黑暗的角落里，衣衫褴褛，战栗不已，书衬被剥去，"暴力之手将吾等华衣无情撕碎，吾辈灵魂被劈碎于地，尊严归于尘埃"。过去那些老派教士总以虔敬之心对待书籍，在祷告间隙仔细誊抄，精心修饰，废寝忘食，这些书给修道院带来莫大荣耀。但世风日下，人心不古，教士们早将每日读书的规矩抛诸脑后，只知拈弓搭箭，舞剑弄棒，以赌博或下棋为乐，对他们的狗满怀爱心，却吝于向人类施舍。"猎鹰和猎犬取代了我们，还有一种奇怪的生物——女人，我们须再三告诫学生，务要避之如角蝰（asp）[8]，防之若蛇怪（basilisk）[9]。此等女人，促狭善妒，终日躲在破旧书柜后监视我们；她们眉头紧锁，视吾辈为垃圾，时刻准备将吾辈贱卖以换取漂亮的帽子、麻纱、丝绸、双重染色的紫色呢料，或者羊毛、亚麻和裘皮。""哀哉！我们如奴隶般被贩卖，或沦为人们混迹酒肆沽酒赊账的抵押品，或落入残忍的屠夫之手，如牛羊般被宰杀，那些裁缝或卑鄙的手艺人，喜欢将我们囚禁在他们的牢房中。"而最可恶的忘恩负义之举，是将彩饰犊皮书卖给无知的画家或者金匠，书这一"圣器"，在这些小人眼中，不过是盛满金箔书页的容器。修士们倒也看书，但仅限于谈论羊群羊毛、作物牧群和园艺酿酒之类的书籍，除此之外，他们更喜欢着华服，开盛宴，建修道院，他们的修道院巍然高耸，像被层层屏障环绕的城堡。"至于我们，他们的书，早被弃于一隅，视如敝屣，只有少量价值寥寥的小册子幸免。就算如此，他们还要挑三拣四，只将那些夸夸其谈又荒谬不堪的段落念给信众，更多是为了娱人耳目，而非抚慰灵魂。"

托钵修士（Mendicant Friars）[10] 的到来在英格兰掀起了一场伟大的宗教复兴，按照著名的格罗斯泰特（Grosseteste）[11] 的说法，"他们的布道和学问之光照亮了整个英格兰"。方济各会（Franciscans）[12] 修士和多明我会（Dominicans）[13] 修士于 1224 年来到英格兰，在牛津安家，仅仅两年后，方济各会的灰衣修士就在牛津站稳脚跟，其势力完全可与多明我会的黑衣修士在巴黎大学所获得的尊崇相媲美。不过说到亚西西的圣方济各（Saint Francis of Assisi），他本人倒是坚决反对学术，布鲁（Brewer）[14] 教授在他的《圣方济各会志记》（*Monumenta Franciscana*）一书中曾指出，圣方济各衣钵的继承者注定心灵迟钝，智识匮乏，"虽能坚守清贫，却无法拥有书籍和必要的研究资料"。甚至是罗杰·培根（Roger Bacon）[15]，他加入方济各会后，也被禁止拥有书籍和实验仪器，没有教皇的特别准许，不得接触墨水和羊皮纸。这里我们试举一二圣方济各轶事来加以佐证。某日，某修士与圣方济各就经文"前进路上，一物不带"（take nothing with you on the way）展开讨论，修士问是否真的是"一物不带"，圣方济各说："确乎一物不带，除按教规应着僧服，若实有必要，可再带双鞋履。"修士一听，遂大声抗议："那吾前去何为？吾还有书（这可值很多银子），吾不应、不能，亦难以从命！"还有一次，有位初修者向圣方济各请求拥有《圣经·诗篇》，遭到圣方济各拒绝："你若有《诗篇》，就会想要祈祷书，有了祈祷书，你就会端坐椅上，尊贵如领主，对其他兄弟发号施令：'去，将我的祈祷书拿来！'"末了，他竟然撒灰于头（laid ashes on his head）[16]，口中念念有词："我就是你的祈祷书，我就是你的祈祷书。"直说得对方目瞪口呆，惊愕不已。圣方济各后来告诉这位初修者，自己也曾起心动念，想拥有书籍，而且几乎就要诉诸行动，好在最后悬崖勒马，果断认定这一想法有罪。他甚至期待有一天，人们将书视作垃圾，毫不犹豫地将其从窗口丢出去。

表现罗杰·培根在研究的插图。

话虽如此，一旦托钵会修士占领了学校，变化也随之而来，且让人始料不及，因为他们若想垄断学问，就得吃尽学问。在他们进入英格兰的下一个世纪，阿马（Armagh）[17]主教费茨-拉尔夫（Fitz-Ralph）居然抱怨他的教士在牛津什么书都买不到，因为书都被那些着灯芯绒裤子和蒙头斗篷的托钵会修士抢购一空。那时，"每位掌管学校的修士都有数目可观

的藏书，每间女修道院都是座宏伟庄严的图书馆"。灰衣修士在学院街有
两间房子，里面满是书籍，他们在伦敦的兄弟也有图书馆，并得到爱书的
伦敦市长理查德·威廷顿（Richard Whittington）[18]爵士的慷慨捐赠。

理查德·威廷顿木刻版画像。19世纪依据1590年雷诺德·埃尔斯查克所绘版画
重新制作，只是将原画中的骷髅头换成了猫。

　　不过，修士们的行为并不总是得到肯定，比如有人就指责他们只关
心书的内容，而对外观不以为意。方济各会的修士固然猎书心切，可他
们也随时准备将书送人或者变卖、出借；多明我会的修士也好不到哪里
去，纵然他们手里捧着书，却神情木然，如果书里没有他们想看的科学秘
密之类的，便觉索然无味，如同嚼蜡。倒是紧随方济各会和多明我会来到
英格兰的加尔默罗会（Carmelites）[19]的修士，因为小心护佑保管书籍，使
它们免于尘埃和虫蛀，倒是博得了好名声。理查德·德伯利在《书之爱》
中热情赞美人类智慧和承载智慧的书籍，并用了许多篇幅讲述修士与书
籍的关系。这些修士努力守护着古代学问的宝藏，无时无刻不在为获得
罗马的最后一篇布道文或者牛津最新出版的小册子而努力。德伯利曾拜

访过他们位于乡村的书斋，宛如来到国王的宝库，"橱柜里，篮子中，可不是圣桌上掉下来的饼屑，而是献给天使的陈设饼（shew-bread）[20]，是埃及的谷物，是示巴（Sheba）[21]的黄金"。他盛赞多明我会修士身上"充溢着一种天赋的慷慨大方"。无论是方济各会修士，还是多明我会修士，都是他的学生、朋友和客人，他们在藏书室翻译校对、编写目录和索引，满怀激情而不知疲倦，德伯利以一连串令人眼花缭乱的比喻赞美他们："是比撒列（Bezaleel）[22]的后人，是精心缝缀以弗得（ephod）[23]和胸牌（breast-plate）[24]的绣工，是播种的农夫，是踏谷的公牛，是吹响号角的人，是天上闪闪发光的昴宿星（Pleiades）[25]，是前进路上的指明星。"

来自比萨的阿格尼勒斯（Agnellus）神甫是牛津第一个方济各会修士，也是英格兰首个方济各会教长。他创办了一间学校，专收贫苦学生。格罗斯泰特则是学校第一任院长，他后来发现学生净把时间浪费在浅薄无知的问题上，甚为忧心。某日，他来到学校，正赶上学生的一场辩论，大家为神是否存在吵得不可开交，"我的天！"格罗斯泰特打断他们："头脑愚钝的人正准备上天堂，而有学问的人还在争论是否有天堂！"他当即汇出十英镑给教廷买了一本教令集，好让这些学生认真研习，放弃那些荒谬的想法。而最棘手之事是不让学生受到亚里士多德的学说蛊惑，去专心研习格罗斯泰特的理论。亚里士多德的学说已被翻译成拉丁文，随处可见，而当时人们普遍认为格罗斯泰特的学问要胜过亚里士多德千倍万倍。格罗斯泰特自己倒是花了不少钱去买希腊语书籍，并得到约翰·贝辛

林肯主教罗伯特·格罗斯泰特画像，出自14世纪早期手抄本里的一幅插图。

斯托克（John Basingstoke）[26] 的帮助，此人曾在雅典求学，后在圣艾尔班的数个修道院教授希腊语。在教理争论中，格罗斯泰特站在东方学说一边，反对罗马教廷，故得了个绰号"罗马教会的击锤者"（the hammerer of the Romans）。他很多研究都来自本人所藏书籍，他将藏书视如珍宝，但其中著名的《十二族长遗训》（*The Testament of the Patriarchs*）[27] 和《狄奥尼修斯书》（*The Decretals of Dionysius*）[28] 都已证明是伪作。格罗斯泰特于 1253 年去世，将藏书遗赠给他担任主教和教长之前专心教授的修士们，这些书中有大量旁注和评论。数代以后，修士的继任者将其中一些卖给了托马斯·加斯科因（Thomas Gascoigne）[29]，又有一些入藏贝列尔（Ballio）学院、奥里尔（Oriel）学院和林肯学院的图书馆。虽然如此，格罗斯泰特的许多藏书仍被人或送或卖，逐渐流失凋零，以至于当文物学家约翰·利兰（John Leland）[30] 在亨利八世下令解散修道院后寻找这些书时，仅发现寥寥数册，且上面满是尘土，蛛网密结，"空荡荡的书架上，只有飞蛾和虫子在盘旋蠕动"。

文物学家约翰·利兰肖像木版画。英国画家老查尔斯·格里格宁根据牛津大学万灵学院里法国雕塑家路易·弗朗索瓦·鲁比亚克制作的利兰半身雕像而作。

据说理查德·德伯利本人学问并不高，他那些文字都由其秘书罗伯特·霍尔科特（Robert Holkot）[31] 捉刀。这个传闻被人们津津乐道了好多年，虽不乏古往今来的诋毁者，但都无损德伯利的好名声。他是最热忱的藏书家，又是颇具奉献精神的学术守护者。他乃萨福克郡骑士理查德·安格威尔（Richard Aungerville）之子，依照彼时惯例，以其出生地命名，名曰理查德·德伯利。他于 1287 年出生于伯利圣埃德蒙兹（Bury St. Edmunds），在牛津接受教育，后卷入伊莎贝拉王后（Queen Isabel）[32] 和王子爱德华反抗国王爱德华二世的争斗。他站在王后和王子那边，并扮演了重要角色，先是做爱德华王子的导师，后担任威尔士的征税官。伊莎贝拉王后逃回法国时，德伯利也带着他在任职期间聚敛的大笔财富流亡法国，流亡过程充满惊险，他被一队英格兰长矛轻骑兵追到巴黎，在方济各会教堂的钟楼上躲藏一周才死里逃生。待其学生爱德华三世（Edward Ⅲ）[33] 荣登王位，他的忠诚得到丰厚回报，国王赐给他各种美差肥缺：掌管国王金库、御衣坊，并当了五年掌印官，其间还两次被国王任命为驻阿维尼翁（Avignon）[34] 教廷大使，在那里与大诗人彼特拉克（Petrarch）[35] 成为好友。

彼特拉克曾描述过他与德伯利的会面。身为英格兰大使，德伯利在教皇面前慷慨陈词，主张英格兰对法国王位和领土的种种要求。彼特拉克曾忧心忡忡地写道："战争的种子已在萌芽，血腥的收成将要进行，那收割生命的镰刀不会罢手，而盛载收获物的谷仓大门依旧大张着。"他发现这位来访者不但热情洋溢，还颇有学问，对某些生僻古怪之学很是了解，遂向他请教失传已久的极北之岛（Island of Thule）[36] 的事。彼特拉克觉得作为土生土长的英格兰人，德伯利或许知道点什么，结果却令人失望："不知他是羞于承认自己孤陋寡闻，还是不屑于讲述这些信息，直到回国，他都没有告诉我。"彼特拉克之后多次写信提醒，德伯利却迟迟未作回复。"我虽然交了一个不列颠朋友，却未能知道更多关于极北之岛的知识。"

德伯利被任命为达勒姆主教，数月后，改任皇室财务主管，同年又当上上议院大法官，在接下来的三年里，他被派往法国多地担任大使，去宣讲英格兰的要求和主张，并到佛兰德斯（Flanders）[37]和布拉班特（Brabant）[38]公国履行同样的使命，"在危险时期肩负艰难使命，惟书籍之爱长伴左右"。他第一次抵达巴黎时，胸中激情变为奔放文字，肆意挥洒："噢，锡安（Zion）[39]山上的主啊！我多想常驻于此，可惜我灵魂虽热情似火，瞻仰巴黎的机会却如此稀少，盘桓流连的时日又那么短暂。这里的香草室满是书籍，学问的花朵盛开于绿茵之上，学园中回荡着哲人的脚步声。这里有帕纳索斯山（Parnassus）[40]的群峰，这里有斯多葛派（Stoic）[41]聚众演讲的门廊。在这里，你会邂逅亚里士多德，他是学问的监督者，这个转瞬即逝的世界里残存的所有优秀知识都源于他；在这里，托勒密（Ptolemy）[42]正构思圆周运行和本轮之说；在这里，依巴谷（Hipparchus）[43]用数字和图表追踪行星的运行……我打开宝箱，敞开钱袋，心甘情愿地散尽千金，只为用这些尘世俗物换回那些无价卷册。"

德伯利嗜书如命，他认为，书籍虽是导师，却从不使用棍棒和鞭子，没有气急败坏之语，又无须支付任何束脩。你若求知若渴，它便不眠不休，有问必答，绝不会责骂和嘲讽你的错误和无知。"我的书啊！"他喊道："你们天性自由，毫无羁绊，凡对你有求者，你必慷慨给予，令献身于你的人摆脱奴役，获得自由。"在他的绮辞丽语之下，这些书籍幻化为一口口活水之井，成为肥厚的橄榄，化为隐基底（Engaddi）[44]葡萄枝上的芬芳。它们是贮存吗哪（manna）[45]的黄金瓮，又是果实累累的生命树和伊甸园中的四道河（the four rivers of Eden）[46]。

理查德·德伯利藏书甚多，他在自家庄园和宅邸中建有数间藏书室，大厅地板上堆满各种手稿，连卧室也挤满书籍。虽然从青年时期便与学者交往，但直到成为国王近臣，德伯利才开始其藏书生涯。得职务之便，他在各类神学院和修道院的幽深隐秘处展开了快乐的狩猎之旅，将珍稀

德国画家卡尔·施皮茨韦格1850年绘制的油画《书虫》，现存于德国施韦因富特格奥尔格·舍费尔博物馆。

书籍从其藏身之处拖曳出来："传言四起，言吾爱书如命，尤嗜古书，若要取悦本人，手稿定比金币管用。"由于他对下属有提拔任免之权，于是，各种敬献给他的"歪歪斜斜的四开本和对开本"悄然而至，代替那些庸常礼金和年节礼物向他示好。修道院的书柜打开了，里面的匣子解锁了，在圣物置放处经年累月沉睡的书籍被白日之光唤醒，"那一刻，我简直富甲天下，但念念以求者唯书耳，黄金珠玉岂能比拟？于吾而言，对开本远胜弗洛林（florin）[47]，一本薄薄的小册子会比一匹膘肥体壮的驯马更令人动心"。除了在英格兰不停买书，他还在任驻法国和佛兰德斯大使期间入手了好些书。修士是他最好的代理人，他们漂洋过海，为他效力："有这样急切的猎人，还有哪只野兔能藏匿起来不被发现？有这样的渔夫，又有哪条小鱼能够漏网或脱钩？"一些乡村学校也能令他不虚此行，那里的教师随时准备将他们的书卖掉。机遇所至，他竟也能在那些园子和小围场中采摘花朵，撷取被人遗忘的香草。最后，德伯利以一则东方传说为自己的文章作结，他将自己比喻成一座磁山，以神秘力量吸引着知识之舟，而船上的书籍则如故事中的铁棒，以五花八门的飞行方式朝这座充满磁性的山峰飞驰而来。

第四章

彼特拉克的时代

彼特拉克

愚昧年代的启蒙非个人之力所能为之。公正地说，中世纪的黑暗渐渐消退时，有一人恰好伫立前方，正是被誉为"时代先驱"（the harbinger of day）的彼特拉克。他的名声，除了来自他创作的那些抒情诗，更源自他在启蒙教化同胞方面的不懈努力。彼特拉克自幼酷爱书籍，青年时代在阿维尼翁附近"多风的罗讷河（Rhône）[1]"畔度过，先是接受语法和修辞教育，后至蒙彼利埃（Montpellier）[2]学习四年，再前往博洛尼亚（Bologna）[3]研习法律。他在回忆这段生涯时说："余研习民法课已有数学期，颇有收益，然终自作主张放弃这一学科，并非厌学，实因这一饱含古罗马智慧精华之思想学说，常被心怀叵测之人恶意曲解。"有段时间，他在好友、法学家和诗人皮斯托亚的奇诺（Cino of Pistoia，1270—1336）手下做事，还旁听过法学家安德烈（Andrea）[4]的课。相传安德烈的女儿诺薇拉（Novella）偶尔在父亲缺席时代课，"以面纱遮住美丽的面庞"。还在博洛尼亚读书时，彼特拉克就开始藏书，老父亲某次来探望，见此情景，盛怒之下，将那些羊皮书一股脑地扔到火堆里。年轻人又是哀求，又是发誓，才使其余书籍免于劫难。他虽努力遵从父命，结果却总是徒劳，天性引导他朝另一个方向发展，而与天性作对往往劳而无功。

彼特拉克后来返回阿维尼翁，得到红衣主教斯蒂凡诺·科隆那（Stefano Colonna）[5]的赏识。正是在阿维尼翁，他初次目睹劳拉（Laura）[6]

芳容，"一袭绿色长裙，上面绣着紫罗兰"。劳拉的倩影深深镌刻于他的脑海，令他心潮难平。或许正因对劳拉的长久迷恋，彼特拉克才跻身抒情诗人之列，并在罗马受封"桂冠诗人"。自此，他便全身心投入文学事业。彼特拉克自称患上了写作病，此病在那年头倒也广为流行："人人皆热衷写作，而写作本应是少数人之行为。罹病者越来越多，病情亦日渐恶化。"身为躁狂症患者，彼特拉克曾自嘲不如当个苦力或者织布机上的织工，"抑郁症有几种，有的疯子会写书，有人则不停地将手里的石子扔出去"。至于写作带来的文学声名，则如稀薄的空气，水手在海上遇此情景，也只能静候来风（watch a breeze）或吹哨唤风（whistel for a wind）[7]方可行船。

彼特拉克曾到欧洲许多地方淘书。1329 年，他正好二十五岁，经瑞士到佛兰德斯游历。这一带的大学历史悠久，但自从巴黎大学兴起后，就只能屈居其下。好书依旧保存在修道院中，劳贝斯修道院（Abbey of Laubes）里有关《圣经》注解的书尤为丰富，但不幸毁于大火，仅一本 8 世纪的拉丁文通用《圣经》，恰因被特伦特会议（Council of Trent）[8]借用而幸免于难。彼特拉克在写给朋友的信中描述了他在列日（Liège）[9]的经历："此间藏书甚多，余游说众人延宕时日，直待与同僚将发现的一本西塞罗演讲稿抄写完毕。此地甚美，却被野蛮人盘踞，墨水极难得，故所抄字迹皆为藏红花那样的橘黄色。"

几年后，他从阿维尼翁来到巴黎，为学生宿舍区密如蛛网、肮脏不堪的小巷所震惊。这位旅行者宣称，除了阿维尼翁"这个世界的水槽"，他还未见过比巴黎更脏之地。但这里却是书的天堂，所有的书都依照学校规定平价出售。回到罗马后，他目睹众多书籍珍宝沦为外国人的猎物，那些曾因哥特人、汪达尔人（Vandals）[10]网开一面而躲过浩劫的书，却被英国和法国的商人成批运出意大利，"诸君竟不以为耻乎"？他对着罗马的朋友大声疾呼："皆因尔等贪婪，竟致吾国古老庄严的历史文物落入外人之手。"

彼特拉克收藏的维吉尔著作标题页。由画家西蒙内·马丁尼（约1284—1344）制作于1336年左右。现藏于米兰安布罗修图书馆。

像普林尼在行围打猎时手不释卷那样，彼特拉克读书也完全随性，无论剃须还是理发，骑马或是晚餐，随时都可能沉迷书中，或者聆听别人朗读。他深情款款地描述荷马和柏拉图——一为诗人之王，一为哲学家翘楚——是如何在他书架上并肩而立的。彼特拉克对希腊语所知寥寥，只能阅读拉丁文版《伊利亚特》，后来终于有了希腊语的《荷马史诗》，他颇感欣慰："至少看到了希腊人穿上他的本族服饰。于吾，荷马是不能发声的哑巴；于荷马，吾乃不知所云之聋子。故虽心下欢喜，摩掣轻抚手稿之余，不免喟然长叹：'天才的吟游诗人，若非君已仙逝，希腊语又遗憾缺席，使吾近乎两耳失聪，吾便能亲耳聆听诗人吟唱，何等心醉！'"

彼特拉克曾在对话体散文《财富美丑的补救》（*Remedies for Fortune Fair and Foul*）[11]中论及藏书之道，辩论发生在他本人与想象中的对手之间，体现了作者在人类天性与批判理性之间的思考。

彼特拉克：吾藏书众多。

批评家：此为最好例证——有人藏书为教导自我，有人仅为贪慕虚荣。书籍者，灵魂装饰者也，今却被人粉饰屋宇殿堂，宛若雕塑和青铜一类的摆设。甚或有人藏匿于成排书架之后，做着卑鄙算计。此类人，只将书当作商品，而无视其真正价值，此类新式犯罪已成贪婪的又一动力。

彼特拉克：吾藏书可观。

批评家：此乃迷人而又令人不安的包袱，令人耽于消遣，心神涣散。

彼特拉克：吾藏书多多益善。

批评家：何其艰辛的工作，而令休憩时间少之又少。人们被迫让自己的思想迈向各个方向，使记忆超负。书籍引导人们踏上学问之路，也会令人癫狂。吸收太多，已超大脑所能消化之量。精神与肉体相同，消化不良较食不果腹，其害更甚。应依个人心智吸收消化知识，此人尚嫌不足，彼人则明显过多。

彼特拉克：吾藏书多如恒河之沙。

批评家：无数则无度量，人类生活若无度量，则无便利与得体而言。

彼特拉克：吾藏书可冠天下。

批评家：君之藏书可否超过托勒密王朝历代国王？他们在亚历山大图书馆的书籍堆积如山，后来都付之一炬。国王尚有理由聚天下财富传之后代、惠及子孙，君一介平民，所藏竟逾国王之尊，

彼特拉克《歌集》手抄本。制作于1390年左右。插图为后人所加，表现彼特拉克正透过窗口审视他诗中的意象。

又当作何评论？君不见那位通晓多种语言的塞瑞纳斯·萨门尼科斯（Serenus Sammonicus）[12]？他将62000册书遗赠给年轻的戈尔迪安二世（Gordian II）[13]，这笔遗产确实丰厚，能滋养许多灵魂，也能将一个人压迫至死。就算塞瑞纳斯终生碌碌无为，未曾阅读只言片语，难道他就不需费心劳神知道这些书的书名、大小、数量和作者吗？尔等能让哲学家蜕变成书籍管理员，这可不是用智慧滋养灵魂，而是用财富碾压心灵；或是像坦塔罗斯（Tantalus）[14]那样，被抛到冥界之河饱受折磨。

彼特拉克：吾之藏书，难以计数。

批评家：如是，那些无知作者和玷污经典的抄写员所犯谬误和错漏，亦难以计数。

彼特拉克：吾藏书丰盈充实。

批评家：若才智平庸，不能取其精华，藏书再多，又复何用？曾记否，古罗马萨比努斯（Sabinus）[15]骄矜自负于其奴隶之学问？尚有一类人，与人谈论某一话题时尝曰："此事见吾某某藏书。"言讫，似书已在脑海，无复再言。

彼特拉克：吾藏书盈箱累箧。

批评家：君之天赋口才，奈何不盈箱累箧？此二物不同于书籍之可沽可鬻，倘若可贩卖，吾亦恐买者寥寥。书籍可令墙壁生色，而天赋口才仅能装饰灵魂，既不能亲见而证，遭人冷遇亦在情理之中。

彼特拉克：藏书对学问裨益无穷。

批评家：切忌让藏书太多而使之反为学术障碍，将军往往败于手下士兵太多。书就像新兵，蜂拥而至又不能解雇，只好妥善安置，取其精锐，切勿将其过早派往前线。

彼特拉克：吾藏书种类繁多。

批评家：道路太多，只会令行旅之人迷失方向。

彼特拉克：吾藏书精美无比。

批评家：若想经由书籍获得幸福，除了占有它们，更须了解它们，书之归宿乃人脑而非书架。

彼特拉克：吾有众多珍品书。

批评家：君以铁牢将其囚禁，它们若有幸逃离，定会控诉君之恶行。但它们如今只能蜷缩于牢房呻吟哭泣，并为游手好闲的贪婪之徒霸占如许财富而愤愤不平，那些财富可滋养无数饥饿学者。

说实话，彼特拉克这位看守实在粗心，他随时准备将书借给旁人，某次慷慨之举竟导致学术史上一个无可挽回的损失。他有一本西塞罗的著作，乃海内孤本，本待被人誊抄，却阴差阳错地借给一位老学究，不知何时被此人抵押出去，竟至下落不明，踪影皆无。

彼特拉克于 1337 年返回阿维尼翁，在沃克吕兹（Vaucluse）[16] 建起一座宁静的宅子，给朋友们的信中，尽是对这小农场的描绘：马蹄形的山谷两边长满杨树，泉水涓涓流出。在这片赫利孔山（Helicon）[17] 的草地上，他为自己的藏书找到了新家。书籍的陪伴令他忘却了将他从意大利驱逐出去的种种喧嚣。1340 年，他同时收到罗马和巴黎两座城市授予他"桂冠诗人"的提议，前者为世界之都，后者是学术圣地，彼特拉克最终决定前往罗马。在给斯蒂凡诺·科隆那的信中，他写道："我决定在那些令古罗马引以为傲的伟人陵墓上，在展现他们丰功伟绩的圆形剧场领受我的奖项。"受奖当日，罗马市政厅欢呼声高入云霄，连城墙和那些古老建筑的圆顶也发出回声。一位议员将花环戴在他的额头上，科隆那在罗马市民的欢呼声中，大声宣读对彼特拉克的赞美之辞。

不久，彼特拉克又在帕尔马建起他的第二个藏书室，他管这里叫"第二座帕那索斯山"。在帕多瓦，他忙着教导养子、拉文纳的约翰（John of Ravenna）。约翰日后成为杰出的教授，培养了许多优秀的希腊语学者，人送外号"特洛伊木马"。在米兰附近一座农舍中，彼特拉克接待来访的薄伽丘，薄伽丘那阵子正有点悲观厌世，提出要将自己的藏书悉数赠给彼特拉克。他还送给彼特拉克一本但丁之作，为他亲手抄写，现存于梵蒂冈图书馆。黑死病流行后，彼特拉克举家迁到威尼斯，在这里，他再次接待了薄伽丘。同行者还有列奥提欧·皮拉托（Leontio Pilato）[18]，一位出生于卡拉布里亚（Calabria）[19] 的希腊人，往返于意大利和君士坦丁堡之间，做着书籍生意。

除了经商，列奥提欧还是位学者，曾将《荷马史诗》翻译成拉丁语，并在佛罗伦萨的修辞学校讲授这部史诗。此君脾气很坏，一副拒人千里的模样，彼特拉克说他"比旅途所遇岩石更顽固"，"我担心被其坏脾气传染，便打发他走人，还送他一本泰伦斯（Terence）[20] 的作品以作旅途消遣，但我实在想不出这个阴沉的希腊人和那位活泼的非洲人泰伦斯之间会有什么共同之处"。回程途中，列奥提欧不幸在船上被雷电击中，意外身亡，所带书籍倒是安全无虞，从水手手中被救出。这位列奥提欧来意大利的时间有点早，直到 14 世纪末曼努埃尔·赫里索洛拉斯（Manuel Chrysoloras）[21] 从君士坦丁堡来到意大利，古典文化才真正开始复兴之旅。之后拜占庭移民们蜂拥而至，人人手中皆有待价而沽的珠宝、青铜器或希腊语手稿。

自从将藏书分置在沃克吕兹和帕尔马后，彼特拉克便习惯将成包手稿驮载于一长列马队上四处云游。晚年他开始厌倦这种生活，提出将书赠给威尼斯共和国，条件是须妥善保存，不得卖掉或拆分。威尼斯共和国欣然接受这一提议，将莫利纳宫（Palazzo Molina）指派给彼特拉克，供诗人居住和存放藏书。但彼特拉克另有安排，想离帕多瓦近点，他在那里还领有一份教士薪俸，于是便在帕多瓦十英里外的尤根尼山（Euganean Hill）中的阿克瓦（Arquà）村建起一座小农舍，数株橄榄树，一畦葡萄园，满足了他对田园生活的朴素愿望。他在给弟弟吉拉德的信中写道，此地生活虽然劳累，却令心灵简单宁静。他终日阅读，打发时日，静候生命结束。唯一遗憾是附近没有修道院，否则便可以在那里看到心爱的弟弟履行圣职。他似乎对精美书籍和其他世俗享受不那么热爱了。比如，他曾送给朋友一本圣奥古斯丁的《忏悔录》，并为书的朴素外表辩解："人们不能指望从学者那里得到一本漂亮手稿，因为他应从事更高级的工作。将军不会亲自为士兵磨剑，阿佩利斯（Apelles）[22] 不会亲手切割画板，波利克利图斯（Polycletus）[23] 无须自己切割象牙，总有卑贱之人来为高贵者打下手，好让他们施展才华。书亦如此，有人专事羊皮纸打磨，有人精于抄写校对，有人负责彩饰，但高贵之人并不屑于亲

16世纪彼特拉克组诗《凯旋》手抄本插图，左边为《爱的凯旋》，右边为《纯洁的凯旋》。

力亲为此类卑微琐事。学者们的书通常无须修饰，不必考虑外观，盖因书中令人愉悦之处比比皆是，早已无暇顾及其余。一名孱弱的病人会对他吸入的每一口空气都介意挑剔，而健康之人自会笑迎恣肆狂风。这本《忏悔录》刚刚抄写完毕，未加修饰，也未遭校对员之手蹂躏，它出自鄙人的一位年轻仆人之手，可能会有些许拼写错误，有些地方或让阁下稍嫌费力，但绝无明显谬误，阁下尽可放心阅读。此书能融化一颗冰冷的心，也定会令阁下热忱的灵魂熊熊燃烧。"

　　1374年的一个夏夜，彼特拉克在阿克瓦家中独自一人平静离世。随身藏书已所剩无几，皆被卖掉。他赠给威尼斯的那批书却遭遇了命运大反转，没有人知道它们在莫利纳宫待了多久，但很有可能在 15 世纪即遭抛弃，此后才有红衣主教贝萨里翁（Bessarion）[24] 将所藏希腊语手稿捐赠给威尼斯市议会，因而成为圣马可图书馆创始人的事迹。有一位名叫托马西尼（Tomasini）的文物学家曾看到彼特拉克的这批书，发现它们被丢弃在利西波斯（Lysippus）[25] 所雕"圣马可之马"（Horses of Saint Mark）[26] 后面的一间黑屋里，有些几成蠹粉，有些则因为潮气板结成一堆，几不成形。幸存下来的后来都被收入维基亚图书馆（Libria Vecchia），现则在公爵府（Ducal Palace）。这些书籍在恶劣环境中煎熬多年，总算苦尽甘来，得与贝萨里翁手稿共享荣光。

第五章

从牛津到罗浮宫

　　牛津大学图书馆系在德伯利藏书基础上扩充而来的，13世纪，达勒姆修道院的修士在今天三一学院所在地建起一座学堂，名为达勒姆学堂（Durham Hall）[1]。达勒姆主教德伯利格外重视，视之如儿女，并慷慨提供各种日常读本和注解书，希望能帮助学生学好希腊语和东方语。他认为，若要研究天文学，须精通阿拉伯语，如同理解《圣经》要义必须熟谙希伯来语一样。当犹太人在英格兰遭到驱逐时，修道院的修士们从他们手中买下大批希伯来语书籍。正如德伯利书中所言："竭尽全力为学者们提供希腊语和希伯来语的语法书，以便他们能熟练运用这些语言来阅读和书写。"他一边扩充自己的藏书，一边积极探索和实践他的书籍管理之道。他仿效巴黎索邦学院（Sorbonne College）[2]，为达勒姆学堂图书馆起草管理规则，并从学生中遴选出五名管理人员，确定任意三人可组成出借手稿的法定人数。某本书只要有复本，便可在收取保证金的情况下出借，但不允许抄写复制，且不得以任何理由带离学校。每年均对馆藏书籍和保证金进行登记，若有收益，则用于图书馆的维护。

　　德伯利去世后，他的部分藏书被送还达勒姆修道院，有些珍品还被送还给圣艾尔班修道院。德伯利生前曾用五十英镑从该修道院前任院长手中买到三十来部手稿，此举遭到修士们的抗议和反对，他们认为这是一桩非法交易。这一纠葛在德伯利死后得到解决，部分手稿物归原主，部分则由温特莫尔（Wentmore）主教从德伯利的遗嘱执行人手中买下。

　　德伯利向大学慷慨赠书的举动得到纷纷效仿。数年后，爱德华一世（Edward I）[3]的外孙女伊丽莎白·德·博格夫人（Elizabeth de Burgh，1295—1360）向她所赞助的剑桥大学克莱尔学院（Clare College）[4]捐赠一批藏书，数量虽少，但价值不菲；与此同时，沃里克伯爵（Earl of Warwick）盖伊（Guy）[5]则向博德斯雷修道院（Bordesley Abbey）[6]捐赠带有彩饰图画的骑士故事书。到下一代，约翰·德·纽顿（John de Newton）将其古代典籍、历史书和祈祷书分别捐给剑桥的圣彼得学堂和约克大教堂，纽顿在约克大教堂曾担任若干年的财务官。达勒姆学堂的外借图书馆是唯一向公众开放的机构，只有那些深藏在圣玛丽教堂的带有四把钥匙的书箱中的书例外。伍斯特（Worcester）主教托马斯·科巴姆（Thomas Cobham，？—1327）一直希望有机会表达他对大学的肺腑之爱，他于1320年开始在圣玛丽教堂北侧古老的会众堂建一座图书馆，但直到离世也未完成。主教在遗嘱中写明将其藏书全部赠给牛津大学。但世事不遂，由于大学和他所在学院之间有争执，这批藏书直到1367年才真正发挥用途。图书馆建在会众堂楼上，1409年才布置完毕，第一条规定是将馆藏最好的书籍变卖，以换取四十英镑的收入，依照当时利率，可为图书管理员带来每年三英镑的收入。其他书籍则与那些大学之匣（University Chest）[7]的书一道，用铁链拴在阅览桌上，供学生日常使用。

　　不久，人们即发现有必要将那些闹哄哄的毛头小子排除在图书管理员之外，若要获得这一职位，须通过八年学制的学习。德伯利在他的著作《书之爱》中警告世人，让毛躁的年轻人看管手稿是一件极危险的事，他们对这些珍贵之物毫不爱惜，其粗鲁莽撞犹如对待脚上的鞋子，甚至用稻草戳刺书中某一处以作阅读记号，或在书里夹满紫罗兰和玫瑰叶子。他们极有可能边看书边吃水果或奶酪，或把啤酒杯放在书上。粗心的家伙会在书本中间写写画画，不负责任的抄写员竟然在书的空白处试笔，若落在厨房帮佣手里，他们会手都不洗就翻书，而小偷可能会将书的扉页和书边裁下，用它们写信。德伯利写道："凡此种种，都会给书带来致命伤害。"

　　牛津大学继续收到各方人物的馈赠：某位慷慨的绅士捐了一本里拉的尼古拉（Nicholas of Lyra）[8] 的《圣经评论》，大学将书拴在圣玛丽教堂祭坛的桌子上；校长理查德·科特内（Richard Courteney，？—1415）也捐赠了大批书。作为感谢，他在有生之年可自由出入图书馆。国王和王室成员也纷纷加入，在亨利四世的帮助下，图书馆终于完工，他的继任者亨利五世在还是威尔士亲王时就开始向大学捐书，亨利五世的两个弟弟贝德福德的约翰公爵（John，Duke of Bedford）[9] 和格罗斯特的汉弗莱公爵（Humphrey，Duke of Gloucester）[10] 也都慷慨解囊。之后的捐赠者则包括马奇伯爵埃德蒙·莫蒂默（Edmund Mortimer，1352—1381）、林肯主教菲利普·芮平顿（Philip Repington）和坎特伯雷大主教托马斯·阿伦德尔（Thomas Arundel，1353—1414）。

　　汉弗莱公爵和第二任妻子埃莉诺绘像插图。出自1431年托马斯·沃尔辛厄姆所汇编的《圣艾尔班恩人之书》，为科顿藏书之一，现藏于大英图书馆。

好公爵汉弗莱被誉为"牛津大学图书馆的奠基人"，他生前捐赠了约三百本书，被时人誉为"无法形容的福祉"（an almost unspeakable blessing）。汉弗莱公爵的赠书最开始和科巴姆主教的书放在一起，后移至新落成的神学院。他本打算捐赠更多，可惜未及留下遗嘱便遽然离世。以他名字命名的汉弗莱公爵图书馆被称为"无疆乐土"（the general joy knew no bounds），由图书馆目录可知，公爵生前所藏主要为神学作品和阿拉伯人的科学著作，还有少量古代典籍，包括一本昆体良（Quintilian）[11]之作、一本亚里士多德之作和一本柏拉图之作，皆由拉丁文写成。卡普格雷夫（Capgrave）[12]和希格登（Higden）[13]的书是仅有的英国编年史著作。汉弗莱公爵尤醉心于意大利学问，他送给牛津大学的礼物中，有数种版本的《神曲》，三本单册的薄伽丘作品，彼特拉克的书则至少有七本。

德伯利和汉弗莱公爵建起的图书馆后来毁于暴徒之手[14]，奥索雷主教贝尔（Bale）[15]曾给我们讲述那些修道院藏书的悲惨故事：它们或被裁缝拿去量衣物尺寸，或被杂役用来擦拭烛台和清洗靴子；有些卖给了杂货商和肥皂贩子，有些被运至海外卖给书籍装帧师，"满载书的船只远赴异域他乡"。他说一个商人仅花了四十先令就买到两批藏书，他用这些书包装货物，竟达二十年之久。同样的故事也发生在牛津，一所大学的方庭院覆盖了一层厚厚的纸屑，全是被撕碎的书籍和手稿。在萨默塞特公爵爱德华·西摩（Edward Seymour）[16]

Hostis Romani vehemens cenforq Baalis Balaeus tali fronte decorus erat. aa 3.

约翰·贝尔，曾任奥索雷主教，拜访过许多修道院的图书馆。在修道院被解散、图书馆遭毁灭后，他的记载成为了解那一时期修道院藏书的唯一资料。

摄政时期，一群暴徒冲进安格威尔图书馆（Aungerville Library），也就是德伯利的藏书存放之处，将藏书悉数焚毁。有些藏书被转移至汉弗莱公爵图书馆，却依然难逃厄运，它们和汉弗莱公爵图书馆的藏书一道惨遭毁灭。毁书如此彻底，以至在 1555 年，大学竟然颁布命令，将图书馆的书桌和书架卖掉，人们都认为牛津大学不会再有图书馆了。

汉弗莱公爵的藏书仅有寥寥数本逃过劫难，六本收藏于大英博物馆[17]，其中三本则在他捐赠给牛津大学之列，被编入古代书籍目录。牛津大学奥里尔（Oriel）学院和基督圣体（Corpus Christi）学院各藏有一本。麦克雷（Macray）[18] 在他所著《博德利图书馆年鉴》（*Annals of the Bodleian Library*）中指出，博德利图书馆后来又发现三本公爵藏书：一本有公爵亲笔签名，一本为列奥纳多·阿莱提诺（Leonardo Aretino）[19] 翻译的亚里士多德之作，乃献给公爵本人的题献本；第三本则是一本瓦莱利乌斯·马克西姆斯（Valerius Maximus）[20] 之作，十分精美，根据圣艾尔班修道院年表记载，此书系由该修道院院长威萨默斯提德（Whethamostede）监制完成。此君乃十足的书痴，他在书上亲笔题词，说此书仅为学者所用，并诅咒一切损害书籍之人，"偷窃此书者，必上绞架，或如犹大般自杀"。

汉弗莱公爵很多藏书源自法国国王在罗浮宫的藏书，英军占领巴黎后，法王的藏书被贝德福德公爵买下，他拿这些书到处赠人。除此之外，他还喜欢订购彩饰精美的祈祷书赠给朋友，著名的《贝德福德祈祷书》（*Bedford Hours*）[21] 由公爵夫人以公爵名义呈献给他的侄子英王亨利六世。当代书商夸里奇（Quaritch）[22] 有公爵的另一本祈祷书，为公爵送给什鲁斯伯里（Shrewsbury）伯爵约翰·塔尔伯特（John Talbot）[23] 的结婚礼物。

统治法国的瓦卢瓦家族（House of Valois）[24] 热衷于学问，约翰二世（Jean II）在参加克雷西战役（Battle of Crécy）[25] 时，就已经开始藏书，规模不算太大，内有一本关于十字军东征的书、一本关于国际象棋

　　兰开斯特的约翰,即贝德福德公爵,跪在身穿蓝色披风的圣乔治面前。
该插图出自《贝德福德祈祷书》,现存于大英图书馆。

《塔尔伯特什鲁斯伯里祈祷书》题献页,表现约翰·塔尔伯特将此书献给坐在亨利六世旁边来自安茹的玛格丽特。手抄本制作于1445年,现存于大英图书馆。

的小册子和一本法文版的李维（Livy）[26] 著作,这本书后为汉弗莱公爵所有,之后漂洋过海返回法国,收藏于圣吉纳维芙修道院（Abbey of St. Geneviève）。约翰二世的儿子"贤明王查理"（Charles le Sage）[27] 则藏有大约九百本书,保存在罗浮宫,并有专职的图书管理员:第一位是吉勒·马雷（Gilles Malet）,他在 1373 年编制了一份目录,至今犹存;第二位是安东尼·德·埃萨尔（Antoine des Essars）,他为国王藏书编制了第二

份目录。1423 年，贝德福德公爵将国王的约八百五十本藏书买下，让人
为他编制了第三份目录。这些目录记载详细，令人对图书馆布局和书架
上装帧精美的书籍有清晰直观的印象。查理五世如此醉心于他的"后宫
佳丽"（Belle Assemblée），引得王公贵族、作家和书商群起效仿，纷纷
订购各种彩饰精美的手抄本。

《贝里公爵的豪华祈祷书》中的罗浮宫。查理五世统治期间下令重修罗浮宫，并
将皇家藏书安置于此。

　　按目录所言，国王藏书安放在三层楼高的藏书塔中。护墙板由爱尔兰紫杉制成，天花板镶着柏木，窗户上是彩绘玻璃，三十盏枝形吊灯和一个银制大灯台为图书馆提供夜间照明。进到第一层，整排书箱映入眼帘，低矮得可当书桌和桌子。房间里还陈列着乐器，一把鲁特琴（lute）[28]和一把老旧失修的三弦琴，数把嵌以象牙和珐琅的吉他。书箱中有二百六十九册书，在此约略提及几本精华之作：路易九世之母布兰卡王后（Queen Blanche）[29]的两本《圣经》，以摩洛哥皮装帧，一为红色，一为白色；托马斯·瓦莱（Thomas Waley）[30]取自奥维德（Ovid）[31]著作的韵文诗，上面绘有精美的微型画；里夏尔·德·富尔尼瓦（Richard de Furnival）[32]的《爱的寓言》（*Bestiaire d'Amour*）；两本关于圣路易（St. Louis）[33]生平的著作，一为白色，一为金色，目录中分别以"白衬衫""金色衣"指称；圣格里高利和约翰·曼德维尔（John Mandeville）[34]的著作身披靛蓝色天鹅绒，索尔兹伯里的约翰（John of Salisbury）[35]则一袭丝绸外套，饰以长长的腰带；绝大多数阿拉伯语书籍都穿着茶色丝绸，饰以白玫瑰和绿叶花冠。有些书品相很好，有些则开始泛旧褪色，连书上扣钩都有详尽描写。所有书籍平摊于书架上，颇撩人眼目。我们猜测，图书管理员试图以他们认为的最佳方式来区分图书，而非一味夸耀外表的吸引力。牛津有时也会如此，一般书籍编目都按照扉页的最后一个单词或下一页的第一个单词来进行，但提到某些重要书籍时，也会用诸如《财政大臣红皮书》（*The Red Book of the Exchequer*）[36]和《卡马森黑皮书》（*The Black Book of Carmarthen*）[37]这样的名字，这也是彼时惯例。

1520—1525年间索尔兹伯里的约翰的著作《论政府原理》的法语手抄本卷首插图，图中描绘索尔兹伯里的约翰在教授哲学

藏书塔第二层有二百六十册书，包括大部分浪漫传奇，上面都有彩绘微型画，其中有《底比斯的毁灭》（*Siege of Thebes*）[38]，曾属于拉瓦利埃公爵（Duc de la Vallière）[39]，现在则收藏在法国国家图书馆；第三层有大约六百本书，大部分都与天文学和自然科学有关。

由书目备忘录可知，图书馆建成伊始，便开始借书给公共机构和王室成员。正因如此，大约两百多本书因为外借得以保留，在英国人被逐出法国后，靠着这些书，一个新的图书馆在罗浮宫建起，至路易十一（Louis XI）统治时期再度繁荣起来。

第六章

意大利文艺复兴时期的藏书家

列奥纳多·布鲁尼

意大利的古典文化研究在彼特拉克和薄伽丘去世后一度沉寂，随着曼努埃尔·赫里索洛拉斯的到来才再度兴起，正是他重新点燃了意大利人复兴古典文化的燎原之火。列奥纳多·布鲁尼对意大利人的热情深有体会，他在给柯西莫·德·美第奇（Cosmo de' Médici）[1]的信中写道："我已被赫里索洛拉斯彻底征服，求知若渴，以至日常工作都变为梦中之境。"那时他正在翻译柏拉图的《对话》，做梦都在工作，"而其他书籍则在梦中变成影影绰绰、飞逝而过之物"。

波吉奥·布拉乔利尼（Poggio Braccilini）[2]曾师从曼努埃尔·赫里索洛拉斯，他在文坛成就卓著，以至于 15 世纪上半叶被称为"波吉奥时代"。此处我们暂且不表他的文学建树，单说他发掘那些失传已久的文化典籍的功劳。正是由于他，昆体良和其他古典时代的作家作品才得以重见天日。人文主义学者弗朗西斯科·巴巴罗（Francisco Barbaro，1390—1454）曾这样说："有些书籍已被人遗忘，

波吉奥·布拉乔利尼木刻版画肖像，创作于1597年。

有些则散佚海外流浪多年，终被阁下携归祖国。"既然人们曾经以阿庇乌斯（Appius）[3] 或克劳狄乌斯（Claudius）来为一种梨树命名，那么以波吉奥来为这些学问之果命名也并不为过。

现存有关罗马渡槽的唯一古代典籍由波吉奥于卡西诺山修道院（Monastery of Monte Cassino）[4] 图书馆发现，此书侥幸躲过伦巴第人（Lombards）和萨拉森人的入侵，却险些湮没在漫长岁月中。更早些时候，薄伽丘也曾造访此地，对修道院疏于保管藏书有所揭露。他态度恭敬，询问修士可否参观他们的图书馆。"门开着，你可自行上去！"修士指着梯子说。梯子通向阁楼一间开着的

乔凡尼·薄伽丘

房间，薄伽丘上去后发现此地肮脏不堪，门已不知去向，窗台上长满草，书籍和凳子上满是灰尘。他将书一本一本拿起来仔细检视，发现它们均年代久远，且价值不菲，却保管得很差。有些书的内页竟被全部撕掉，还有一些羊皮书的书边被裁去。薄伽丘见此很痛心，他下楼向修士打听原委，答曰，大伙儿手头紧张时，会抽出一沓书页做成小的《诗篇》卖掉，或者将书边裁下来，制作成护身符卖给妇女。

波吉奥曾撰文记录他在圣加尔修道院（Abbey of St. Gall）[5] 的寻书经过。正值康斯坦茨（Constance）[6] 会议期间，波吉奥和同僚待在这里无所事事，遂决定到二十英里外的修道院去逛逛。圣加尔修道院由当年的爱尔兰传教士修建，他们捣毁施瓦本（Swabia）[7] 地区的神像，传说山妖还曾联合湖怪做过徒劳无益的反抗。修道院于 9 世纪盛极一时，后来匈牙利人入侵，铁蹄过处，城池被焚，人民遭受屠戮，修道院和北方沿海城市不莱梅在同一天被焚毁，所幸修道院所藏书籍被转移至康斯坦茨湖中

小岛上的赖兴瑙修道院（Abbey of Reichenau）。在圣加尔修道院，波吉奥发现了昆体良《雄辩术原理》的手抄本，保存尚好，但满是灰尘。修道院的藏书都被丢弃在塔楼下面一间恶臭难闻的黑暗房间中："保管之差，连待受死刑的犯人都不曾受此等虐待！"他还描述了另外几个罕见的发现："我匆忙将它们抄写下来，并寄往佛罗伦萨。"

　　1418 年，波吉奥作为红衣主教亨利·博福特（Henry Beaufort）[8]的随从前往英格兰，遍访当地的主要图书馆，想必也目睹了方济各会教士们的丰盈收藏。尽管如此，他却一无所获，倒是在欧洲大陆还有所得。他将历史学家阿米阿努斯（Ammianus，325 或 330—391）的《罗马史》从德国这座令人窒息的牢狱带到自由的意大利，并呈献给红衣主教科隆那，为此还写信催促布鲁尼抄写复本："尼可洛·尼克里（Niccolo Niccoli）[9]已为柯西莫·德·美第奇抄写了一份纸本复本，你应致信卡罗·阿瑞提诺（Carlo Aretino）[10]要求抄写另外一份。他或许会将原书借给你，若碰到不学无术的抄写员，得到的可就不是历史而是谬作了。"

曼努埃尔·赫里索洛拉斯

　　在曼努埃尔·赫里索洛拉斯的学生当中，维罗纳的瓜里诺（Guarino of Verona）[11]是公认热忱的文献学家，乔万尼·奥里斯帕（Giovanni Aurispa）[12]则有广博的古典文化知识。1423 年，他从希腊带回两百多部手抄本，包括柏拉图、品达（Pindar）[13]和斯特拉博（Strabo）[14]等人之作，这些作品在意大利几乎已无人知晓。奥里斯帕在博洛尼亚和佛罗伦萨讲学多年，又到费拉拉的文学院讲学，并终老于此。当年从希腊满载手稿而归的

学者当中，弗朗西斯科·费勒尔
弗（Francisco Philelpho，1398—
1481）名气最大，他曾在君士坦
丁堡师从曼努埃尔·赫里索洛拉
斯的侄子约翰·赫里索洛拉斯，
并娶其千金为妻。他于1427年返
回意大利，随身带回大批手稿。
要让一首失传的诗或一篇演讲稿
重见天日，意味着一段漫长的跋
涉之旅，且这场冒险之旅的主人
公还须对古典文化有所涉猎。费

弗朗西斯科·费勒尔弗

勒尔弗曾应邀到佛罗伦萨讲学，所到之处，欢迎如潮："人人均对吾顶礼
膜拜，绅士淑女高呼吾名，声入云霄。"但后来，费勒尔弗因与柯西莫
及其庇护下的学者不睦，被迫离开佛罗伦萨。波吉奥还写过大批册子攻
击他，虽身为廷臣，担任过八任教皇秘书，波吉奥却四处树敌。学者洛
伦佐·瓦拉（Lorenzo Valla）[15] 仅仅说了几句批评之辞便受到他的猛烈攻
击，语法学家尼可洛·佩罗蒂（Niccolo Perotti）[16] 则因为声援朋友被他口
诛笔伐。波吉奥个性冲动，易走极端，对热爱之人，譬如美第奇和尼可
洛·尼克里，奉承起来不遗余力，语句优雅，行文庄严有度；但攻击敌人
时，则言辞粗鄙下流，与文学史上比比皆是的谩骂如出一辙。

　　在柯西莫·德·美第奇之前，曾有两位慷慨之士向佛罗伦萨捐赠藏书，
一位是尼可洛·尼克里，公认是那个时代的"梅塞纳斯"（Maecenas）[17]。
尼可洛酷爱书籍，收有意大利数代以来最好的藏书。人们可自由出入其藏
书室，随意翻阅抄写，波吉奥称他是"世间最睿智聪明、最慷慨好善之
士"。尼可洛在遗嘱中指定十六人代表政府管理他的藏书，内中便有柯西
莫·德·美第奇。尼可洛去世后，因背负债务，围绕其藏书归属曾有过法

律纠纷，后来柯西莫承诺代其清偿全部债务。最终，这位"佛罗伦萨的苏格拉底"（Florentine Socrates）留给后人的礼物成为美第奇家族的藏书。

第二位捐赠者是科卢乔·萨卢塔蒂（Coluccio Salutati）[18]，其人慷慨大方，与尼可洛·尼克里不相伯仲。萨卢塔蒂曾担任佛罗伦萨文书长，擅长诗文，其作辉煌庄严，深受国人称赞，称之为"西塞罗在世"，他于朋友中亦得一绰号："西塞罗猿"（Ape of Cicero）。萨卢塔蒂将自家精美藏书捐给佛罗伦萨，个中亦有一番曲折，全靠美第奇家族玉成。美第奇家族亦是藏书大家，柯西莫曾从地中海东岸购买希腊语手稿，获取拜占庭艺术的精华，他的弟弟洛伦佐（Lorenzo）、儿子皮耶罗（Piero）和孙子"豪华者洛伦佐"（Lorenzo the Magnificent）[19]均热衷于扩充家族藏书。"豪华者洛伦佐"还曾派诗人波利提安（Politian，1454—1494）和学者乔万尼·皮科·德拉·米兰多拉（Giovanni Pico Della Mirandula）替他搜罗典籍珍本，他则只管祈祷这些学者发现宝藏，而后不惜千金将之收入囊中。

美第奇家族从佛罗伦萨被驱逐后，家族藏书由圣马可修道院的多明我会修士购得，一度存放在院长萨伏那洛拉（Savonarola）[20]住处。到1508年，修士们面临财务困境，不得已将藏书卖给红衣主教美第奇，即后来的教皇利奥十世（Leo X，1475—1521）。为安全起见，利奥十世将这些书带至罗马，小心照管，并将它们与梵蒂冈的官方藏书谨慎地区分开来。家族的另一位成员、教皇克莱门特七世（Clement VII，1478—1534）在任期间，这些书又重返故里，在米开朗琪罗设计的美术馆中，美第奇家族财富终于获得永久的安身之所。

一位地位卑微的教堂撞钟人曾为美第奇家族藏书编纂目录，此人日后将在教会和学界崭露峥嵘。这位萨尔扎纳（Sarzana）[21]的托马索（Tommaso）工作卓著，他的这套编目系统竟成为书籍管理的典范。他后来担任教皇使节，四处履职，却从未约束买书的豪举。他的野心就是拥有书籍，这是"他的荣耀，他的欢乐，他的激情，他的动力"。靠着朋友们的不断资助，托马索才免于破产。他后来加冕为教皇，是为尼古拉五世（Nicholas V）[22]，在基督教世界广泛施加文化影响力。教皇鼓励学者从事学术研究，并从东方那些遭到破坏的城市，从德国和不列颠那些最为偏僻阴暗的修道院，寻找古代文化典籍。经他努力，梵蒂冈图书馆得以整饬一新，他为此捐赠的五千册书，大部分都毁于 1527 年那些追随波旁公爵（Duke of Bourbon）[23] 洗劫罗马的暴徒

教皇尼古拉五世肖像画。鲁本斯作于1610年左右。

之手，但图书馆免于浩劫，其损失在教皇希克斯图斯五世（Sixtus V，1521—1590）时得到恢复。

尼古拉五世反对那种将人民继续禁锢在黑暗愚昧中的愚蠢做法，他将自己的希腊语宝库向整个西方知识界敞开。看看那些聚集在他的拉特兰教堂圣座讲坛和邻近圣母玛利亚大教堂的宅邸里的学者吧，有多少我们熟悉的身影：佩罗蒂在翻译波利比乌斯（Polybius）[24] 的历史名著，乔万尼·奥里斯帕在阐释毕达哥拉斯金句（Golden Verse of Pythagoras）[25]，瓜里诺通过翻译出版斯特拉博的地理学著作而扩展了世界版图。时人竞相赞美教皇的慷慨，称颂他如何令东方那些教父哲学家重获荣耀，巴西尔（Basil）[26] 和西里尔（Cyril）[27] 之作被译成拉丁文。尼古拉五世有一本托马斯·阿奎那（Thomas Aquinas）所著的《马太福音》评述，伊拉斯谟（Erasmus）[28] 在编写拉丁语和希腊语双语《圣经·新约》时，曾参考此书。他说过，与拥有整座巴黎相比，自己更愿拥有此书。尼古拉五世渴望阅读拉丁文版《荷马史诗》，但只找到《伊利亚特》，听闻弗朗西斯科·费勒尔弗来到罗马，遂邀请这位专家翻译全本《荷马史诗》。为此，他向费勒尔

伊拉斯谟肖像画。小汉斯·荷尔拜
因作于1523年，现存于伦敦国家美术馆。

弗支付了大笔定金，还赐给他宅邸和位于坎帕尼亚（Campagna）[29]的农场，并在银行为他存了一万金币，待其译毕支付。

生活在16世纪的约瑟夫·斯卡利杰（Joseph Scaliger）[30]是他那个时代的学术权威，他曾说过，在文艺复兴时期学者中，他尤其嫉妒三人：第一为皮科·德拉·米兰多拉，年少成名，冠绝天下，成为杰出的哲学家和语言学家；第二为波利提安，身兼学者和诗人，写过大量甜美迷人的诗歌；第三则是希腊难民西奥多·加扎（Theodore Gaza，1398—1475），这位学者多才多艺，长于拉丁文与希腊文的互译，受到伊拉斯谟盛赞。

还有一位学者可与上述三位相提并论，他就是特拉比松的乔治（George of Trebizond）[31]，一位古代经典作品的优秀阐释者，很多失传已久的学问的发现者，还是大批考证文章的作者，其生平和成果都记载在享有盛名的《乔治之书》（*Book of the Georges*）里。他拥护亚里士多德，贬低柏拉图，故对手指责他是亚里士多德的情人，却与神圣的柏拉图为敌，是希腊人中的叛教者，甚至胆敢冒犯他们的庇护人——红衣主教贝萨里翁，贝萨里翁曾经撰文批评乔治扬亚里士多德而贬柏拉图。乔治自然也成为波吉奥的眼中钉，波吉奥送给他一连串侮辱性的绰号，犹如密集的冰雹，说他"冷酷无情"，是"异教徒"……虽然乔治是位斯文学者，他还是会表现出男性勇武的一面，在庞贝剧场（Theatre of Pompey），他一拳击在波吉奥耳朵上，以提醒对方自己这个"饥饿的希腊人"可不那么好欺负。乔治晚年生活很平静，他住在罗马密涅瓦广场（Piazza

Minerva）边的一栋房子里，其子安德烈帮助他修订著述，孙女照顾他的饮食起居。他到晚年似乎又变回孩童，人们经常看到他身披斗篷，手拿长棍，口中喃喃自语，漫步于罗马的街衢。乔治死后，葬于圣玛利亚教堂，墓碑就在入口处的影壁，今已被损坏。教皇利奥十世对他和西奥多·加扎当年的笔墨官司颇感兴趣，遥想当年，二人曾以笔为剑，在学术战场上进行过一番激烈的厮杀搏斗。

在讲述这两座伟大城市的藏书家后，我们有必要再花些篇幅谈谈接受慷慨赠书的图书馆。佛罗伦萨的藏书家以这种方式延续了这座城市的文化荣耀，却没有刻意模仿美第奇图书馆的显赫、梵蒂冈图书馆的豪奢和圣马可图书馆的古雅。我们尤其要说说里卡迪图书馆（Biblioteca Riccardiana），自 16 世纪建成后，它就以价值连城的古代抄本闻名于世，包括早期东方旅行家弗拉·奥德瑞格（Frà Oderigo）的日记、伽利略的手稿、米兰德拉为萨伏那洛拉所行政策书写的辩护词，还有一本斯特拉奇（Strozzi）[32] 元帅的遗嘱——他在里面大谈自杀计划，一本马基雅维利（Machiavelli）[33] 编撰写就的《佛罗伦萨史》，以及一大批波吉奥的往来信札。这座图书馆最著名的馆长是乔万尼·拉米（Giovanni Lami）[34]，他曾与耶稣会（Jusuits）[35] 的修士展开过论战。圣十字堂教堂（Santa Croce）[36] 里有他的纪念碑，并非表彰他在论战中的胜利，更多是褒扬他对书的热爱。他毕生爱书，死时手里还捧着一本书稿。他将自己珍藏的希腊语手抄本捐赠给佛罗伦萨大学，这些抄本至今仍令人们缅怀他。

另一座图书馆以修道院院长弗朗西斯科·马拉塞利（Francesco Marucelli）[37] 的名字命名。这是位慈善家，也是藏书家，他将自己在罗马搜集的大批藏书捐给幼时生活的城市——佛罗伦萨，以供这里的青年才俊使用。他颇有著述，却过于谦逊，竟至于没有发表和保存。他的馈赠中有一百多部对开本，最是令人着迷。他仿效佛提乌，将平生阅读所得以笔记形式书写其上。

佛罗伦萨国家图书馆中的安东尼奥·马格利贝奇雕像。

马格利贝奇图书馆（The Magliabecchiana Library）[38] 则为纪念一位学术天才——安东尼奥·马格利贝奇（Antonio Magliabecchi）[39] 而建。他虽出身珠宝店店员，却自学成才，学识渊博，名冠一时。他终生未离佛罗伦萨半步，却熟知世界各地图书馆藏书目录，同欧洲所有藏书家和图书管理员都通过信，几乎对世上所有珍版书熟稔于胸。他曾担任托斯卡纳大公柯西莫三世的图书管理员，有则典故广为人知。有一次，大公偶然问起某部典籍现藏于何处。他答复如下："此书世上仅存一部，位于君士坦丁堡苏丹图书馆，进门右首第二个书柜第七本便是。"当然也有人讥讽他"活在书名和索引中，以对开本作枕"，后世书志学家迪布丁（Dibdin）[40] 就说马格利贝奇的生活仅限于图书馆的漫步和巡视，实际情况尤甚于此，这位书痴的居处颇像洞窟，书籍堆积如山，不能举火做饭，没有空间放床，只好用木吊床代替，书架间挂满各种小册子。马格利贝奇于 1714 年去世，享年八十二岁，死时全身肮脏，衣衫褴褛，却幸福得像个国王，颂扬他的十四行诗和隽语有厚厚的八本。他身后留下三万多册藏书，悉数赠予佛罗伦萨，条件是这些书籍必须免费向公众开放。今天，这所以他名字命名的图书馆藏书已数倍于此，有大约六万本印刷书籍和两千部手抄本。图书馆日后还会有很多书籍入藏，但辉煌只归书籍前主人中最杰出的一位，是这位集博学多识与古怪性情于一身的学者的永久丰碑。

第七章

意大利城市，奥林皮娅·莫拉塔，
乌尔比诺，科维努斯藏书

意大利那些历史悠久的图书馆，承载着许多藏书家的回忆。帕多瓦（Padua）便有两座：帕多瓦大学图书馆和卡皮托利纳（Capitolina）图书馆，前者年代久远，后者则将彼特拉克视为创始人，并以被收入馆的文物学家洛伦佐·皮格诺里（Lorenzo Pignoria，1571—1631）藏书为荣。皮格诺里既熟悉罗马文物，又对家乡帕多瓦的历史颇有研究。除了这两座图书馆之外，还有一些教堂图书馆，规模虽小，亦值得一书，例如圣安东尼

锡耶纳的西克斯图斯

教堂、圣朱斯蒂诺教堂和圣约翰教堂。据说锡耶纳的西克斯图斯（Sixtus of Sienna）[1]，著名的珍版书猎求者，就在圣约翰教堂发现了一篇使徒保罗的《给老底嘉教会的信》（*Epistle to the Laodiceans*）[2]，极其珍贵。

曼图瓦（Mantua）[3]在鲁德维科·贡扎加三世（Ludovico Gonzaga III）[4]统治时期搜罗到无数罗马珍宝，这些珍宝却在之后的战争中散佚四方，其中最著名的当属本博（Bembo）的象形文字碑[5]。在都灵，国王图书馆中藏有利戈里奥（Ligorio）[6]的文件和画作，这位建筑师曾参与设计督造圣彼得大教堂，后来担任费拉拉公爵的图书管理员，遂将大部分藏书运至费拉拉。都灵大学图书馆拥有历代萨伏伊公爵（the Dukes of Savoy）[7]的藏书，其中有大量东方手稿，有些由博比奥修道院的修士彩饰。一位名叫雅各布（Jacob）

的教士曾写过一本关于知名图书馆的著作，记载他造访之地的书人轶事：在那不勒斯，他有幸见到蓬塔诺（Pontano）[8] 藏书，由蓬氏之女尤金妮娅（Eugenia）捐赠给当地的多明我会；在博洛尼亚，他目睹了一长卷以斯拉（Esdras）[9] 书写的《摩西五经》（Pentateuch）[10]；在费拉拉，他凭吊了塞利奥（Celio）[11] 的埋骨之地，这位藏书家如其生前所愿，死后守护着自己的书，恰如守财奴看管着自己的财宝。

费拉拉在藏书界的声名要归功于埃斯特家族（House of Este）[12] 和女学者奥林皮娅·莫拉塔（Olympia Morata，1526—1555）。埃斯特家族经营数代，在费拉拉建起一座"皮奥夏（Boeotia）[13] 的雅典"。诗人阿里奥斯托（Ariosto）[14] 曾对这一文学素养深厚的宫廷大加称赞，塔索（Tasso）[15] 后来精神分裂也源于他对知识过于贪婪。诗人利里欧·吉拉尔第（Lilio Giraldi，1479—1552）的书房是学者们的聚会之所。费拉拉公爵夫人、法兰西的芮妮（Renée of France）[16]，在其夫埃尔科莱二世·埃斯特（Ercole Ⅱ d' Este）去世后，将费拉拉宫廷变为宗教改革者的庇护所，收留过约翰·加尔文和诗人克莱蒙·马罗（Clément Marot）[17]。至于奥林皮娅，她出身于新教徒家庭，因学识渊博，被选中做年仅七岁的安妮公主的陪侍和教师。她们在书中悠游岁月，不问世事，后来天主教对新教徒迫

奥林皮娅·莫拉塔

法兰西的芮妮，法王路易十二之女，费拉拉公爵夫人，著名的新教改革支持者和学术赞助人。

害加剧，奥林皮娅遂嫁给来自德国施韦因富特（Schweinfurt）[18] 的医生安德烈·格兰德勒（Andrea Grundler），并随夫返回施韦因富特。当时宗教战争席卷欧洲，施韦因富特也未能幸免。为躲避暴乱，夫妇二人被迫逃亡至海德堡，奥林皮娅次年便因病不治而亡，年仅二十九岁。兵荒马乱中，她的殷殷爱书之情仍见诸往来信札。她曾写信给老师塞里奥·库里欧（Celio Curio，1503—1569），历数施韦因富特城中暴乱和逃亡经过："吾赤脚逃至海德堡，衣衫褴褛，披头散发，所穿长袍借自他人，几如乞丐。"因藏书全部被毁，故请库里欧寄些书给她，特地要了一本保罗所著《耶利米书》（*Book of Jeremiah*）[19] 评注。库里欧回信告诉她，"荷马"和"索福克勒斯"已在路上，"耶利米"也将如期抵达，"汝可与耶利米为汝夫国度同声一哭"。奥林皮娅临终之际于病榻致信库里欧："闻吾死讯切勿伤悲，所寄吾之诗篇均作于施韦因富特劫后，余皆损毁。恳请阁下行阿里斯塔库斯（Aristarchus）[20] 之责，为之润色修饰。"得库里欧相助，这位早逝女学者的诗作得以出版。

费拉拉公国后来并入教皇治下，费拉拉家族藏书遂迁至摩德纳（Modena）[21]，除众多精美手稿外，还有穆拉托利（Muratori）[22] 和提拉博斯基（Tiraboschi）[23] 精心挑选的印刷书。那不勒斯宫廷亦不乏藏书家，女王乔安娜二世（Queen Joanna Ⅱ）[24] 有一小巧精致的祈祷书，米德尔顿称之为"人类技艺的伟大奇迹"；她的继任者安茹的雷内（René of Anjou，1400—1480），在与阿方索五世（Alfonso V）[25] 的争夺中落败，失去了对那不勒斯的统治，被迫退回勃艮第。他在那里以装饰羊皮书为乐，聊以自慰，其技艺之精，竟不逊色于修道院里的专业抄写员和彩绘师；阿方索五世也是位不折不扣的藏书家，常赴佛罗伦萨求购好书，还受人之托代买书籍。学者安东尼奥·贝卡德利（Antonio Beccadelli）[26] 就曾写信恳求他为自己代购一本李维之作，并请阿方索五世裁判："鄙人与波吉奥孰更应受褒扬？波吉奥为求佛罗伦萨一处产业，竟将亲手所抄李维之

安茹的雷内所藏祈祷书的书中插图《天使报喜》，作于15世纪上半叶。

作卖与他人，而鄙人为求李维之作，则不惜倾家荡产。"法王查理八世（Charles Ⅷ）[27] 占领那不勒斯后，将那不勒斯宫廷的藏书运至巴黎，分两处安置：一为枫丹白露的皇家图书馆，一为布列塔尼的安妮（Anne of Brittany）[28] 的个人图书馆。

巴尔达萨雷·卡斯蒂里奥内画像，拉斐尔作。

文雅浪漫的气息笼罩着乌尔比诺（Urbino）[29] 宫廷，欧洲各地学者云集于此。王子圭杜巴尔多（Guidubaldo）[30] 和艾米利亚（Emilia）[31] 在宫殿大厅内主持赏心悦目的学术争论，这一幕被卡斯蒂里奥内（Castiglione）[32] 写进他的《廷臣论》（*Book of the Courtier*）中。乌尔比诺公爵费得里科（Federico）[33] 是意大利战争中的常胜将军，他在荒凉的乌尔比诺建起壮观的公爵府，府中有座图书馆，藏书规模之大，号称"逾千年而未曾见也"。图书馆四围装饰着画家皮耶罗·德拉·弗朗西斯科（Piero della Francesca，1416 或 1417—1492）和莫罗佐（Melozzo da Forli，1438—1494）的肖像画，轩敞开阔，高高的窗户对着北方的天空。公爵图书馆的藏书目录至今仍保存在梵蒂冈图书馆，所有古典作家、基督教神甫和中世纪学者之作应有尽有。不计其数的艺术书籍，现存所有希腊语和希伯来语书籍，以及文艺复兴时期的学者作品也在收藏之列。图书馆镇馆之宝为一部《圣经》，由佛罗伦萨艺术家彩饰，金色锦缎装帧，饰以大量银粉。费德里科的图书管理员曾将公爵的藏书目录与其他一些图书馆目录作比较，包括梵蒂冈、威尼斯、佛罗伦萨、帕维亚和牛津的图书馆。若论藏书之丰，无出其右。公爵之子、第二代乌尔比诺公爵圭杜巴尔多是位杰出的希腊语学者。圭杜巴尔多之妻伊丽莎白·贡扎加（Elizabeth Gonzaga，1471—1526）教养出众，红衣主教本博和卡斯蒂里奥内都为她写过颂词。到第三代公爵弗朗西斯科（Francesco）时，爵位一度被教皇利奥十世的侄子洛伦佐二世（Lorenzo Ⅱ，1492—1519）抢去。弗朗西斯科延续家族的藏书传统，并将藏书分几处存放，一些印本放在乌尔比诺，一些放在乌尔比诺附近的小镇卡斯特杜兰特（Castel Durante）和罗马大学，精华则收藏于梵蒂冈，成为梵蒂冈图书馆最耀眼的藏品。

在私人藏书家中，红衣主教多米尼克·卡普拉尼卡（Domenico Capranica，1400—1458）值得一叙。虽然事务缠身，他仍有余暇藏书。主教于1458年去世，在遗嘱中将其府邸和藏书悉数捐给他所创立的罗马卡普拉尼卡大学。与此同时，拜占庭拉斯卡利斯家族（House of Lascaris）[34]的两位成员在意大利文艺复兴期间也建树颇多。一位是君士坦丁·拉斯卡利斯（Constantine Lascaris，1434—1501），亡国后他来到米兰寻求庇护，担任米兰公爵弗朗西斯科·斯福尔扎（Francesco Sforza，1401—1466）的女儿希波利塔（Hippolyta）的导师，并著有一本语法书，为第一部希腊语印刷作品。君士坦丁后来去了墨西拿（Messina）[35]，在那里开坛授课，教授希腊语。他平生收了七十六部手稿，去世后悉数捐给当地。后来西班牙国王菲利普二世（Philip Ⅱ）[36]率军到此劫掠，又将这些书运至西班牙，收藏于埃斯科里亚尔皇家修道院（El Escorial）[37]。另一位是约翰·拉斯卡利斯（John Lascaris，1445—1535），年岁更轻，曾得教皇利奥十世赞助，被认为是罗马希腊语学校的真正创始人。"豪华者洛伦佐"生前还任命他为大使，他两次出使土耳其，为其搜寻手稿典籍。美第奇家族从佛罗伦萨被驱逐后，他也离开意大利，定居巴黎并在那里教授诗歌，负责为巴黎的学校物色希腊语教师，同时帮助他的学生比代（Budé）[38]管理枫丹白露的皇家图书馆。

匈牙利国王马提亚斯·科维努斯（Matthias Corvinus）[39] 拥有当时欧洲最大的图书馆——科维努斯图书馆（Bibliotheca Corviniana），藏书不可思议地达到了五万册，可惜不幸在与土耳其人的交战中灰飞烟灭，成为文化史上一大灾难。马提亚斯于 1458 年任匈牙利国王，开始了长达三十二年的漫长统治，其间他不断扩充自己的藏书，有人嘲笑他是彻头彻尾的书饕，对所有书必欲得之而后快，也有人指责他将如此价值连城的藏书置于战争前沿实为危险之举。但必须承认，这位国王志向远大，工作勤勉，渴望用文化启蒙国民，驱散笼罩在他们头上的黑暗蒙昧。他在布达（Buda）雇用了三十多名抄写员，另有四位，承蒙洛伦佐·美第奇好意，在佛罗伦萨为他抄写经典。他在黎凡特（Levant）[40] 的代理人方提乌斯（Fontius）是佛罗伦萨知名作家，著有一部关于古罗马讽刺诗人佩尔西乌斯（Persius，34—62）的论著。他将此作呈献给马提亚斯，此书现藏于沃尔芬布特尔（Wolfenbüttel）[41] 图书馆。负责书籍彩绘的是画家埃特凡特（Attavante，1452—1525），画家有一得意之作《圣哲罗姆的每日祈祷书》（*The Breviary of St. Jerome*），现藏于巴黎，原为布达的国王图书馆藏书，几经周折，被法国大藏书家拉瓦利埃公爵买下。到路易二世（Louis Ⅱ）[42] 统治时期，学者布拉西卡努斯（Brassicanus）[43] 旅行至匈牙利，被河边壮丽巍峨的宫殿、高大辉煌的图书馆及其柱廊震撼，并在回忆录中作了详细描述：金制和银制的地球仪陈列其中，墙上满是科学仪器，书籍不计其数，均装帧华丽，令人喜爱，宛若置身朱庇特怀中，俯瞰天堂美景。布达后被土耳其人攻破，宫殿和图书馆被洗劫一空，藏书遭遇灭顶之灾。它们或被烧毁，或遭刀砍斧斫，或被野蛮践踏，毁坏者不计其数。许多珍贵手稿的封面被野蛮的士兵撕扯下来，世间仅存的赫里奥多罗斯（Heliodorus）[44] 所著《埃塞俄比亚传奇》（*Aethiopica*）竟在露天排水沟中被人发现，美人查瑞克莉娅（Chariclea）的各种传奇皆出于此。还有很多书籍被运至邻近村庄，堆积在一座废塔中，外有大维齐尔（Grand Vizier）[45] 封印，禁绝任何

古罗马时期希腊作家斐罗屈拉特（约170—245）作品，为马提亚斯·科维努斯所藏。图中所绘为马提亚斯·科维努斯的私生子约翰·科维努斯1485年在维也纳获胜的情形。

外来者擅闯。文献学者萨姆巴库斯（Sambucus）[46] 曾受神圣罗马帝国皇帝鲁道夫二世（Rodolph Ⅱ）所遣，往来奔波，希冀解救这些书籍，均无功而返。与众多满怀希望地远道而来又失望而归的访客相比，荷兰旅行者伯斯贝克（Busbecq）[47] 足够幸运。身为皇帝特使，他获准进入塔内，得以目睹那些曾经彩饰华美的书籍，但未经允许，不得触碰翻阅，更别说带走。最终仅有四十本惨遭蹂躏的书于 1686 年被武力救出，与皇帝的其他藏书一道，存放在维也纳一处安全的宫殿中。

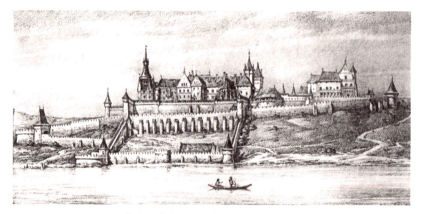

布达王宫木刻画，作于1480年左右。

布伦瑞克的奥古斯特版画。康拉德·布诺作于1650年左右。奥古斯特是当时最有学问的王公，在其领地建起奥古斯特公爵图书馆。

　　至于那些四散流佚的科维努斯藏书，则如星辰落海，在梵蒂冈、费拉拉、佛罗伦萨，皆可觅其踪影，还有一些始终未离匈牙利，其他地方也有一些零星遗珠，威尼斯有一本《科维努斯家族历史》(*The History of the House of Convinus*)，耶拿(Jena)[48]有一本瓜利诺之作，上面有马提亚斯·科维努斯的徽章，精细地印在标题页上。布伦瑞克的奥古斯特(Augustus of Brunswick)[49]也有科维努斯的藏书，里头还有一幅国王和王后的画像，均收藏在他位于沃尔芬布特尔的图书馆中。匈牙利国王路易二世的王后奥地利的玛丽(Mary of Austria)[50]，曾赠给布鲁塞尔勃艮第图书馆两本科维努斯藏书：一为弥撒书，书中彩绘出自埃特凡特之手，画的是布拉班特公国君主在宣誓；另一本则是著名的《亨利三世金色福音书》(*Golden Gospels of Henry Ⅲ*)[51]，长久以来都是埃斯科里亚尔皇家修道院的骄傲，现藏于比利时。

　　科维努斯散佚的藏书还能偶见于法国和德国的不少城市，而能否见之于英格兰则尚存争议。有人认为大英博物馆所藏阿伦德尔手稿(the Arundel MSS)[52]就源于此。阿伦德尔伯爵托马斯·霍华德(Thomas Howard)曾在海德堡猎书，买了部分帕拉丁(Palatinate)[53]选帝侯的藏书，又转赴纽伦堡，在那里斩获百余部手稿，原为德国首位藏书家威利巴德·伯克海默(Willibald Pirckheimer)[54]所有。文物学家威廉·欧戴斯(William Oldys，1696—1761)则认定它们出自匈牙利国王马提亚斯·科维努斯的藏书，后来落入伯克海默之手。这位纽伦堡议员唯恐世人不知，竟然在书上印上自己头像，以此宣扬他对这些手稿的所有权。头像特请大画家阿尔布雷特·丢勒(Albrecht Dürer)绘制，此为最早将头像、徽章和标记贴于书上的范例。伯克海默死于1530年，距布达被土耳其人攻破刚刚三年，倒是有机会得到科维努斯藏书，而其往来信札也透露他确实有不少手稿出自匈牙利的国王藏书。

　　《亨利三世金色福音书》里的第三幅插图，主要人物表现圣母玛利亚祝
福神圣罗马帝国皇帝亨利三世和他的妻子艾格尼丝。现藏于西班牙埃斯科里
亚尔皇家修道院。

第八章

德国—佛兰德斯—勃艮第—英格兰

印刷术刚一问世，就激发了德国人对知识的渴求。德国知识界深知，若想与意大利人一较高下，研习希腊语乃为王道。故德林根堡（Dringeberg）[1]在阿尔萨斯、鲁道夫·冯·兰格（Rudolph von Langen）[2]在明斯特（Münster）分别创建大学。前者有雷纳努斯（Rhenanus）[3]和伯克海默这样出色的学生，后者则培养出杰出的批评家赫尔曼·布舍（Hermann Busche）[4]。明斯特学院的书架上摆满兰格从意大利购买的各种书籍，布舍多年后曾说自己经常午夜梦回，重返校园，看到这里飘荡着古代诗人和演说家的魅影。他后来到代芬特尔（Deventer）[5]的拉丁语学校学习，并与伊拉斯谟成了同窗。学者鲁道夫·阿格里科拉（Rudolf Agricola，1444—1485）曾造访该校，对伊拉斯谟印象深刻，预言他终将成为一代伟人。面对布舍，他一边轻抚其头，一边说自己看到了一位诗人，他似乎确实能背上几行布舍的诗作。这位来自弗里斯兰的刚毅学者，一直呼吁德国人要开阔视野，要关注拉丁文化而不仅仅是拉丁姆（Latium）[6]地区的文化，并立志要挫一挫"意大利人的傲慢"。

另一位学者罗伊希林（Reuchlin）[7]曾在巴黎和普瓦捷（Poitiers）[8]学习希腊语，又到佛罗伦萨和米兰德拉一起研究犹太神秘哲学卡巴拉（Cabala）[9]，之后作为帕拉丁选帝侯特使派驻罗马，在那里将希伯来语学得精熟。回到德国后，他在图宾根读书写作，过着宁静的书斋生涯，不料到了1509年，却卷入一场争论，为此还受到宗教裁判所的传讯。起因是一位名叫普费弗科恩（Pfefferkorn，1469—1521）的教士，他由犹太教皈依基督教，从神圣罗马帝国皇帝那里领来一份敕令，欲销毁除《圣经》以外的所有希伯来语书籍。此举遭到罗伊希林的强烈反对，指出只有那些怪力乱神、亵渎神明的书才应被焚毁。这一争论起初并未得到太多关注，人们后来才逐渐意识到事件的重要性。宗教迫害之严酷，竟使这些新的知识和学问危如累卵。1514 年夏，几位学者在法兰克福书展上首度聚首，如今我们已经罕有什么可与中世纪的集市相比，或许只有工业展览或者莱比锡以及下诺夫哥罗德州（Nizhny Novgorod）[10] 的商贸集会可比拟一二。书展上充斥着各式各样机械发明的交易，还有蔓延数条街的书店和出版商办公室。来自法国的学者兼出版商亨利·艾蒂安（Henri Etienne，1531—1598）曾说这里教授云集，牛津、剑桥、鲁汶（Louvain）[11] 和帕多瓦等大学的教授比比皆是。倘若有人肯撒钱如国王，或者嗜书成痴，他甚至可以从此地买走整个亚历山大图书馆。就在这座"德国的雅典"，在赫尔曼·布舍的安排下，罗伊希林和伊拉斯谟得以会面。他们还结识了激进暴烈的讽刺作家乌瑞克·冯·胡腾（Ulrich von Hutten）[12]。胡腾有一壮举广为人知，当美因茨（Mainz）[13] 市民欲烧毁他的藏书时，他以牙还牙，威胁他们："尔等若胆敢烧毁吾书，吾便纵火烧城！"胡腾著有很多讽刺文章，机智诙谐，尤其是《蒙昧者书简》（*Letters from Obscure Men*）[14]，令宗教裁判所的法官们不知所措。这些书籍后来大都被人为销毁，以至于尼古拉·海因休斯（Nicolaus Heinsius）[15] 后来要花上一百个金币才买到一本，之后又为收藏家霍亨朵夫（Hohendorff）[16] 所有，置于他在维也纳的宝库中。

乌瑞克·冯·胡腾木版肖像画，约创作于1522年。

富格尔家族族谱手抄本中的瑞蒙德·富格尔（左）和乌尔里希·富格尔（右）画像。约创作于1618年。

　　我们并不认为那时多数德国人爱书是因为它们外表精致，或者是护套上令人赏心悦目的锦缎和色彩。罗伊希林算是位藏书家，他曾希望将皇帝的大笔赏金换成一本希伯来语的《圣经》；梅兰希通（Melanchthon）[17]的藏书尽是些粗糙的猪皮烫印本，倒是他在上面写的边注令其价值陡增；伊拉斯谟遗嘱中对藏书的处置使它们颇显几分卑微："数年前，吾将藏书鬻与波兰人约翰·拉斯科（John à Lasco）[18]，依合约彼须费赀二百弗洛林从吾之继承人处购得，若其毁约，或先卒于吾，吾之藏书当由吾之继承人权宜处置。"德国当时首屈一指的藏书家是富有的富格尔家族（House of Fugger）[19]，时人普遍相信这些商人找到了点金石，实际上他们靠与东方的贸易致富，且在阿尔马登（Almaden）[20]的水银中找到生财之道——借助水银从秘鲁的矿石中提取黄金。瑞蒙德·富格尔（Raimond Fugger）

有大批藏书，他的继承人乌尔里希（Ulric，1526—1584）更是挥金如土，以至于政府不得不发布一道命令，要求他稍作收敛，约束一下自己的豪举。人言乌尔里希藏书之多，堪比夜空星辰。乌尔里希死后，他的藏书悉数归了选帝侯，并入海德堡图书馆。"三十年战争"[21] 期间，梯利伯爵（Count of Tilly）[22] 带兵攻破海德堡，这些藏书都成了战利品。伯爵选出其中精华，献给梵蒂冈的教皇，教皇指派学者兼教皇图书管理员利奥·阿莱提乌斯（Leo Allatius，1586—1669）前往海德堡遴选书籍，挑选出来的书装满一百九十六个箱子，由二百多头骡子驮过阿尔卑斯山，运至罗马。到拿破仑时期，有些书被运到巴黎，1815 年，这些书为反法同盟所获，人们认为罗马不应再拥有这些书，因为它乃基于侵略所得，最终这些被掠夺来的选帝侯藏书重返海德堡。

佛兰德斯很早即为学术圣地，当欧洲其他王公忙着杀伐征战的时候，埃诺（Hainault）[23] 的伯爵们和布拉班特的公爵们就已经开始赞助学问和艺术。这里的修道院也有文脉代代相传，靠近列日的阿尔诺（Alno），修士们有本《圣经》，为圣贝尔纳（St. Bernard）[24] 的朋友领班神甫菲利普抄写，成书于 1140 年。鲁汶（Louvain）也有本《圣经》，时间上要晚一个世纪，首字母为蓝色，衬以金色背景，费时三年完工。代芬特尔在托马斯·肯佩斯（Thomas à Kempis）[25] 之前就有"密涅瓦（Minerva）[26] 之家"的美誉，而遍布苏瓦尼森林（Sonian Forest）[27] 的修道院则为学术提供了憩息地。共同生活兄弟会（The Brothers of the Common Life）[28] 的成员承担着抄写书籍的工作，他们后来搬到布鲁塞尔做起出版印刷。托马斯·肯佩斯曾在代芬特尔的共同生活兄弟会的学校接受教育，对此有过一番描绘："这些莘莘学子语言虔敬，举止完美，彼此谦逊有礼，余深以为敬。彼等不问世事，蜗居室内，专心祈祷，抄写经籍。献身书籍之热情，恰为生命之泉源，抄写师双手理应得到上苍保佑，倘没有他们潜心工作，世间何来书籍流芳？"托马斯·肯佩斯自己也抄写过不少作品，包括《圣经》、弥撒书和四本圣贝尔纳之作，他后来去兹沃勒（Zwolle）[29]，并在那里撰写了一部共同生活兄弟会的编年史。

位于根特（Ghent）[30]的圣巴夫修道院（St. Bavo's Abbey）[31]得到院长拉斐尔·德·默凯泰利斯（Rafael de Mercatellis，1437—1508）捐赠的大批书籍，他是勃艮第公爵"好人菲利普"（Philip the Good）[32]之子，受人景仰。那些彩饰手稿历经战争和革命，金光闪闪的标题页上，依旧可见这位院长的签名。

更好的藏书属于布鲁日的路易（Louis de Bruges）[33]，他是格拉休斯（Gruthuyse）领主，同时还是挂名的英格兰温彻斯特伯爵。1474年，英格兰国王爱德华四世（Edward IV，1442—1483）被迫逃离英格兰，途中遭德国海盗追杀，为格拉休斯所救。他当时是荷兰执政，不但救了这些流亡者，还慷慨解囊，负担他们的花销。爱德华四世后来重返英格兰恢复王位，感相救之恩，封路易为温彻斯特伯爵，这一头衔并没有什么实权，到了1499年，他又被迫还给英格兰国王。路易喜好藏书，他的藏书被誉为"时代的书志大理石"，上乘羊皮纸、精致书法和精美绘画使其无论在当时还是后世都赫赫有名。佛兰德斯印刷商克拉德·曼森（Colard Mansion，1440—1484），就是后来在布鲁日（Bruges）[34]与威廉·卡克斯顿（William Caxton）[35]共事的那位，既是格拉休斯好友，亦是他的受赞助人。曼森曾制作《亚当的忏悔》（Penitence of Adam）[36]一书，内有一幅微型画，画的是曼森在路易的花园中将书呈献

布鲁日的路易肖像画。由其宫廷画师所绘，现存于布鲁日格罗宁格博物馆。

　　《贝里公爵的豪华祈祷书》书影，制作于1412—1416年间。此图显示贝
里公爵的家人正在交换新年礼物，右边着蓝衣者为贝里公爵。手抄本现存于
法国尚蒂伊孔代博物馆。

　　到了"勇敢者查理"（Charles the Bold）时期，藏书基本没变，只是增加了些许特色收藏。公爵夫人约克的玛格丽特（Margaret of York）[44]是英王爱德华四世之妹，亦是其同胞威廉·卡克斯顿的女赞助人，曾委托卡克斯顿将拉乌尔·勒·费弗里（Raoul le Fevre）的《特洛伊史回顾》（*Recuyell of the Histories of Troye*）译成英文，并于 1475 年由卡克斯顿在布

《骑士托德尔的幻觉》的地狱幻象插图（一），为约克的玛格丽特委托制作。此插图为西蒙·玛尔米恩所绘，1475 年制作完成，现存于美国洛杉矶保罗·盖蒂博物馆。

鲁日刊印，是第一本用英语印刷的书籍。公爵夫人品位不俗，可从她收藏的《骑士托德尔的幻觉》（*The Getty Tondal*）[45]看出。而《居鲁士的教育》（*Cyropaedia*）[46]和昆图斯·科尔提乌斯·鲁特斯（Quintus Curtius Rufus）[47]带有浪漫风格的《亚历山大大帝史》则为好战的"勇敢者查理"所有。在伯尔尼，"勇敢者查理"留下一件战争遗物，为莫拉特（Morat）[48]战役

《骑士托德尔的幻觉》的地狱幻象插图（二）

期间的一部手抄本。那场战役中查理被瑞士人击败，他的士兵像"芦苇中的鸭子"一般被射杀。手抄本上面有段注释："兹等军事法令由杰出并战无不胜的勃艮第公爵查理制订，1476 年 6 月录于莫拉特，于帅帐偶得。"查理次年战死于南锡战役（Battle of Nancy）[49]，瑞士人在他的行囊中发现那本《居鲁士的教育》，此书辗转流离，于 1833 年在巴黎的一次拍卖会上被比利时王后拍下，得以重返故里，藏于布鲁塞尔的旧居。

查理死后，他在第戎的藏书被法国国王赏赐给勃艮第新的执政者，最好的书籍则成了国家财产。布鲁塞尔的那部分则由查理的女儿玛丽（Mary of Burgundy，1457—1482）继承，她后来与神圣罗马帝国皇帝马克西米利安一世结缡，此后家族藏书便在法国、德国和瑞典四散飘零，急需用钱的皇帝不敌诱惑，偷出不少拿去变卖典当。好在他们的女儿玛格丽特（Margaret of Austria，1480—1530）公主热心于文化艺术，渐渐收藏起大批精美的手抄本和印本，算是弥补了之前父亲造成的损失，而她的侄女奥地利的玛丽于 1530 年成为勃艮第女摄政后，将这一事业继续发扬下去。

勃艮第宫廷的奢华和低地国家（Low Countries）[50]的繁荣造就了对包括书籍在内的奢侈品的巨大需求，英格兰便为其中之一。整个 15 世纪，英格兰一直在进口书籍，人们通过大帆船将货物源源不断地运至伦敦和南安普顿。学术在英格兰尚嫌稚嫩，但人们普遍相信种子已在土中萌芽，日后定将枝繁叶茂。英格兰学者纷纷投到维罗纳的瓜里诺门下，其中就有后来的林肯学院院长罗伯特·弗莱明（Robert Fleming，1416—1483）、林肯主教威廉·格林（William Gray）、温彻斯特伯爵约翰·提普托夫特（John Tiptoft，1427—1470）。在弘扬学术方面，人们不应忘记科巴姆勋爵（Lord Cobham）约翰·奥尔德卡斯特尔（John Oldcastle）[51]和沃尔特·谢灵顿（Walter Sherington）勋爵的功劳，前者曾不惜千金雇人抄写威克利夫（Wycliffe）[52]的作品，并安全运至波希米亚；后者则于 14 世纪初在格拉斯顿伯里建起图书馆，里面满是羊皮书。在塞伊男爵（Baron Saye）詹姆斯·费因斯（James Fiennes）[53] 和里夫斯伯爵安东尼·伍德维尔（Anthony Woodville）[54] 的赞助下，英格兰学术在 14 世纪末 15 世纪初昌盛一时，学者们蜂拥而至佛罗伦萨，投身查尔孔戴拉斯（Chalcondyles）[55] 及其弟子波利提安门下。英格兰第一位希腊语教授威廉·格拉辛（William Grocyn，约1446—1519）在此受教育，学者托马斯·林奈克（Thomas Linacre，1460—1524）曾与洛伦佐·德·美第奇的孩子同窗共读，红衣主教雷吉纳德·波利（Reginald Pole）[56] 和雄辩的布拉班特学者德·隆盖尔（De Longueil，1490—1522）在帕多瓦一同钻研学问并研习体育，这位主教日后曾撰文回忆他们之间的绵长友谊。圣保罗学校首任校长威廉·利利（William Lilly，1468—1522）也在佛罗伦萨学习过，更远至罗德岛（Rhodes）[57] 进修希腊语。托马斯·莫尔（Thomas More）[58] 曾师从格拉辛，并青出于蓝

托马斯·莫尔肖像画。小汉斯·荷尔拜因作于1527年，现存于纽约弗里克美术馆

而胜于蓝，其爱书热忱在他女婿威廉·罗珀（William Roper）[59]小心谨慎的传记中有所披露。迪布丁讲述过一则轶事，并透露了莫尔藏书的命运。莫尔被捕后，为套取其口供，政敌安排一位奸细与他谈话，以便从中找出他叛国谋反的证据。帕尔默（Palmer）爵士是旁听者之一，谁知他只顾忙着将莫尔的书打包装入麻袋，无暇顾及莫尔和那奸细的对话。另一位旁听者理查德·萨斯维尔（Richard Southwell）情况也差不多，他只管监督人们抄没莫尔藏书，竟忘了自身使命。伊拉斯谟盛赞莫尔为"自然塑造的最温和的灵魂"，惊叹莫尔的学识，实则也是惊叹英格兰当时的学术水平："古书之多，难以置信，皆以希腊语和拉丁语抄写，古典艰深，并非寻常之学，若非愿享旅行之乐，倒不必亲往意大利。"学者哈勒姆（Henry Hallam）[60]认为伊拉斯谟有点言过其实，但他也承认，直到1520年，英格兰的学者数量都比法国多，虽然他们全部加起来都不敌一个比代。

第九章

早期爱书人——法国皇室藏书家

纪尧姆·比代肖像画。让·克
卢埃作于1536年左右。

纪尧姆·比代算是印刷术发明初期法国爱书人的典范。他精通希腊语，不亚于德摩斯梯尼（Demosthenes）[1]时代的任何演说家。比代被誉为"法兰西奇才"（the prodigy of France），曾在格罗利耶（Grolier）[2]的资助下，出版了一本有关古代钱币和度量的著作，他的另一著作《希腊语评注》，也受到学界一致好评，大家认为他在语言学方面的造诣已经登峰造极。比代嗜书，有轶事一则佐证。某日，仆人匆匆闯进书房，禀告失火，比代竟然不慌不忙："速告吾妻，吾从不预家事！"他尝言自己有两位妻子，首为缪斯女神，次为现实里的糟糠之妻。但他也承认，若非第二位妻子替他管理藏书、查阅资料、当他助手，恐怕他也不会跟第一位走得那么近。

法王查理八世占领那不勒斯后，将宫廷藏书洗劫一空，但仍有不少精美抄本躲过检查，被逊位国王阿方索二世偷偷卖给红衣主教安博瓦兹（Georges d'Amboise，1460—1510）。主教还从鲁昂（Rouen）[3]一家新成立的彩绘师学校得到部分手稿，并建起一间藏书阁，藏书以印本为主。安博瓦兹卒于1510年，一部分法语藏书留给亲戚，后为拉罗什富科（La Rochefoucauld）家族[4]所有，另外一部分则归属鲁昂主教。

兰斯主教朱万纳尔德斯乌尔辛（Juvenal des Ursins）[5]也喜欢藏书，但仅有一本存世，为羊皮纸弥撒书，上面满是彩饰画，后为俄国藏书家索尔提科夫（Soltykoff）[6]所有，成为他藏书中的翘楚。数年前，索尔提科夫的藏书被拍卖，印刷师费尔曼·迪多（Firmin Didot）[7]以三万六千法郎购得此书，他又于1861年赠予巴黎。不幸的是，此书和其他众多书籍一道，毁于巴黎公社的熊熊大火。

查理七世的御医雅克·德·帕尔（Jacques de Pars）也是位藏书家，死后将自己收藏的手稿赠予巴黎医学院。这些书籍如此珍贵，尊贵如国王路易十一，若想借来誊抄，也得先抵押一个银盘子，以保证日后完璧归赵。艾蒂安·舍瓦利耶（Étienne Chevalier）[8]长袖善舞，既见宠于查理七世，又得路易十一厚爱，担任他的财务官。他在巴黎玻璃厂街（Rue de la Verrerie）建起的大宅豪华漂亮，墙壁和天花板上画满寓意画，宅内有一座图书馆，装满精美手抄本，彩绘大都出自图尔名画家让·富凯（Jean Foucquet，1420—1481）之手，其中有两部手抄本极为有名，皆为书中珍品：一为《默伦双联画》（*Melun Diptych*），后来赠给默伦圣母院教堂；另一为《艾蒂安·舍瓦利耶祈祷书》（*Hours of Étienne Chevalier*）。

《默伦双联画》。左边为艾蒂安·舍瓦利耶和他的守护神圣斯蒂芬；右边是被基路伯包围的圣母和基督。大约完成于1456年，分别收藏于柏林国家美术馆和安特卫普皇家美术馆。

尼古拉·舍瓦利耶（Nicholas Chevalier，1562—1630）是艾蒂安的后人，在 16 世纪亦以藏书著称，除手抄本、印本，还有用蓝色天鹅绒包着的家谱。他家那本祖传宝物《艾蒂安·舍瓦利耶祈祷书》在辗转多人后，已大不如前，只剩少量从原书中割下来的插图。学者勒鲁·德林西曾编制过一份早期法国藏书家名单，名单之外，尚有几人约略在此述及。首先是奥尔良公爵查理（Charles, Duke of Orléans）[9]，他有八十册精美书籍，都收藏在布洛瓦城堡；再就是诗人皮埃尔·德·龙沙（Pierre de Ronsard）[10] 和修道院院长兼诗人菲利普·德波特（Philippe Desportes，1546—1606）；政治家中有大法官弗洛里蒙德·罗伯泰特（Florimond Robertet，1531—1567），还有两位博学女性路易丝·拉贝（Louise Labé）[11] 和夏洛特·吉拉尔（Charlotte Guillard，？—1557）。拉贝是位女诗人，她有一间满是法语、西班牙语和意大利语书籍的藏书室；夏洛特·吉拉尔则是位印刷师，也喜藏书，曾自费出版一本《圣哲罗姆评注》（Commentaries of St. Jerome）。

这一时期最重要的私人收藏家是德布瓦西领主（Seigneur de Boissy）阿图斯·高菲耶（Artus Gouffier，1474—1519），他留下一本书，为已故法兰西藏书家协会会长杰里米·皮雄（Jérime Pichon）所有，此书装帧精美，令人叹为观止。到他儿子克洛德·高菲耶（Claude Gouffier，1501—1570）时，藏书就有些现代范儿了，举凡签名本、历史人物肖像画、精美手稿以及上好印本，皆来者不拒。克洛德·高菲耶还是年轻的昂古莱姆公爵（Duc d'Angoulême）的老师，公爵后来登上法国王位，为弗朗索瓦一世（François I，1494—1547），这位国王学生喜欢用火蜥蜴和银色鸢尾花

克洛德·高菲耶肖像画，弗朗索瓦·克卢埃创作于1568年左右。

图案来装饰他的书籍，当受其老师克洛德·高菲耶的影响。

弗朗索瓦一世对印本不太关注，更喜手抄本，他的姐姐玛格丽特·德·昂古莱姆（Marguerite d'Angoulême）[12]公主才华横溢，趣味高雅，写诗写小说，被誉为"诗中之花"（blossom of poetry）、"玛格丽特公主中的雏菊"（Marguerite des Marguerites）[13]，她对皇家图书馆的藏书贡献颇多。波旁公爵查理三世投敌后，其藏书被没收，归皇家图书馆所有，里面有许多精美手抄本，均来自让·德·贝里公爵（Jean Duc de Berry）[14]的奢华收藏。

弗朗索瓦一世和玛格丽特·德·昂古莱姆肖像画。让·克卢埃作品。

弗朗索瓦一世将眼光瞄向东方，希望在那里有所发现。他让拜占庭学者约翰·拉斯卡利斯给他提供书籍信息，还派皮埃尔·吉尔（Pierre Gilles）[15]到黎凡特地区的修道院买书。纪尧姆·波斯塔尔（Guillaume Postel）也领有同样使命，他是有史以来最伟大的语言学家，却疯狂相信自己乃亚当重生，一生命运多舛，大部分时间都处于监禁中。

到了亨利二世（Henri Ⅱ，1519—1559）时期，他在情妇狄安娜·德·普瓦捷（Diane de Poitiers，1499—1566）的影响下，颁布一项法令，要求所有出版商将他们作品中的一部或数部呈缴给布洛瓦和枫丹白露的皇家图书馆，或国王指定的其他地方。法令一经颁布便立竿见影，皇家图书馆很快得到八百本各地出版商呈献的书籍。书上的交织字母语意含糊，或为亨利二世和王后凯瑟琳·德·美第奇（Catherine de Médici，1519—1589）名字的首字母，或为亨利二世和情妇狄安娜名字的首字母。凯瑟琳是位狂热的收藏家，当年从意大利远嫁法国时随身带有一部手抄本，原为拜占庭帝国皇帝所有。凯瑟琳日后还将斯特拉奇元帅的全部藏书据为己有，理由是这些书曾一度由美第奇家族的教皇利奥十世之侄继承，故应归美第奇家族所有。到 1589 年离世，她已收藏了近八百部希腊手稿，皆为稀世珍品。但凯瑟琳生前债台高筑，人们担心这些手稿很可能沦于债主之手。在历史学家和藏书家德图（De Thou）[16] 的建议下，人们将书的华丽封面剥去，代之以不起眼的装帧，以掩人耳目，遂成法国皇室的传家之宝。

亨利二世的情妇狄安娜·德·普瓦捷是藏书界名副其实的"狩猎女神"（狄安娜原为希腊神话中的狩猎女神），其父圣瓦利耶伯爵（Comte de St. Vallier）让·德·普瓦捷（Jean de Poitiers，约 1475—1539）也是藏书家，喜爱意大利风格的装帧，有一本《珀西弗雷传奇》（*Perceforest*）[17]，上面还有伯爵的纹章和标志，为国王路易·菲利普（Louis Philippe）[18] 所有，之后由国王之子欧马勒公爵亨利·德·奥尔良（Henri d' Orléans）[19] 继承。亨利二世和狄安娜在位于阿内（Anet）的豪华城堡[20]中建有藏书室，存有很多精美藏书，两百年来，无人打扰，直到 1723 年进入拍卖市场，世人终领略其惊艳之美，不但装帧豪华，品相完好，而且门类繁多：神甫与诗人之作比邻，医学书与家政书并肩，可能是借由对出版商征收书税而大批获得。这些书辗转一番后，被大藏书家拉瓦利埃公爵买下，湮没在公爵琳琅满目的各式收藏中。《法国藏书家》（*Bibliophile Français*）[21] 杂志刊登过一篇别具新意的文章，对狄安娜的爱国之举大加褒扬，说她身为具有奉献精神的国王情妇群体中一员，始终致力于让自己的祖国免受外来文化侵蚀。她的同侪还有查理七世的情妇阿涅斯·索蕾尔（Agnès Sorel，1421—1450）、亨利四世的情妇加布里埃尔·德·埃斯特蕾（Gabrielle d'Estrées，1573—1599）和弗朗索瓦一世的情妇埃唐普夫人（Madame d'Estampes，1508—1580），据说埃唐普夫人还曾试图阻止本韦努托（Benvenuto）[22]和达·芬奇来法国。同样，当凯瑟琳·美第奇打算引入一些意大利的奇风异俗时，狄安娜也挺身而出，以个人魅力和品位来捍卫法国的本土文化。

凯瑟琳·美第奇的三个儿子都爱书，且各有千秋。长子弗朗索瓦二世（François Ⅱ，1544—1560）尚未来得及做太多收藏便撒手人寰，若假以天年，他的王后苏格兰女王玛丽·斯图亚特定会将其品位和收藏引向更高层次；可惜，玛丽仅分享了数月他的王位荣光。二人最喜欢的那部分书籍保存至今，弗朗索瓦二世的藏书上有皇太子的海豚徽章和代表法国的百合徽章；玛丽的藏书均以黑色摩洛哥皮装帧，并饰以苏格兰狮子徽章。凯瑟琳的次子查理九世（Charles Ⅸ，1550—1574）则深受其老师阿米欧（Amyot）[23]主教影响，除了偏爱文学，还对考古颇有研究，并买下了格罗利耶的钱币柜。他将皇家图书馆从枫丹白露搬到巴黎，交给阿米欧主教管理。他的弟弟亨利三世（Henri Ⅲ，1551—1589）则带点阴柔之气，相对于书籍内容，他更关注装帧，本人对装帧也颇为内行，甚至亲力亲为，就像其兄查理九世喜欢客串做甲胄的铁匠，作为他的继任者，亨利三世也乐于干理发师、厨师和锁匠那样的活儿，当国王之余，他还是位合格的书籍装帧师。这位国王性喜奢侈，讲究排场，却出台法律要大家抵制奢靡之风。作为折中之计，他取消书上的皮革和沉重的锁链，但书边烫金和上面的阿拉伯图案得到保留，只是不那么繁复，稍微简洁了些。国王品味独特另类，是阴郁和诡异的结合体，他的书籍和他的衣服相似，上面充斥骷髅头、交叉的人骨和代表眼泪的亮片图案，以及表达悲伤情绪的装饰。

法国国王亨利三世

　　亨利三世于 1589 年被刺身亡，他的王后路易丝·德·洛林（Louise de Lorraine，1553—1601）回到舍农索城堡（Château de Chenonceau）[24]，在孀居中孤独度日。这座女人的城堡里有一整柜藏书，约八十多册，绝大部分由当时著名的装帧师尼古拉·伊夫（Nicolas Eve）装帧，用的是奢侈的摩洛哥皮，有红色、蓝色和绿色，上面饰有闪闪发亮的阿拉伯图案和百合花，但这些书无一本存世：路易丝死前将它们遗赠给侄女弗朗索瓦丝·德·洛林（Françoise de Lorraine，1592—1669），可惜在其之后的继承人手中被悉数卖掉，竟至荡然无存。

　　亨利四世在他的情妇加布里埃尔·德·埃斯特蕾死后，为排遣忧伤，竟也以书自娱。他虽不是藏书家，却想方设法推动文化事业的发展。他原计划在康布雷大学建一座壮观的图书馆，因遇刺身亡被搁置，但布洛瓦的藏书却被运至巴黎，向学者开放。凯瑟琳·德·美第奇的手稿被运至克莱蒙特大学，由博学的德图悉心照管。

　　亨利四世的王后玛格丽特·德·瓦卢瓦（Marguerite de Valois，1553—

1615）[25]，即著名的玛戈王后，虽与丈夫不睦，但在促进文化发展这件事上，两人倒是志同道合，步调一致。玛戈王后博学多才，喜藏书，被视为“藏书家中的女王”。而其他贵妇名媛，虽也藏书，却资质平平，毫无特色，人们只好以装帧师的名字来简单区分她们的藏书，如路易十四之母奥地利的安妮（Anne of Austria，1601—1666）就以勒·加斯东（Le Gascon）为她做的蕾丝装帧为人所知；路易十五的王后玛丽·莱辛斯卡（Marie Leczinska，1703—1768）则以安托万·帕代卢普（Antoine Padeloup，1685—1758）的豪华装帧而闻名；路易十五的女儿们，三位勤奋且受到良好教育的公主，她们的藏书，人们只能凭借装帧师德雷米（Dereme）所用的不同颜色的摩洛哥皮来区分；路易十五的情妇蓬巴杜夫人（Madame de Pompadour，1721—1764）书架上的枯燥藏书若没有比希奥格斯（Biziaux）所设计的三座城堡或公爵斗篷的装帧图案，几乎无人关注；路易十五的另一位情妇杜巴利夫人（Madame du Barry）[26]的收藏品位，除了路易十五本人，恐怕无人恭维，若她未将那些不入流的书籍和收藏设计成家具支架，大概都不会有人多看一眼。诚如三位法国藏书家若阿尼斯·吉加尔（Joannis Guigard，1825—1892）、昆汀·博沙尔（Quentin Bauchart，1830—1909）和奥克塔夫·尤赞尼（Octave Uzanne，1852—1931）所言，在那些旧时代的贵族女性中很难找到真正的爱书人，她们藏书，只为占有和炫耀，故更关注书的外表而非内涵，例如路易十六的王后玛丽·安托瓦内特如同把小鸟囚禁在笼子中那样，在特里亚农宫收藏了数千册书，却从未认真翻阅过。这些贵妇们像不称职的猎犬主人，只将猎犬整日关在镀金的笼中，不给它们任何练习和实践的机会。不过凡事皆有例外，我们这个时代的德·贝里公爵夫人玛丽·卡洛琳娜（Marie Caroline）[27]就有一间藏书室，由她亲自管理，内有亨利二世的日课经、那不勒斯女王乔安娜的祈祷书、玛戈王后和玛丽·莱辛斯卡的书籍珍品。拿破仑的妹妹波琳娜·波拿巴（Pauline Bonaparte，1780—1825）

路易十六的妹妹伊丽莎白·德·波旁

也有一间藏书室，书籍都由她精心挑选。而最为人称道又最不幸的当属路易十六的妹妹伊丽莎白·德·波旁（Élisabeth de Bourbon，1764—1794）夫人，她在 1789 年的大革命中被人从自己的书房带走，与其兄嫂命丧断头台。夫人生前在巴黎东郊的蒙特勒伊（Montreuil）别墅有间小小的书房，她在那里消磨了大量时间，读书或者给朋友写信。她在信中说："蒙特勒伊和她的女主人像一对亲密恋人，这间书房如同一颗小小的珍珠。"1789 年 10 月 5 日，她伫立于书房旁边的露台上，目睹人群沿着赛夫勒（Sèvres）路远远走来，伴随着嘈杂的鼓声和管乐。那天，她被迫离开蒙特勒伊，此后再未回到那间珍珠似的书房。

第十章

16—17世纪的英格兰藏书家

约翰·费舍尔肖像画。荷兰版画师吉拉德·凡克依据画家阿德里安·范德沃夫油画制作。

英格兰国王亨利七世（Henry Ⅶ，1457—1509）在位期间，建起一座皇家图书馆，藏书后来都入藏大英博物馆。国王精打细算，只买法语书，入手了巴黎著名印刷商威拉德（Vérard）的整套古典系列。该系列皆用犊皮纸印刷，首字母烫金，彩饰豪华，可以看出部分乃呈献给法国王室的书籍。之后的亨利八世（Henry Ⅷ，1491—1547）在圣詹姆斯宫建起另一座图书馆，除藏有大量早期印本外，还有从被解散的各修道院收缴来的书，主要供王室子弟使用。再之后的几任国王在白厅、温莎城堡、格林尼治宫和奥特兰宫等王室产业里都有藏书。不过，最好的藏书并不在王室，而在坎特伯雷大主教约翰·费舍尔（John Fisher）[1] 手中。学者托马斯·富勒（Thomas Fuller）[2] 在所著《英格兰名人传》（*History of the Worthies of England*）里提到，主教有一间豪华气派的藏书室，两边长廊满是书籍，分门别类地放在一个个小单元格里，费舍尔原打算把他的藏书捐赠给剑桥大学圣约翰学院，但他因反对亨利八世而被处

托马斯·克伦威尔肖像画。小汉斯·荷尔拜因作品。

死，藏书成为国王权臣托马斯·克伦威尔（Thomas Cromwell）[3] 的财产，后在其贪婪的家臣手中尽皆散失。

萨默塞特公爵爱德华·西摩（Edward Seyour，1500—1552）摄政时期，新教在英格兰抬头。人们专门为国王买来宗教改革家马丁·布塞尔（Martin Bucer）[4] 的著作，坎特伯雷大主教托马斯·克兰麦（Thomas Cranmer）[5] 和萨默塞特公爵夫人还收藏了其他宗教改革家之作。与此同时，一项以爱德华六世（Edward Ⅵ，1537—1553）名义签署的法令颁布，要求清除威斯敏斯特教堂王室图书馆中的天主教弥撒书、传奇书和其他"迷信类书籍"，书上的装饰和珠宝则赐予廷臣。

伊丽莎白一世（Elizabeth Ⅰ，1533—1603）生性爱书，未加冕前就多有收藏，加冕后，更有大批敬献给女王的豪华书籍。现牛津大学公共图书馆收藏了一本用法语写就的诗集，内容主要是歌颂女王的嘉言懿行，里面满是精美肖像画和插图，封面封底有由闪闪发光的浮饰拼成的蜂鸟图案。还在孩提时，女王就自己动手装帧书籍，她有一本《新约》，乃用其亲手所做的手工艺品装帧而成。其中有段话，被学者麦克雷引用到他所著的《博德利图书馆年鉴》中，大意如下：女王漫步于《圣经》的园囿，采撷碧绿的香草，以阅读来吞咽，靠沉思来咀嚼。她在白厅的图书馆满是古典书籍和珍贵手抄本，皆用红色天鹅绒装帧，饰以珠宝，而法语和意大利语书籍则用摩洛哥皮装帧并饰以烫金。

坎特伯雷大主教马修·帕克曾游说女王建立一座国家图书馆，但女王并不热心，只让主教自己在被查禁的修道院中淘书。马修得到若干克兰麦的藏书，对损毁之处做了修复。他有自己的印刷作坊，雇有一群抄写员和微型画画师，令许多罕见的小册子得以再版，其余的他则令人抄写下来，按他要求"整齐装帧"，帕克后来将藏书分成两部分：一部分赠给其发祥地剑桥大学基督圣体学院，另一部分赠给公共图书馆。他给剑桥大学的礼物被喻为"英国文物界的太阳"，只有在罗伯特·科顿巨量藏书的阴影下才略显暗淡。

我们不妨想象一下 16 世纪那些文学天才齐聚一堂谈书论道的情形：本·琼森（Ben Jonson）[6] 是他们中的"国王"，如他自己所言，他的书就像巨大的西班牙大帆船，硕大的对开本粗放地刻着他的大名。这其中当然少不了莎士比亚，他用那迷人的羽毛管书写快乐和激情。我们对莎士比亚的藏书所知甚少，只知道他后来可能将藏书运至斯特拉福（Stratford）的新居（New Place）[7]，他去世后，藏书随新居一道由其长女苏珊娜·霍尔（Susanna Hall，1583—1649））和其丈夫约翰·霍尔继承。大英博物馆有一本约翰·弗洛里奥（John Florio）[8] 翻译的蒙田[9] 散文，若那上面的签名可信，当为莎士比亚所藏。还有一本整洁的阿尔定版奥维德之作，收藏在牛津大学博德利图书馆，上面有行批注："此奥维德之作由霍尔先生赠予本人，彼言此书曾为莎士比亚所有。"

加布里埃尔·哈维（Gabriel Harvey，1552 或 1553—1631）也不应缺席这一盛会，他会带上自己簇新的意大利书籍和册子如约而来；如果可能，诗人埃德蒙德·斯宾塞（Edmund Spencer）[10] 会大驾光临；而约翰·迪伊（John Dee）[11] 这位神奇的占星术士，则会在众人面前讲述他那四千多册书的悲惨命运，里头有大量印刷书和希腊语、法语及高地德语手抄本，皆为他四十年苦心收集，后来却悉数进了典当铺。他或许还会用魔镜和水晶球来预测一番这批书的命运。弗朗西斯·培根（Francis Bacon）[12] 从未停止扩充他的藏品，这些书籍日后或装点剑桥大学图书馆，或塞满格雷律师学院（Gray's

弗朗西斯·培根肖像画。画家保罗·凡·索默作于1617年。

Inn）[13] 的书架。伊丽莎白一世的宠臣莱斯特伯爵罗伯特·达德利（Robert Dudley）[14] 也是藏书家，他的藏书上都有私人徽章，为一只熊和一根粗糙的木棍，这些书日后将在兰贝斯宫（Lambeth Palace）[15] 的图书馆雪藏多年。学者罗杰·阿斯克姆（Roger Ascham）[16] 会对前人和他们懒散盲从的生活展开抨击："我们的父辈，除了那些虚构的骑士小说，其他概不阅读。"但考克斯队长（Captain Cox）[17] 显然不会认同此话，定会迎头反击。他盛装出场，一如在司各特小说《肯纳尔沃思城堡》（*Kenilworth*）中参加锦标赛的打扮，或如迪布丁录自罗伯特·兰厄姆（Robert Laneham）信札中他在女王驾前的行头："考克斯队长大步向前，紧扎上衣，腿上系着吊袜带，膝盖上绑着崭新的天鹅绒护膝。此人甚为古怪，他干着泥水匠的活儿，却熟于辞令，腹有诗书，举凡《亚瑟王》（*King Arthur*）、《波尔多的于翁》（*Huon of Bordeaux*）[18]、《修士与男孩》（*The Friar and the Boy*）[19]、《埃莉诺·拉梅尼的大酒桶》（*The Tunning of Elynour Rummyng*）[20] 和《深棕色皮肤的少女》（*Nut-brown Maid*）[21] 等诗歌、传奇、民谣，皆能娓娓道来，闻者无不动容。"

詹姆斯一世（James I）[22] 学识渊博，人称"不列颠的所罗门"（Great Britain's Solomon），但此君并非爱书之人，他对自己的藏书破坏远甚于建设。凡国王读过的书，不但破损，边上还尽是随意书写的笔记。他的老师乔治·布坎南（George Buchanan）[23] 说最好把国王当成书呆子，唯有这样，他的那些出格言语或许才会得到原谅。比如，他曾暗示荷兰人把老学者康拉德·沃思提乌斯（Conrad Vorstius）[24] 烧死都比留他在莱顿大学做教授更好。此番高论确实令人难以苟同。詹姆斯一世访问牛津时，那里的图书管理员小心翼翼的，唯恐国王看到布坎南的书，因为他以前曾挨过这位帝师的鞭打。不过詹姆斯一世在牛津曾有名言："我若不是国王，必为大学教授；若注定当一名囚徒，则宁愿被囚禁在图书馆里，与那些高贵的学者为伍。"

詹姆斯一世肖像画，佛兰德斯画家约翰·德·克利兹作于1605年左右。

詹姆斯一世还热心支持托马斯·博德利（Thomas Bodley）[25] 重建牛津大学图书馆的计划，并给了博德利一张盖有御玺的许可证，准许他从王室任何宫殿和图书馆遴选中意的书。尽管皇恩浩荡，博德利依然有所抱怨："吾在白厅所去之处恰与王后寝宫相对，须等王后移驾后方可进入，故时间颇难把握。"

詹姆斯一世的长子亨利王子[26] 品位精致，那时宫中正流行醉酒滑稽游戏，王子和他的文学侍从并不屑于加入。他买下阿伦德尔伯爵亨利·菲查伦（Henry FitzAlan，1512—1580）收集的所有修道院藏书，另有四十本已由伯爵女婿、藏书家约翰·拉姆雷（John Lumley，约1533—1609）赠给了博德利图书馆。

英国内战使白厅藏书面临毁灭之虞，幸亏休·彼德斯（Hugh Peters）[27] 利用他的权力和影响力才得以保全，因为学者约翰·塞尔登（John Selden）[28] 先前曾游说过他，在欧洲，除了梵蒂冈，再无哪处藏书能与白厅相比。律师布尔斯特罗德·怀特洛克（Bulstrode Whitelocke，1605—1675）被任命为白厅藏书的保管人，他的助手、苏格兰加尔文派教士约翰·杜里（John Dury，1596—1680），则为我们贡献了第一本英语图书馆管理专著《新式图书馆的管理者》（*The Reformed Librarie-Keeper*）。议会军统帅托马斯·费尔法克斯（Thomas Fairfax，1612—1671）在内战中对牛津大学的书籍保护贡献很大。1646年，牛津城内王党军队投降，他置之首位的便是派遣一队士兵守卫博德利图书馆。文物学家约翰·奥布雷（John Aubrey，1626—1697）指出，王党士兵曾大肆毁坏牛津藏书，这些人监守自盗，将书上的铁链砍断，为害之深为后人所不及。费尔法克斯本人也算是爱书之人，若非他格外关照，牛津图书馆怕会遭遇灭顶之灾，因为"朝中官员多无知，他们乐见其成"。通常而言，清教徒（puritan）[29] 对书籍和学术还算宽容，他们只是将与天主教有关的书籍销毁。奥利弗·克伦威尔曾赠给牛津大学一批意大利画家费德里科·巴罗奇（Federico Barocci，1535—1612）的手抄本，而都柏林圣三一学院中爱尔兰主教詹姆斯·厄舍尔（James Ussher）[30] 的赠书得以保存，则要归功于克伦威尔手下军官和士兵

爱尔兰主教詹姆斯·厄舍尔肖像画。荷兰画家彼德·莱利作品。

罗伯特·科顿肖像画。英国画家
科内利斯·詹森·范·科伊伦创作。

的公益精神，他们效仿伊丽莎白一世时期前辈同侪的善举，纷纷解囊，玉成此事。

罗伯特·科顿（Robert Cotton）大约从1588年起就开始搜集各类英国史料，得学者威廉·卡姆登（William Camden）[31]和亨利·斯派尔曼（Henry Spelman）[32]相助，他收藏了近千册历史文献和档案，装在十四个上等栎木做的箱子中，并以恺撒、克利奥帕特拉和福斯蒂娜（Faustina）[33]等历史名人的名字来编目，此举沿用至今。很多上议院大臣和职员以各种方式从他那里借阅史料原件，得托马斯·富勒盛赞："喷泉喜滋滋地从激流中汲水！"然而科顿晚年却受到指控，说他向西班牙出卖国家机密。反对者们寻找各种理由以关闭他的图书馆，最后总算找到说辞，称里头有些内容涉及政治机密，不宜公开，从而迫使图书馆关闭。科顿对这一裁定痛心疾首，不断向朋友控诉，1631年去世前不久还知会英国上议院全体议员，指责正是这一野蛮之举令他深染沉疴，一病不起。科顿藏书在他去世后最终归还给其子托马斯·科顿（Thomas Cotton），后又传到孙子约翰·科顿（John Cotton）手中。虽然科顿藏书对外开放，但鉴于学者吉尔伯特·伯内特（Gilbert Burnet）[34]曾抱怨他得拿到大主教和国务大臣的推荐信才获准入内，图书馆在当时还仅是善举，非所有人都能享用。文献学家安东尼·伍德（Anthony Wood，1623—1695）有段文字，记述他造访科顿图书馆，并受到主人约翰·科顿的盛情接待，二人共进晚餐，之后科顿引他到掌管图书馆钥匙的皮尔森（Pearson）那里。皮尔森租住在小不列颠（Little Britain）[35]一个书商店里，伍德和科顿徒步前往，好不容易才找到他。科顿藏书后来被运至埃塞克斯宫（Essex House），为防火灾，又移至位于小迪恩庭（Little Dean's Yard）的阿什伯汉姆宫（Ashburnham House），与之一起的还有王室藏书，由学者理查德·本特利（Richard Bentley，1662—1742）管理。虽然如此，仍未能逃祝融之灾，1731 年这里发生大火，令科顿藏书损失惨重。据威斯敏斯特学校校长斯坦利回忆，着火后，他匆匆赶来救火，见一身影从过火的房间冲出，身着睡袍，假发松散，胳膊下面夹着一本大书，正是理查德·本特利，而他夹在腋下、冒着生命危险奋力救出的，是本极其珍贵的《亚历山大抄本》（*Codex Alexandrinus*）[36]。斯坦利还看到议长亚瑟·昂兹洛（Arthur Onslow）[37] 和其他几位科顿藏书的受托人也夹在人群中救火，他们拼命汲水，劈开书柜，将书卷扔到窗外。科顿藏书在这次火灾中受损严重，人们不得不想尽办法修补，将烧皱的书卷摊平，重新着色，这个过程中也有很多奇迹发生。1753 年，英国议会推出一项意义深远的法令[38]，决定成立大英博物馆，科顿藏书、汉斯·斯隆（Hans Sloane）[39] 爵士的藏品和牛津伯爵哈利父子的藏书（Harley Collection）[40] 和手抄本，以及其他王室藏品，成为大英博物馆的最初所藏。

牛津伯爵罗伯特·哈利（Robert Harley，1661—1724）在 1705 年买进大批收藏，此后一发不可收。其子爱德华·哈利（Edward Harley，1689—1741）亦满怀热情地投身这项事业，毕生不辍，到他去世时，留下大约五万多册书籍，还有大批手稿和难以计数的小册子。文物学家和书志学家威廉·欧戴斯曾与诗人塞缪尔·约翰逊（Samual Johnson，1709—1784）一同为哈利藏书编制目录，并写过一则简介，我们在此权且引用一段，便可知伯爵父子藏书当浩如烟海："伯爵拥有所有国家、所有语言和所有学科的珍贵书籍，还有成千上万的书籍残页，有些已历千年，有些被剪裁下来做重写本（palimpsests）[41]。他还有很多不同版本的《圣经》，以及早期印刷师卡克斯顿、维恩吉恩·德·沃德（Wynkyn de Worde）、理

牛津伯爵罗伯特·哈利肖像画。英国画家戈德弗雷·内勒作于1714年。

查德·平森（Richard Pynson，1448—1529）、托马斯·伯斯莱特（Thomas Berthelet，？—1555）、拉斯道尔（Rastall）、理查德·格拉弗顿（Richard Grafton，1506—1573）等人出版的所有初版本、古典作品、英国本土著作、教会和世俗读本等，数目庞大的小册子和普通人使用的英国钱币，大量账簿和房地产契据，名人信札，数量之多，足足装订了两百多册。他还拥有其图书管理员汉弗莱·万利（Humphrey Wanley）的所有藏书，以及历史学家约翰·斯通（John Stow，1524或1525—1605）、议员西蒙兹·迪维斯（Symonds D'Ewes，1602—1650）、律师威廉·普莱尼（William Prynne，1600—1669）、主教爱德华·斯蒂林弗雷特（Edward Stillingfleet，1635—1699）、学者约翰·白福德（John Bagford）[42]、纹章官员彼得·勒尼夫（Peter Le Neve，1661—1729）的藏书，以及其他一百多位藏书家的精华之作。"

《哈利诗篇》插页，约完成于11世纪。　　《阿马福音书》插页，约1138年于爱尔兰制作。

　　上述藏书家中有几位须作单独介绍。先说约翰·斯通。他是历史学家和文物学家，在极度贫困中死去，实际上有很多年，他都过着拥有执照的乞丐生活。他年轻时曾在坎特伯雷大主教马修·帕克的保护下，在威斯敏斯特教堂的图书馆之外另起一座精美藏书楼。在伊丽莎白一世时期的宗教迫害中，他因藏有罗马天主教的出版物残片几乎被处以叛国罪，而且他发现很难让冷冰冰的审讯官相信自己只是个与世无争的收藏家。议员西蒙兹·迪维斯从政之余，还是文物学家，他效仿德图，立下遗嘱，将平生所藏珍贵书籍留给儿子，遗嘱写得情真意切："留给阿德里安·迪维斯（Adrian D'Ewes），我年幼的儿子，他至今还在摇篮中。"在之后的岁月里，他努力保护这些藏书以使其完整无失，尽管有各种约定和罚金，他终究未偿所愿。牛津伯爵罗伯特·哈利曾建议安妮女王（Queen Anne）[43]购买一批有很多珍贵文件和记录的收藏，被女王拒绝。女王声

言，当人民的生命和荣誉在战争中受到威胁的时候，身为国王，在未能
保证人民享有崇高的和平之前，她不能将国民的财富花费在这些无生命
的信件上。于是，我们后来都知道，伯爵只得自掏腰包，花六千英镑将
这批收藏买下来。彼得·勒尼夫毕生都在收集有关盾形纹章和家谱的文件
典籍，他本打算供其同僚即那些纹章官员所用，但他后来与纹章院产生
过节，遂把这些纹章从书上剪下来，余者皆送至拍卖行，"牛津伯爵在那
里大肆扫荡"，欧戴斯写道。而对于约翰·白福德这位书籍克星，我们实
在找不到太多理由为他辩护，他因编纂一本关于印刷术历史的书，竟对
25000 本书痛下狠手，将书上的标题页和版权页撕去，将书边裁掉，即使
如《古登堡圣经》（*Gutenberg Bible*）和红衣主教希梅内兹（Ximénes）[44]
的《多语种圣经》（*Polyglot Bible*）这样价值连城的书籍珍品，都难逃其
魔掌。后人指控他为学术魔鬼，同时代的人却视其为学术奇才。白福德
对书籍的蹂躏并未使他致富，他不得不远到荷兰和德国寻找买主，并在
那里寻得若干珍贵民谣。有些人为白福德的行为辩护，认为此一时彼一
时，今时的消遣地，或成他日的屠宰场，小吉丁（Little Gidding）[45]的费
拉尔（Ferrar）家族即是一例。这个擅长书籍装帧的家族曾被视为"裱糊
印刷"（pasting-printing）的发明者，他们以此称呼自己那野蛮的装帧：把
一本书中的插图剪下插入另一本书中，或者用其他书上的插图和书页把一
本书的篇幅拉长。这种装帧做法曾受到查理一世的褒扬，称费拉尔家献给
他的那本以碎片装帧的书籍为"书中之王"，"乃人们目之所见盖世无双
之杰作"。后代大藏书家迪布丁也认为这种装帧"实用且令人愉悦"。而
到了今日，这种对书籍的破坏自然受到许多爱书人的口诛笔伐。

与此同时，伊利（Ely）[46]主教约翰·摩尔（John Moore, 1646—1714）
也收集了数目庞大的藏书，高达三万多册，规模仅次于哈利父子藏书。
吉尔伯特·伯内特说，这笔财富超越了人们能想到的一个人倾毕生时间
与精力所能达到的极限。欧戴斯在他关于伦敦藏书的笔记里也对此有过

记录："主教藏书惊人，有抄本，也有印本，有些年代久远，有些则装帧精美。他有一本卡普格雷夫的编年史，凡美因茨和国外其他地方的书籍，以及英国本土如牛津、圣艾尔班和威斯敏斯特等地的出版物，他都应有尽有。"有种说法，人们打算将伊利藏书和哈利藏书合二为一，但 1715 年，伊利藏书被国王乔治一世（George I）[47] 以六千基尼买下，并赠给剑桥大学公共图书馆。

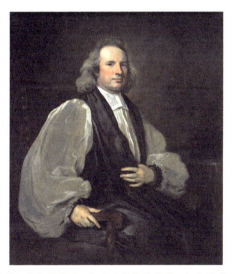

约翰·摩尔肖像画。英国画家戈德弗雷·内勒创作。

剑桥大学很早就有图书馆，也接受过多方馈赠，几任达勒姆主教都曾慷慨相赠，西奥多·白扎（Theodore Beza）[48] 和弗朗西斯·培根也跻身杰出捐赠人之列，利奇菲尔德（Lichfield）和考文垂（Coventry）主教约翰·哈克特（John Hacket，1592—1670）贡献了一千五百多册藏书。1647 年，由伦敦书商乔治·汤姆生（George Thomason，约 1602—1666）从意大利购得的大批东方手稿，依照英伦三岛共和国（Commonwealth）[49] 的一项法令，也给了剑桥大学。即便如此，在王室捐赠的伊利藏书的到来以前，剑桥大学从未像其姐妹机构牛津大学的博德利图书馆那样获得命运的格外垂青。

第十一章

博德利图书馆和它的捐赠者

　　牛津大学每年都会在博德利的生辰和忌日向他致谢。众所周知，汉弗莱公爵和他虔诚的前任们所捐赠的图书馆早已被劫掠摧毁，今天的牛津大学图书馆实由托马斯·博德利爵士重建。他毕业于牛津大学莫顿学院，原是外交官，1597 年从任上退休时，便开始酝酿这一宏伟计划。经他努力，图书馆于 1602 年 11 月 8 日开放，数年间便得到大量捐赠，包括书籍、税金和建筑等，成为世界上最著名的图书馆。（博德利图书馆现有藏书约 1500 万册，其中不乏珍品，如《古登堡圣经》、1217 年的《大宪章》以及最早的《莎士比亚第一对开本》，收藏书卷所占据的书架总长度超过 150 英里，大部分收藏在牛津西南 30 英里外的斯温顿图书存储中心 ——译者注）博德利曾在自传中总结经验："欲成此事，需四要素，缺一不可。倘无广博的学识、充裕的财力、充足的时间和众多朋友鼎力相助，断无成功之望。"学者美力克·卡索邦（Meric Casaubon）[1] 数年后造访牛津，曾在图书馆盘桓逗留一日，并留下记录："此处书籍概不外借，但每日开放七至八小时。学者们可尽享知识盛宴，而吾亦收获良多。"博德利并不主张图书馆向所有人开放，他于章程上明言："访客过多，四处窥视，会侵扰每间阅览室；人声聒噪，上来下去，只会令学者分心。故图书馆仅对大学毕业生

拉德克利夫图书馆，1860 年
归属博德利图书馆。

开放，读者须于门口发誓，不做任何拆书、毁书、割书、做笔记与乱写乱画之举。"

得第一任馆长、精明能干的好先生托马斯·詹姆斯（Thomas James，约 1573—1629）和书商约翰·比尔（John Bill）襄助，博德利的工作如虎添翼。为避免藏书被人侵吞，图书馆制定了详细的规则：书籍一律用铁链拴在书架上，书脊朝后摆放，链条固定在封面右上角而非书脊上。读者阅读时须按要求系好上面的扣钩和绳子，理顺链条，阅毕要放归原位。博德利一直关注链条和绳子的库存，某次曾写信要求詹姆斯在复活节（Easter）[2] 前准备一千根链条，"愿上帝保佑我的书安全运出意大利"。詹姆斯一世来馆视察前，博德利特地派人给馆长运去一箱绳子和夹子："如此吾便无须担心，阁下定会将所有书籍牢牢固定于书桌。"甚至对清洁打扫这类小事，他都不厌其烦地给出指导："望诸君彻底洒扫房间，拂去书上灰尘，于地板和家具涂少许迷迭香，再以水擦拭，过于强烈的芳香则为吾所不喜。"他于自传中还提到委托约翰·比尔在威尼斯、佛罗伦萨、罗马和其他十多个意大利城市代购书籍，所费至少四百英镑，"但凡有书之处，他都亲往视之，将其收入囊中"。这位代理人在西班牙的塞维利亚斩获颇丰："但当地人对英国人有根深蒂固的偏见和敌意，有此收获颇为不易。"

博德利图书馆建馆之初，曾接受过大量赠书，只要是有价值的，即使是很小的馈赠，博德利都会欣然接受，对任何有价值的品类中的单本都来者不拒。正如他对馆长詹姆斯所说，所有书都经他认真挑选，里头没有丁点杂烩破烂，所以他定会不屑那些日后由阴郁的文物学者威廉·伯顿（William Burton，1609—1657）捐赠的年历和剧本，还有理查德·罗林森（Richard Rawlinson）[3] 神甫捐赠的大批航海日志、蜡烛商和杂货商的各种物件和纸片。他不忘对捐赠人的善意表示感谢，曾写信叮嘱馆长："温顿校长捐赠梅兰希通和胡斯之作，余倍感珍惜，若阁下乐意，请代为执笔致谢。"图书馆早期所受馈赠中，有很多有价值的精美之作，如埃塞克斯伯爵罗伯特·德弗罗（Robert Devereux）[4] 曾捐赠三百本对开本，系伯爵的舰队从西班牙加的斯（Cadiz）返航途经葡萄牙的法罗（Faro）时所得；博德利本人则捐赠过一本精美的《亚历山大传奇》；馆长詹姆斯捐赠了一百本书，其中包括贝列尔学院和莫顿学院收藏的一些古抄本，系经他游说后贡献出来的。此外，莫顿学院又单独捐赠了四十本上好对开本，学院院长亨利·塞维尔（Henry Savile，1549—1622）则捐出一本俄语福音书和一本希腊语的《圣奥古斯丁评论》；学者威廉·卡姆登于贫困中也不忘向图书馆捐赠手稿和古籍；博德利的弟弟劳伦斯·博德利（Lawrence Bodley）捐赠了三十七部精美对开本；文物学家拉姆雷在卖给王太子亨利的书之外预留了四十本给图书馆。蒙塔丘特（Mantacute）爵士特意买来六十六本精美昂贵的神甫之作以为馈赠，上面装饰着他的徽章。1602 年，图书馆收到一本埃克塞特主教利奥弗里克的犊皮本祈祷书，还有若干可追溯到"忏悔者爱德华"（Edward the Confessor）[5] 时期的书。次年，图书馆又得到一本据说为当年教皇格里高利赐给奥古斯丁传教团的福音书，其他所赐之书则被坎特伯雷大主教马修·帕克赠予牛津大学基督圣体学院。作家和外交家亨利·沃顿（Henry Wotton，1568—1639）赠给图书馆一本价值不菲的《古兰经》；几年后又捐赠了一本第谷·布兰赫（Tycho Brahé，1546—1601）所著的《天文学》，上有作者本人的亲笔注释。数学家托马斯·艾兰（Thomas Allen）[6] 捐赠了一件圣邓斯坦的遗物，内有一帧圣人自画像，另有一本格罗斯泰特的著作及十二部罕见珍贵的手稿。博德利赞扬艾兰是"最为谨慎的慈善发起人和募捐者"。艾兰是数学家，还是一位带有犹太神秘哲学色彩的占星术士，曾教过凯奈姆·迪格比（Kenelm Digby）[7]，还引导这位伟人研究星辰之术，并学习如何通过溶解和膨胀令天南星变金鹅等点金术魔法。

迪格比年轻时曾砍五十棵大橡树，买下一块邻近艾克塞特学院的地皮捐给学院，奠基仪式上还闹了一场笑话，被学者安东尼·伍德以轻松诙谐的文字记录下来。1634 年的某日，大学的首脑们悉数出席，乐队在图书馆最西端奏起管乐，副校长正要将一块金子放到基石上，突然下面的泥土坍塌，导致看台断裂，上面所有人，包括校长和学监，像叠罗汉般摔倒在地，学院的男管家肩膀摔脱臼了，另有一位学者胳膊也被蹭伤。也就是在这

凯奈姆·迪格比肖像画。他曾将自己收藏的233 卷手稿赠予博德利图书馆。

次，迪格比将大批书籍捐赠给博德利图书馆，都是大开本书，除历史书和编年史，还有罗杰·培根和格罗斯泰特的著作，封底嵌板上还嵌着迪格比名字的首字母。这些书有很大部分为当年托马斯·艾兰所藏，后赠予迪格比，迪格比在写给罗伯特·科顿的信中这样写道："艾兰书籍在吾手中，所得世人仰慕追念必不逊于在他人之手。"迪格比还承诺捐赠更多藏书，但后来内战爆发，他将藏书运至法国，死后竟作为外国人财产而被法国政府充公。不久后，不知是法国王室赏赐还是出资购买，又为他的堂兄弟、第二任布里斯托伯爵乔治·迪格比（George Digby，1612—1677）所有，继而出现在伦敦的拍卖会上。1825 年，博德利图书馆拍下了两本书，当隆重以纪之：一为罗杰·培根之作，一为希腊数学家普罗克鲁斯（Proclus，410—485）之作，先后属于牛津教士、格罗斯泰特和迪格比。迪格比生前有意捐赠牛津图书馆，特意在每本书上都注明该书将为牛津大学图书馆所有，并有他的签名首字母为证。但是，历经数代人，几经周折，它们才终于走完从迪格比的书架到其最终归宿——牛津大学的最后一段旅程。

威廉·劳德肖像画。比利时画家安东尼·凡·戴克创作于1646年左右。

博德利图书馆早期曾有大量东方典籍入藏，应归功于坎特伯雷大主教威廉·劳德（William Laud）[8]。他委托英国驻叙利亚阿勒颇（Aleppo）[9]领事罗伯特·亨廷顿（Robert Huntington）买来，而后赠给图书馆。除醉心于东方典籍，劳德还派人前往爱尔兰去搜寻彩绘祈祷书、爱尔兰国王们的事迹和盎格鲁–诺曼贵族的史料，所获中有一本珍贵的爱尔兰手稿，内有《卡舍尔诗篇》（The Psalter of Cashel）[10]

和爱尔兰主教及芒斯特国王科马克（Cormac）未曾出版的一部词典，还有些诗歌，相传为圣帕特里克和圣科伦巴所作。在欧洲大陆，当瑞典国王古斯塔夫·阿道夫（Gustavus Adolphus）[11]率军洗劫德国各个城市时，劳德则派他的代理人千方百计地从瑞典长矛兵手中抢救那些精美的书籍和手稿。如此，劳德在维尔茨堡学院找到一本印刷于1481年的弥撒书和一批拉丁语手稿，又从巴登公国靠近美因茨和埃伯巴赫（Eberbach）附近的修道院找到许多珍贵书籍。据麦克雷所著《博德利图书馆年鉴》记载，威廉·劳德在1635—1640年间共捐赠给该馆一千三百多册书籍，涵盖二十多个语种。对我们这代人来说，最推崇的当属"可敬的比德"反复阅读过的那本《使徒行传》（Acts），还有出自彼得伯勒修道院的《盎格鲁–撒克逊编年史》（Anglo-Saxon Chronicle）[12]；劳德的同时代人则更青睐那些东方手稿。此外，劳德还说服时任牛津大学校长的第三任彭布罗克伯爵威廉·赫伯特（William Herbert）[13]将珍藏的240卷希腊语手稿赠给图书馆，这批手稿之前曾属于意大利数学家和天文学家弗朗西斯科·巴洛奇（Franesco Barozzi，1537—1604）。在劳德所赠的最后一

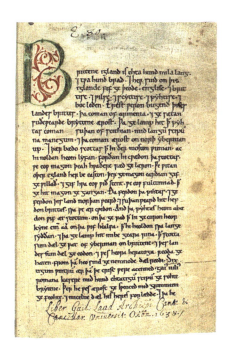

《劳德编年史》首页，亦称《彼得伯勒编年史》，为英国中世纪编年史《盎格鲁-撒克逊编年史》七部中的E部（七部分别以字母ABCDEFG编号），最初为剑桥郡彼得伯勒修道院的修士们所得，故名。现存于博德利图书馆。

批书籍中，还有一本波斯语手稿，里面包含从世界伊始到阿拉伯帝国（Saracen Empire）灭亡的世界史，颇具价值。劳德十分在意这些书籍在图书馆的安全，再三叮嘱，书籍务必得到妥善安放，要用铁链拴在书桌上。除向博德利图书馆捐书，他还赠给母校圣约翰学院很多书，更多的书籍则存放在主教官邸兰贝斯宫，在他死后为休·彼得斯所有。王政复辟后，学术研究得以恢复，文物学家伊莱亚斯·阿什莫林（Elias Ashmole）[14]受命盘点这位宗教狂热者的资产。

　　劳德不是首位在东方淘宝的人，在他之前，托马斯·罗伊（Thomas Roe）[15]爵士就向博德利图书馆捐赠过一批手稿，那是他在君士坦丁堡任大使期间所得，他跟约翰·塞尔登还是牛津同窗。约瑟夫·斯卡利杰，这位曾使阿拉伯学问在西方复兴的学者，对撒玛利亚人（Samaritans）[16]的文学情有独钟，曾与一位住在示剑（Shechem）[17]名叫以利亚撒（Eleazar）的拉比就《摩西五经》的某个抄本通过信，信后来落入强盗之手，几番曲折，为法国收藏家佩雷斯克（Peiresc）[18]所得。旅行家米努提乌斯（Minutius）曾带回一些科普特语（Coptic）[19]祈祷书，佩雷斯克受此吸引，竟在士麦那（Smyrna）[20]设立代理处，专门搜集东方典籍。一位名叫吉列·德·洛凯（Gilles de Loche）的方济各会托钵僧说他在埃及尼特里亚沙漠（Nitrian Desert）[21]的修道院中看到过八千多册书籍，有很多似乎成书于圣安东尼（St. Anthony）[22]时期。他后来继续前往阿比西尼亚（Abyssinia）[23]，在那里听到"陌生的圣歌和铙钹的敲击声"，后来的旅行者罗伯特·科曾（Robert Curzon，1810—1873）爵士也听到了这声音。这位托钵僧在那里还见到过一本《以诺书》，上面有暗淡模糊的图像和闪着光芒的黑字。之后他前往叙利亚，在一间女修道院"油窖外的地下室里"发现好多书，后来将之尽数运到英国。在洛凯的发现中，即便没有太多圣安东尼时代的书，也至少有一本成书于411年，由一位名叫雅各（Jacob）的人在迦勒底的吾珥（Ur of the Chaldees）[24]写就，此事已由一位生活在11世纪的僧侣考证。

相对于对科普特语和阿拉伯语书籍的重视，当时人们对希伯来语藏书的关注就少得多。约翰·塞尔登曾赠给博德利图书馆一批犹太教《塔木德》（Talmud）[25]经典和祭司律法书，为图书馆未曾有过。图书馆后来又在阿姆斯特丹的克莱文纳（Crevenna）[26]藏书拍卖会和威尼斯的马提欧·康诺维西（Matteo Canonici）[27]藏书拍卖会上购入许多希伯来语手稿，但最大的一宗是1753年入藏的布拉格首席拉比大卫·奥本海默（David Oppenheime，1664—1736）的藏书。1759年，大英博物馆得到商人所罗门·德·科斯塔（Solomon da Costa）的赠书，里头有三部《圣经》手稿和一百八十本印本，皆为古版书。捐赠人信中透露有趣细节："这批书乃奉查理二世国王陛下之命装帧，上有国王姓名首字母拼合文字，为吾年轻

时购得。"这批书收集于英格兰共和
国时期，之后查理二世令人为其装帧，
但因装帧费用始终未付，便长期滞留
在装帧所，直到乔治一世统治时期才
被卖掉以支付相关费用，如此便成为
科斯塔精美收藏的一部分。

博德利图书馆最好的文献收藏
来自罗林森、理查德·高夫（Richard
Gough）[28] 和弗朗西斯·杜斯（Francis
Douce）[29] 三人的捐赠。罗林森的捐赠
惠及三十座图书馆，其中包括日记作家

罗林森木版肖像画。由威廉·史
密斯依据乔治·弗图肖像画制作。

塞缪尔·佩皮斯（Samuel Pepys）[30] 的各类文件和往来信札二十六册，还有
国务秘书和特务头子约翰·瑟洛（John Thurloe，1616—1668）的机密文
件。这些文件于革命后在林肯律师学院一间阁楼的天花板上被发现，而
此间阁楼连带的房间之前曾属于约翰·瑟洛。此外还有日记作者和文物学
家托马斯·赫恩（Thomas Hearne，1678—1735）的各类收藏，以及曾属于
文物学家托马斯·盖尔（Thomas Gale，1635 或 1636—1702）、米歇尔·麦
塔雷（Michael Maittaire，1668—1747）和律师约瑟夫·哲基尔（Joseph
Jekyll，1663—1738）的各类文件。麦克雷曾引用罗林森写于 1741 年的一
封信，展示书籍流传中的种种离奇事件："我的代理人上周在一家蜡烛店
竟然发现坎特伯雷大主教威廉·威克（William Wake，1657—1737）的文
件，主教的遗嘱执行人应为此受到谴责，因为主教所有手稿均遗赠牛津
大学基督教堂学院，然是否有些因落入仆人之手而或被盗或被损，不得
而知，此类事件马丁·福克斯（Martin Folkes）[31] 想必也经历过。"

理查德·高夫的藏书主要涉及英国地形学、盎格鲁－撒克逊和北欧
文学，以及一些祈祷书，总数超过三千七百册，均被他慷慨捐予博德

利图书馆。弗朗西斯·杜斯也不甘示弱，捐给图书馆的大量藏书中，有些被誉为"只有《贝德福德祈祷书》能与之媲美的无价之宝"，尤以两本为至上之品：一本为彩饰祈祷书，曾属于乌尔比诺公爵夫人蕾奥诺拉（Leonora）；另一本为《圣经·诗篇》，由紫色犊皮纸装帧，可能成书于9世纪，出自法国皇家图书馆，曾为亨利四世第二任王后玛丽·德·美第奇（Marie de' Medici，1575—1642）所有。在早期捐赠者的礼物中，最有价值者当属议会军统帅托马斯·费尔法克斯捐赠的文物学家罗杰·多兹沃斯（Roger Dodsworth，1585—1654）的文件。有段时间，英国北部修道院的文件被人分装在八个大箱子里，放在约克郡圣玛丽修道院（St. Mary's Abbey）[32]的圣玛丽塔中，多兹沃斯为这八个大箱子里的很多手稿都抄写了副本。圣玛丽塔在1644年的围城中被炸毁，有些狂热的文物学家竟冒着生命危险，在被炸的缺口上抢救文献资料，多兹沃斯就在其中。他去世后，其全部收藏均归费尔法克斯所有，再由费尔法克斯捐赠给牛津大学。令人费解的是，这批具有重要史料价值的文献曾一度无人问津，几乎在某个潮湿的季节悉数毁坏。文物学家安东尼·伍德决心拯救这些书，经大学同意，他用时月余，在学校旁边的屋顶上将书晾晒烘干，虽然费时费力，但他心怀对多兹沃斯的尊敬和纪念，反倒乐此不疲。

伊莱亚斯·阿什莫林的藏书数年前刚刚从阿什莫林博物馆运到博德利图书馆，这座以他名字命名的博物馆，是在约翰·特莱德斯肯特（John Tradescant）[33]父子的方舟（Tradescant's Ark）基础上发展而来的。博物馆里亦有藏书，尽是那些文物学家各种各样而又分类奇怪的书，约翰·奥布里（John Aubrey）[34]的书全部收入其中。此人性格怪僻，安东尼·伍德说他几近于疯子。伍德的藏书，遵照其遗愿，也收藏在阿什莫林博物馆，光是文件和笔记就有两蒲式耳（bushel）[35]重，与阿什莫林的岳父威廉·道格戴尔（William Dugdale）[36]的手稿并排陈列。迪布丁曾援引阿什莫林日记数处，来说明这位老猎书者的勇猛无前："他今天一气吃下

伊莱亚斯·阿什莫林肖像画。英国画家约翰·莱利创作于1683年。

米波恩（Milbourn）先生的藏书，明天又将霍金斯（Hawkins）的全部藏书收入囊中。他还约见伦敦藏书家威廉·贝克豪斯（William Beckhouse）[37]的遗孀，商讨购买其已故丈夫的藏书事宜。"阿什莫林曾在 1667 年费赀一百四十英镑，购得占星术士约翰·布克尔（John Booker）的学术书籍。而他本人亦算是炼金术士，故很乐意接受威廉·利利（William Lilly）[38]的那些魔法书，又承约翰·迪伊好友威尔（Wale）美意，将迪伊藏书也悉数买下。此外，他有很多关于嘉德勋章（The Order of the Garter）[39]的藏书，时常展示给贵族们看，因而成为他们的朋友。关于阿什莫林，还有太多奇闻逸事，我们不再详表，还是留他在南兰贝斯区宴请宾客吧。他身穿昂贵的天鹅绒长袍，其上点缀装饰着一条由九十块黄金结连缀成的链条。

现在，我们再说说那些律师对藏书的贡献。我们得往前先回溯一番，至少应该提及威廉·福莱特沃德（William Fletewode）。此君为伊丽莎白一世时期的伦敦法官，他从米森登修道院（Missenden Abbey）购得一批书籍，主要为骑士文学，和他后来收藏的书籍在 1774 年被冠为"福莱特沃德修道院藏书"（Bibliotheca Monastico-Fletewodiana）予以拍卖。英国上议院大法官埃尔斯米尔男爵托马斯·埃杰顿（Thomas Egerton）[40] 也在同时期收藏了大批有关英国诗歌的书籍，这些书传给其后人，即历代布里奇沃特公爵（Dukes of Bridgewater），然后由第三代埃尔斯米尔男爵弗朗西斯·埃杰顿（Francis Egerton）[41] 遗赠给他的外甥斯坦福侯爵乔治·格兰维尔·莱维森·高尔（George Granville Leveson-Gower）[42]，成为他著名收藏的基础。朱利叶斯·恺撒（Julius Caesar）[43] 是詹姆斯一世时期的卷宗主事官，此君经常反思自己法律知识的不足，竟也收藏了一大批手稿。这些手稿在他死后险些被人作价十英镑卖给一个干酪商，最后成为律师卡特莱特·韦伯（Carteret Webb，1702—1770）的收藏，至今保存在大英博物馆，与之相伴的还有一套精美的古典微型画，是为恺撒旅行时消遣之用。安格雷西伯爵（Earl of Anglesea）亚瑟·安奈斯利（Arthur Annesley）[44] 是位杰出律师，收藏了许多精美图书，涵盖所有学科和语言，远近闻名。

约翰·塞尔登的大部分藏书均由其遗嘱执行人赠送给博德利图书馆，另有几箱手稿赠给内殿律师学院，后不幸毁于大火。他终生过着学者生活，但据说在悲悼时光流逝的时候，他也曾希望自己忽视那些世人所称赞的学问，专心做一名治安法官。大法官马修·黑尔（Matthew Hale）[45] 将因他赠给林肯律师学院的书籍被世人铭记，他为自己的赠予设下一条件——不得将抄本用于印刷。他的遗嘱透露自己对这些书未来可能会被人凭借特权随意处置的担忧："唯愿书籍得到妥善保存，成为对余之纪念。它们当用皮革装帧，系以铁链，存于档案室中。藏书固为财富，但非人人皆以为然，也非人人皆能尽享其用。"

1726年出版的约翰·塞尔登
作品中的作者本人肖像画，由荷兰
画家彼德·莱利绘画，英国画师乔
治·弗图制成木刻画。

在结束这一章叙述时，我们不妨花一些笔墨再说说牛津大学教授爱
德华·伯纳德（Edward Bernard，1638—1697），且听他的目录编纂者的
评价："教授藏书，绝非炫耀而为之，书籍外观便如身上之衣，皆不以为
意，烫金封面与宽阔书边对他皆无吸引力，拥有书籍本身便足矣。"他
认为"书籍装饰适合推荐给许多现代藏书家"，他藏书虽多，可并非仅
是一个词汇手册，只知书的标题页，他对书籍的使用，既合理又令人称
道，值得所有藏书家效仿。他的藏书于1698年被拍卖，内有十三部精美
的卡克斯顿印本，只花了不到两基尼（guinea）[46]。拍卖价是以便士结算
的，而据克拉克[47]的《藏书目录》（Repertorium Bibliographicum）一书考
证，那时的便士在购买黑体字（black letter）[48]的书籍珍品时，要比现在
的英镑更值钱。

　　《门多萨手抄本》是一本记录阿兹特克人政治、经济、文化习俗和风土人情的手抄本，制作于1541年左右。该手抄本几经辗转，成为约翰·塞尔登的收藏，后与塞尔登的其他藏书一道，赠予博德利图书馆。该图为《门多萨手抄本》第一页，记录阿兹特克首都特诺奇蒂特兰的建立过程。

第十二章

格罗利耶和他的追随者

让·格罗利耶，生于 1479 年，卒于 1565 年，人称"藏书家中的王子"。其家族最早来自意大利的维罗纳，后长期定居法国，家族中曾有数位成员担任市政官员。其父艾蒂安·格罗利耶负责里昂地区的税收，在法国占领意大利的米兰公国后又受命担任该地区财务官。1510 年，让·格罗利耶子承父业，接替父亲担任该职。时值教皇儒略二世（Julius Ⅱ）[1]联合英国和西班牙组成神圣同盟，在拉文纳战役（Battle of Revenna）[2]中大败，米兰遂处于法国统治之下，格罗利耶担任米兰地区的财务官长达二十年。

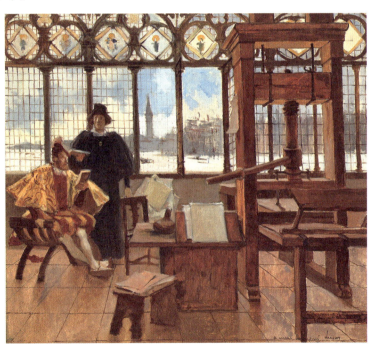

让·格罗利耶和阿尔都斯·马努蒂乌斯。法国画家弗朗索瓦·弗拉蒙作品。

年轻、富有、拥有权力、热爱艺术，曾慷慨资助过许多学者和印刷商，格罗利耶在这些人中获得近乎迷信的尊敬。他热爱书籍，不仅仅因为书的内容，更因为书乃印刷和艺术之产物，拥有无上价值。不管是其同代人还是后来者，若能拥有一两本格罗利耶的藏书，即可晋身顶级藏书家行列。就算是外行，也能从其早期的热烈绚丽、中期的辉煌庄严、晚年的严峻素朴中体会到他对书籍热情的嬗变过程。

格罗利耶与里昂印刷商塞巴斯蒂安·格吕菲乌斯（Sebastian Gryphius，1492—1556）交好，亦是威尼斯印刷商阿尔都斯家族（House of Aldus）[3] 的朋友。就连伊拉斯谟这位被他视为学问路上之教父的大学者，亦对格罗利耶赞誉有加，且不失公允："阁下不曾亏欠书籍，然书籍欠阁下良多，因阁下之力，书籍方能传之后世。"格罗利耶与威尼斯印刷商关系密切，从他 1519 年在米兰写给老阿尔都斯的内弟弗朗西斯·阿索拉（Francis Asola）的信里可见一斑："在下久欲将比代之作交贵社付梓，今奉上作者改订手稿，务请足下尽心勤勉，以合适形式呈现于公众，在下将不胜感激。此外，务请美观优雅，纸张绝无瑕疵，字体均匀，书边宽裕……总之，恳请贵社以前次出版之波利提安著作为楷模典范，务必使比代之作尽善尽美，倘此举令足下利益受损，在下将悉数补上。末次，祈望贵社依手稿印刷，不复任何改动及删减。"比代这本《古代度量与货币》印刷出来后，阿尔都斯家族照例挑选一本题献给格罗利耶，弗朗西斯·阿索拉在献词中回顾了老阿尔都斯以及自己和父亲安德烈·托莱萨尼（Andrea Torresani）从格罗利耶那里获得的慷慨帮助。这个题献本用犊皮纸印刷，首字母用金箔装饰，上面有格罗利耶的题名和标志，故很容易辨认出它的流传过程：先为苏比斯亲王夏尔·德·罗昂（Charles de Rohan，1715—1787）所获，又归麦卡锡伯爵 [4] 贾斯汀·麦卡锡·雷（Justin MacCarthy Reagh，1744—1811）所有，1815 年被大藏书家迪布丁的东家斯宾塞伯爵（George Spencer）[5] 以 1500 法郎购得，收藏在他位于奥尔索普庄园（Althorp）[6] 的图书馆。

格罗利耶的部分藏书书影。

　　格罗利耶绝大部分的藏书，在他的署名后都写有"ET AMICO RUM"，以表明这些书属于他和他的朋友们，有时还题有一些敬神的话，希望自己的福分会在"活人之地"（the land of the living）[7]。这些句子或印于封面，或手书于扉页，通常只出现在友人的赠书上。这种与朋友共享藏书的箴言，更早可能出自一位名叫托马斯·马耶（Thomas Mahieu，1515 或 1527—1588）[8] 的藏书家，或许还借鉴了佛兰德斯藏书家马库斯·拉瑞纳斯（Marcus Laurinus）的做法，他们两人曾互通信件，谈论各自收藏的徽章和钱币。作家拉伯雷也曾在自己的善本藏书中，烫印过这句话的希腊语，另有部分藏书则用拉丁文烫印。但这句话的最早出处，可能来自意大利人文学者弗朗西斯科·费烈尔弗，他在 1427 年写的一封信中引用了一句希腊谚语，意即"所有物品皆应与朋友共享"（All things are common among friends）。

纽约格罗利耶俱乐部藏书票

　　格罗利耶钟情于书，也乐于与学者交往，这点从其诸多往来信札和他人的题献本上都能一窥究竟。他曾写信给德国人文学者比亚图斯·雷纳努斯，谈起雷纳努斯即将来访之事，喜悦之情跃然纸上："恰如佳节良宵，可勒石铭记。君雅量高致，吾幸得一见，所得裨益，盖难尽述。"格罗利耶是米兰地区的实际掌权者，周围免不了阿谀奉承之徒，当法国军队对这一地区的占领接近尾声时，这些人就变了一副嘴脸。这一情形从当时带有对话的题献本上可看出端倪，学者斯特凡诺·内格里（Stefano Negri）曾有一书题赠给格罗利耶，他在前言中写道，自己正四处奔波求助，忽一日，众神使者墨丘利（Mercury）[9]从云端下凡，带来智慧女神密涅瓦的口信："有一人倍受女神青睐，如穿过疾风暴雨的尤利西斯（Ulysse）[10]，此人即格罗利耶。"经神启示，他果然得格氏资助而出版作品，为此对格罗利耶大加赞美："这位大人，何须溢美之词粉饰雕琢？不论你是否情愿，都须承认他乃吾国最高贵、富有、文雅和幸运之人。"内格里这本赠书用犊皮纸印刷，今存大英博物馆的格伦威尔（Grenville）[11]藏书中。

　　作为各种艺术的赞助人，格罗利耶还资助过当时米兰著名的新音乐学校创始人弗朗西诺·加弗里（Franchino Gafori）[12]。加弗里写有一部有关乐器和声的著作，连同一份著作自辩书，一起题献给格罗利耶。他在书中骄傲宣称，就算诽谤诋毁之声不绝于耳，加弗里的音乐成就与格罗利耶的名声都将永世流传。加弗里的一位诗人朋友也在书中不吝赞誉，说缪斯（Muses）[13]女神找不到她们的象征物，而阿波罗也失了七弦竖琴，这些宝物竟被加弗里拿去，且无归还之意。这些神祇得到指引前往格罗利耶的豪宅，一场音乐会正在那里进行。格罗利耶居中端坐，被一群学者众星捧月般环绕簇拥。书中还有一幅插图，画着加弗里坐在风琴旁边，其他音乐家则手持管乐器坐在宽敞大厅的后面。加弗里在另一篇前言中写道，他的孩子们天赋出众，却羞涩腼腆，但听到格罗利耶要来，都努力克服羞怯心理，冲破阻碍，向这位恩主致敬。加弗里去世后，他的题献本被格罗利耶赠予国王的秘书艾比西，艾比西又转赠给巴黎一位喜好古玩的外科医生拉塞·德·诺克斯。1674年，这本书为圣日耳曼德佩教堂（Saint Germain-des-Prés）图书馆所有，差点毁于一个世纪后的一场大火。法国大革命期间，该书又成为塞莱斯汀女修道院（Convent des Célestins）的藏书，之后被收入阿尔斯纳图书馆（Bibliothèque de l'Arsenal）[14]，时至今日，依旧珍藏于此。

格罗利耶是一名慷慨的藏书家，乐于将个人所藏与朋友分享。法国国家图书馆现藏有一本《圣经·诗篇》评论，上有他的签名和纹章，由题词可知，乃格氏赠予一位名叫雅克·居亚德的修士之作；另有一本罗马皇帝马可·奥勒留的著作，也是赠书，受赠者为其好友伊瑞阿罗·塞尔维斯特里（Eurialo Silvestri）。他还曾赠书给克里斯托弗·德图（Christopher de Thou，1508—1582），此人为著名藏书家雅克·德图之父，时任巴黎高等法院庭长，曾在格罗利耶晚年深陷各种诽谤与指控时施以援手。

接受其赠书的还有杰弗里·托利（Geoffroy Tory，1480—1533）。托利集艺术家和印刷商身份于一身，曾用一种古雅的罗马字体设计格氏的藏书箴言。他在1523年的一封信中曾提及此事："那是主显节（Epiphany）[15]次日，吾好梦乍醒，任凭神思畅游无际，令记忆之轮飞转，许多奇思妙想驰骋脑际，倏尔灵光一闪，那种古老字体蓦然于脑海浮现。"杰弗里·托利对格罗利耶也怀有高山仰止之情，说他是"国王顾问，学术之友，受到阿尔卑斯山两边学者的热爱与拥戴"，他曾从格罗利耶那里获赠西塞罗的一本著作。

格氏为人慷慨的另一故事来自萨姆巴库斯（Sambucus）[16]，他是定居巴黎的匈牙利医生和文物收藏家、历史学家，曾用二十多年时间搜寻手稿、寓意画和各式古董，足迹遍及欧洲各地。他于1564年出版了一本寓意画集（emblem book）[17]，书末附有四十四幅寓意画的复制品，据说来自格罗利耶所藏。格氏在生前最后一年得到萨姆巴库斯的题献本，萨姆巴库斯在前言中回顾了二人关于古玩器物的长期通信，以及从格罗利耶父子那里得到的无私帮助，并说过去三年中，自己的藏书不断增加，一些曾受到格氏赞誉的稀有钱币也被他收入囊中，文章的结束语为："别了，人中龙凤，言行一致的真诚君子。"

格罗利耶的生平记录在德图那本《我们时代的历史》（*Histora sui temporis*）中，德图说格罗利耶年纪轻轻便与比代这样的大学者交往，其求学热忱令人叹服，并赞扬格罗利耶在管理米兰地区时表现出的卓越才干，以及后来在法国担任财务官期间所表现出来的高贵品德。德图说格罗利耶在巴黎德彪西路（Rue de Bussy）有一座豪宅，名为里昂公馆（Hôtel de Lyon），其中一间大厅用来陈设他的大部分藏书，其精美堪比古罗马阿西琉斯·波里奥所建图书馆。格罗利耶只收藏那些兼具文学价值和美丽外观的书，且只保留每种作品的最好版本。其藏书有很多在他生前已赠予他人，还有很多在他身后毁于种种劫难，然存世者依旧可观，当今一些重要图书馆都以拥有他的藏书为荣。格罗利耶在晚年一度受到非议诋毁，几至威胁到其生命和财产。德图写道："他自信清白，故不屑求助于人，倘非家父鼎力相救，其一世英名或将毁于一旦。家父急公好义，常以个人影响力襄助弱者抵抗强权，帮助学者抵御民众之愚昧。"1561 年 12 月 7 日，德图的父亲克里斯托弗·德图主持的法庭宣告所有针对格罗利耶的指控无效，将他从数年的忧惧不安中解放出来。格罗利耶余生风平浪静，于八十四岁寿终正寝，葬于圣日耳曼德佩教堂大祭坛一侧。

格罗利耶去世后，他的藏书由数个女儿继承，其中大部分归其中一位女婿美力克·德·维克（Méric de Vic），他是路易十三的掌印官，以半继承半购买的方式取得大部分格氏藏书。其子多米尼克（Dominique）后来成为欧什（Auch）[18] 主教，父子俩都热爱书籍，精心看护着格罗利耶的旧藏。这批藏书在他们家保存近一个世纪后，于 1676 年进入公共拍卖市场，从此风流云散。当时一位修士波纳文图拉·德·阿尔贡（Bonaventure d'Argonne，1634—1704）曾有幸见识，并以华丽热烈的辞藻描绘过它们："仿佛缪斯女神既赋予其内涵，又装点其外表。它们饱含艺术才华，烫金精美之极，而烫金师业已湮灭无闻。"拍卖期间，巴黎人几乎倾巢出动，蜂拥而至德维克家。波纳文图拉深为惋惜："如此精美藏书理应完整保存，却被众多买家各取所需瓜分完毕。"他自己也买了几本，考虑到他只是查特修道院（Chartreuse Abbey）的一位穷教士，格罗利耶藏书彼时应该所费不贵。学者安托万·勒·鲁·德林西认真考证了格氏藏书的下落，并列举出一些著名买家：亨利·德·梅姆（Henri De Mesmes）[19]、比戈（Bigo）、财政大臣柯尔培尔（Colbert）[20]、拉穆瓦尼翁（Lamoignon）家族[21]、夏尔·杜费伊（Charles du Fay）[22]、德霍伊姆伯爵（Comte d'Hoym）[23]、苏比斯亲王，还有一些极品藏书被霍亨朵夫伯爵买去，于 1720 年运至维也纳帝国图书馆。直到 18 世纪末苏比斯亲王的藏书拍卖会，由于英国藏书家加入竞购，格氏藏书价格才开始飙涨，一时竟洛阳纸贵。

德林西追踪到三百多本格罗利耶藏书的下落，发现早期买家中包括出版商和藏书家保罗·佩图（Paul Pétau）[24]、历史学家雅克·德图、政治家和法学家皮埃尔·皮图（Pierre Pithou，1539—1596），还有高等法院庭长皮埃尔·塞吉埃（Pierre Séguier，1504—1580）。皮埃尔·塞吉埃是格罗利耶的生前好友，可能是一些有争议藏书的最初买家。

皮埃尔·塞吉埃有一座图书馆，是巴黎一大景点。他的孙子也叫皮埃尔·塞吉埃（1588—1672），曾担任巴黎高等法院大法官和掌玺大臣，是首相黎塞留（Richelieu）[25]的忠实追随者，以藏书闻名于世。他曾自嘲过自己的爱书癖："若想贿赂我，一本书即可。"他在布洛街（Rue Bouloi）的豪宅成为法国知识界的中心，直到这些人在罗浮宫找到新据

点。瑞典女王克里斯蒂娜 1646 年访问巴黎时，最令她兴奋的便是拜访大
法官塞吉埃的沙龙。其藏书之所，画家米歇尔·多里尼（Michel Dorigny，
1616—1665）曾绘图以记：位于两座花园中间，金色背景的天花板上，
镶嵌着名画家西蒙·乌埃（Simon Vouet，1590—1649）的各种寓意画；二
楼两间大厅里收藏了 12000 册书，还有一间大厅专门存放外交文件、古
抄本、阿索斯山修道院的希腊语书籍和东方手稿。按照 1684 年的一则描
述，书柜上方墙壁上和橱柜里陈列着大量瓷器，"将整个飞檐盖住，构
成一道美丽风景"。这不免让我们想到散文作家约瑟夫·阿狄生（Joseph
Addison，1672—1719）曾著文描绘的一位女士书房：四开本书由围成金
字塔状的瓶子隔开，八开本则以形状不一的茶盘隔开，而对开本一侧，
则是层叠往上的大瓷瓶，颇为气派。

大法官皮埃尔·塞吉埃骑马像。由法国画家查理·勒布伦创作，现存于法国罗浮宫。

更晚一些的买家中，人们可能
会注意到机敏的埃斯普利特·弗莱希
埃（Esprit Fléchier）[26]神甫，他入手
了几本轻松的拉丁文诗集。此君是
位附庸风雅的诗人，略懂装帧印刷。
他有篇文章，写自己曾随高级专员
前往奥弗涅，调查针对这一地区苛
捐杂税的指控。文中不无炫耀地提
到，经由某位拉斐尔神甫之口，他

尼姆主教埃斯普利特·弗莱希埃。

的藏书家大名在各个温泉疗养地广为传播，有两位博学女上竟以查证为
名，顺手牵羊，将他心爱的奥维德之作拿走。弗莱希埃神甫的藏书后来
运至伦敦，于 1725 年被拍卖。从那时起，英国人开始了对格罗利耶藏书
的追逐与猎求。

　　勒·泰利耶（Le Tellier）主教买到十五本格氏藏书，它们与其他藏书
一道于 1709 年遗赠给圣吉纳维芙（St. Geneviève）修道院。他自称"吾
自幼嗜书，此癖与年齿日增"，主教藏书多达五万册，大部分为历史和神
学著作，皆为游历意大利、法国和荷兰期间所买，但精华部分由其导师
安托万·弗雷（Antoine Faure）所赠。安托万给泰利耶留下了一千册书，
任由他在自己的藏书中酌情挑选。

　　格罗利耶藏书中最有价值的部分被其生前好友亨利·德·梅姆买去，
此外还包括一长列献赠本，皆以犊皮纸印刷，装帧精美。梅姆藏有许多
早期印本、佛兰德斯和意大利的书籍插图，并通过东方代理人购买收藏
了一大批阿拉伯语和亚美尼亚语书籍。梅姆藏书很受时人追捧，唯有弗
朗索瓦·皮图（François Pithou）[27]是个例外。皮图指责梅姆是学术的掘墓
人，将那么多珍品埋于暗无天日的坟墓中。不过自从梅姆和其子孙三代
人向公众开放藏书后，此类指责便鲜少听闻。小亨利·德·梅姆是家族的

第三代，也是狂热的藏书家，据说他曾从印度的莫卧儿帝国[28]宫廷购买手稿，并委托在德里的法国金匠帮忙运送，金匠以木棉包裹手稿，然后塞到竹筒里安全运达。小亨利·德·梅姆最好的一件藏品是路易九世赠给其祖上纪尧姆·德·梅姆（Guillaume de Mesmes）的一本《圣经·诗篇》，此书经历曲折，后离开法国辗转运到伦敦，为伦敦白厅图书馆所藏，查理一世被处决后，为法国驻英大使所得，大使又将这件珍品完璧归还最初的受赠人梅姆家。

诺曼比戈家族的藏书热情丝毫不逊于梅姆家。让·比戈（Jean Bigot）在 1649 年就建有私人图书馆，有六千册藏书，部分乃继承祖上，部分则购自费康（Fecamp）[29]和圣米歇尔山（Mont St. Michel）[30]及相邻地区的修道院。让·比戈死后，图书馆由其子路易·艾默雷克（Louis Emeric）继承，毕生经营只为扩充藏书，图书馆亦为学者名流荟萃之地。藏书后以信托方式留给了罗伯特·比戈（Robert Bigot），但到了 1706 年，它们最终还是走向拍卖场，来自修道院的那部分藏书和大部分手稿都由政府买去。

令人讶异的是，这次拍卖中竟然有梅姆家族藏书。似乎要掩盖这场交易，书的封面被人撕掉，书上的家族盾形纹章被刻意污损，最不可思议的是，买家卖家都未注意到其中居然有格罗利耶的藏书精华，还是精美的阿尔定版，用犊皮纸印刷，这些珍品后来竟落入一个无知的公证人之手，他买书只为装饰自己的大房子。此人将书的原有装帧撕掉，代以俗丽的封面，以为只有这样才更合乎他那中产阶级的趣味，全然罔顾那曾是意大利艺术的杰作。

德林西注意到格罗利耶藏书在 18 世纪的大部分时间里都乏人问津，直到 18 世纪末才引起关注。麦卡锡伯爵以他一贯的好品位，开始收集格氏藏书中的犊皮本。而藏书家克莱顿·克莱切罗德（Clayton Cracherode）[31]从 1793 年起开始买进市场上的所有格氏藏书，并将平生所藏捐献给大英

博物馆，包括十八本格罗利耶藏
书。大英博物馆另有八本格氏藏
书为托马斯·格伦威尔 1846 年所
赠。在英国，对格氏藏书的追捧
长达一个半世纪。但若审视盖尼
亚（Gaignat）[32] 和拉瓦利埃的藏书
目录，可知在他们那个时代，格氏
藏书在法国并未引起人们注意。盖
尼亚于 1768 年去世，其藏书之丰，
据说在英联邦无人能敌，但他只
有一本格氏藏书，为保罗·乔维奥
（Paolo Giovio）[33] 所著关于罗马鱼

英国藏书家克莱顿·克莱切罗德肖像
木版画。英国版画师亨利·沃辛顿作。

类的书，而拉瓦利埃公爵也仅有两本格氏藏书，同样被束之高阁。德林
西认为彼时除了其家乡里昂尚有人记得格罗利耶外，他在其余地方已被
人淡忘。他那些藏书的外观和装帧很受古董爱好者和收藏家热捧，但那
些经典作品的内容却不为时人所喜，人们更青睐古老的诗歌和中世纪的
骑士小说，甚至笑话书。

　　格罗利耶声名之隆，缘于他对学术的慷慨赞助，最显著的例证是阿
尔都斯家族对这位梅塞纳斯所施帮助之感激。彼时作家们羽翼未丰，尚
难独立，而社会上对书籍需求有限，无论学者还是印刷商，得有钱有
势的大人物资助为必要之举，即便不能显名耀世，至少能得到一笔稳定
津贴以保衣食无虞。那些题赠书前言里对格罗利耶的奉承话，今人读
来甚觉可笑，而某些大人物的傲慢也常常挫伤学者们的自尊。作家艾
萨克·迪斯雷里（Issac Disraeli）[34] 曾提到某教皇给一本希腊语专著的报
酬仅够装帧这本书，而红衣主教伊波利特·德埃斯特（Ippolito d'Este，
1509—1572）在拿到呈献给他的亚里士多德著作时大为不解："这些破

烂是怎么凑到一起的？”好在这只是暂时现象，一旦民众学会阅读，知识便获得了自由。之后的印刷商普兰廷（Plantin）[35] 和埃尔泽维尔家族（Elzevirs）[36] 无须求助贵人便能轻而易举地卖掉他们的廉价书。好的题献本能给赞助者带来荣耀，例如克里斯蒂娜女王就认为她有责任成为国民作品的赞助人。丹麦元帅潘特兹奥（Pantzau）苦于国内作家屈指可数，竟然匿名出版了一本书，全书围绕着那篇称颂他作为藏书家的前言。随着时代的发展，赞助之功用日见式微，最后仅限于某些缺乏销路的书，但不论何种状况，赞助方都会得到题赠本。

　　除慷慨资助学术和艺术外，格罗利耶还带来了一种新的藏书趣味，就算买上一千本阿尔定版书，包括所有初版书、所有规格纸张的书、所有毛边和错印本，均未臻化境。阿尔都斯家族曾有大批这样的书，传到家族第三代时已在罗马散佚，且始终乏人问津。后人普遍认为它们已与来自比萨的藏书混为一体。格罗利耶另辟蹊径，其藏书多为从印刷商处购来的大开本书，印刷精美，用纸考究，即使不是犊皮纸，也一定要是上等品。书籍品相要求完美，不能有任何污渍和虫眼。他与巴黎最挑剔的藏书家一样，眼光细微，洞察秋毫，书要用上好材料，以最好的意大利风格装帧，设计简洁，色彩明亮，一改以往庄重拘谨的风格。由格氏藏书可知，书乃兴趣与艺术的双重产物，像璀璨的宝石，又如精美瓷器上的图案。格罗利耶作为一名藏书家，始终关注书籍本身，其追随者亦将这一品位一路发扬，例如，拥有许多格氏藏书的安托万·雷努阿尔（Antoine

阿尔都斯·马努蒂乌斯，曾创办文艺复兴时期著名的阿尔定出版社。

Renouard）[37]，人称"一切好书之友"的费尔曼·迪多，还有威廉·贝克福德（William Beckford）[38] 和塞利埃男爵（Baron Seillière）。后两者的藏书虽已流散，却英名永驻。今人有一陋习，将书籍视为奇物珍品，仅为赏玩，此现象在法国业余收藏者中尤甚。藏书家尤赞尼曾有一比喻，将猎书者比作书房中的蛹，须经过嵌饰装帧、签名本、水彩画或早期藏书票的蜕变，才能破茧化蝶，成为一名真正的藏书家。

话说回来，不让买书病泛滥成流行的收藏癖倒是有法可循。这个世界到处是书，我们须精挑细选，择出特殊品类供己消遣，或因外表光彩夺目而动心，或因古色古香而钟情，或因书籍的先前主人而中意。蒙田喜爱书架上的这些朋友，盖因它们总能予他以宽慰，令其淡忘忧伤和悲痛。他在自己的圆塔中，漫无目的，随意翻书，"时而沉思冥想，时而来回踱步，记下或口述你们在这里读到的那些奇思妙想"。

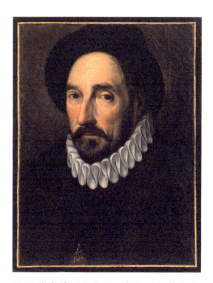

法国作家蒙田肖像画，作于1570年左右。

他很少关注书籍外观，倒是在书陶冶性情、愉悦心灵的功用上思考良多，"此乃人生之旅中吾所能见之最佳伴侣，无福消受者，实令人同情"。就算将其他理由全部省略，至少人生有书籍相伴，亦会因书为己所有而愈加珍爱。女画家玛丽亚·巴什基尔采夫（Marie Bashkirtseff）[39] 曾在杂志上撰文抒发爱书之情："吾爱吾书，发自肺腑，吾常摆弄、清点、浏览、翻阅，乐此不疲，为此古旧之物心动不已。尤喜远离尘嚣，伫立观望，如赏名画。"

第十三章

后来的藏书家——法国、意大利、西班牙

意大利学者福尔维奥·奥西尼。

　　几位格罗利耶的同代人值得一提。他们应属于老派藏书家，既博古通今，又有众多收藏。他们藏书，不仅仅为了满足个人欲望，还有一个原因，就是使书籍得到保护，免遭毁损和流散。这些工作今时已被公立图书馆或国家图书馆取代，个人再无能力胜任此事，但若无这些前辈藏书家的努力和热忱，文化就难以在过往的漫长岁月中得到保护和传承。福尔维奥·奥西尼（Fulvio Orsini）[1] 和保罗·佩图就是其中的代表。

　　奥西尼出生于 1529 年，其人生始自乞丐，他去世时却已是意大利最有学问的人。一位贫穷的母亲和她的孩子遭人遗弃，被迫在罗马的大街上行乞，男孩七岁时，在罗马拉特兰（Lateran）大教堂谋得一份差使，一位名叫德尔费尼（Delfini）的教士识得他早熟的天才，送他去受教育。这个男孩就是奥西尼，他后来得近水楼台之利，承继其赞助人职位，亦成为教士。奥西尼熟读经典，并因此成为红衣主教法尔内塞（Farnese）的图书管理员。还有很多更赚钱的差使找上门来，但均需离开罗马，被奥西尼一一婉拒，他只图留在罗马照顾母亲。他于 1600 年去世，一生从未离开过罗马，死后将自己数量庞大的藏书捐赠给梵蒂冈图书馆。这笔礼物之丰厚珍贵，唯有后来加入的乌尔比诺公爵藏书和购自瑞典女王克里斯蒂娜处的大批手稿能与之媲美。

不过福尔维奥·奥西尼也因藏书太多而遭人诟病，且听讽刺家们如何揶揄他："他的藏书室就像军械库，堆满各种军需品，能满足所有战役。主人对书籍来者不拒，统统买下，显然他不会读它们，却要精心装帧，陈列于书架，每天对它们致敬数次，还要朋友和仆人识得它们。"福尔维奥·奥西尼对那些落满尘土的古董手抄本情有独钟："若此类羊皮书中有一本在他手中，他定会让你翻来覆去地欣赏那些朽坏的书页。而你盯视半晌，在上面却找不出一处古代墨水的痕迹。"这位老兄还从旁激情洋溢地讴歌赞美："吾辈手捧展读之书籍，何其珍贵。此等世俗享乐，天堂如何能比！"他还有一事亦常被讽刺家们拿来嘲笑。有一次，他得到一本泰伦斯手稿，上面满是虫眼，错讹百出，他却敝帚自珍，还写信给红衣主教多莱图斯（Toletus），说这玩意儿抵得上世间所有黄金，想让这位西班牙主教大人确信不疑，更强调这手稿有千年历史。不料红衣主教竟不为所动，他在给奥西尼的信中写道："朋友，吾宁要刚于机器上印出尚带热气之书籍，也不要老女巫西比尔（Sibyl）[2]所有待售之羊皮书。"

雅克·邦加尔（Jacques Bongars，1554—1612）是国王亨利四世忠诚的顾问和大使，他收藏了大量文献和史料，均为其在德国访问期间收集。邦加尔早年曾在布鲁日研习法律，师从学者雅克·居雅斯（Jacques Cujacius，1522—1590），并有幸得到居雅斯的所有藏书。居雅斯德高望重，据说在德国的讲堂上，只要有人提起他的大名，在场所有人都会脱帽致敬。邦加尔曾向朋友倾吐爱书之情："得居氏藏书，吾心愿已足。彼庸者众，熙攘以塞宫掖，视

法国学者和外交家雅克·邦加尔。

之如集市，争做商贾之事，以从国王处牟利；惟吾独向幽僻处，遍寻书籍，倾囊以购。搜书所得，杂乱无序，且大半已为虫所蛀，然甘之如饴，乐享其中，举凡与书有关之事，吾皆不厌其烦，不吝资财，欣然为之，惟祈求上帝予以闲暇，使吾得以遍览群书，吾将不复对洛尼侯爵（Marquis of Rosny）[3]之万贯家财和波斯金山有丝毫嫉妒觊觎之心。"邦加尔曾在斯特拉斯堡生活过一段时间，该城在宗教战争中几经战火蹂躏，藏书流散和损毁极其严重，他于士兵手中购得许多原属教会的手稿。

1603 年，邦加尔和保罗·佩图合买了大批手稿，这些手稿原先属于卢瓦尔河畔的圣班诺特教堂，幸得教堂管家皮埃尔·丹尼尔（Pierre Daniel）保护，得以幸存。邦加尔的那部分被运至斯特拉斯堡，与其他藏书入藏瑞士伯尔尼公共图书馆。

保罗·佩图是位通识学者，尤在编年史研究方面成就卓著，其学术著作被誉为"有益劳动的丰碑"（a monument of useful labour）。佩图不仅藏有大量古希腊、古罗马和高卢文物，还有一个装满佛兰德斯钱币的奇珍柜。藏书方面，除格罗利耶藏书外，他还有大批希腊语和希伯来语手稿，以及众多原属克洛德·富凯（Claude Fauchet）[4]的编年史、骑士小说和古老的法国诗歌。佩图所藏的手稿已由学者理查德·西蒙德（Richard Sirmond，1559—1651）和历史学家安德烈·迪歇纳（Andrea Duchesne，1584—1640）出版，他的藏书由其子亚历山大继承，并于 1722 年在海牙卖掉，同时拍卖的还有法国建筑师弗朗索瓦·芒萨尔（François Mansard，1598—1666）和佛兰德斯语言学者贾斯图斯·利普修斯（Justus Lipsius，1547—1606）的藏书。此外，保罗·佩图尚有上千本精美的犊皮纸印本，被其子卖给克里斯蒂娜女王。女王志向远大，一直想入手若干名人藏书，亨利·德·梅姆、苏利公爵德·贝休恩和红衣主教马萨林（Mazarin）[5]的藏书都曾在她考虑之列。她对自己的这番收获甚为满意，将这些犊皮纸印本带至罗马，在众人欢呼声中风光入城。

透过达·芬奇手稿的离奇遭遇，我们还可了解一些格罗利耶身后的意大利藏书家。有关达·芬奇手稿的遭遇，原本知之者甚少，直到法国小说家和学者阿尔塞内·侯赛耶（Arsène Houssaye，1815—1896）发现了天主教修士乔万尼·安布罗杰·马赞塔（Giovanni Ambrogio Mazenta）留下的一份文件，个中隐情才大白于天下。这份文件写于马赞塔 1635 年去世前："大约五十年前，因缘际会，吾偶得十三部达·芬奇手稿，皆以大师特有之镜像体书法手写。吾彼时正于比萨学习法律，有一同窗名曰阿尔都斯·马努蒂乌斯，以藏书著称。彼有一亲戚莱利奥·加文迪（Lelio Gavardi），曾在达·芬奇学生和继承人弗朗西斯科·梅尔齐（Francesco Melzi，约 1491—1569）府中任家庭教师。他某日来访，竟携来十三部达·芬奇手稿。"达·芬奇去世前将自己的手稿和画作赠予学生梅尔齐，梅尔齐珍藏在他在米兰附近瓦普里奥（Vaprio）的家中。梅尔齐死后，又由他的儿子奥拉齐奥·梅尔齐（Orazio Melzi）继承。奥拉齐奥是名律师，对艺术兴趣寥寥，只将这些手稿随意堆放在家中杂物室地板上。加文迪见有机可乘，遂盗走其中十三部，先带到佛罗伦萨，后又至比萨。马赞塔对此颇为义愤，他写道："吾严加斥责，将手稿夺回，恰欲赴米兰，遂将手稿携至米兰归还梅尔齐。梅氏对吾不辞辛苦之义举颇为讶异感动，故将手稿相赠，言其府中阁楼此类书尚有大把。"马赞塔成为修士后，手稿落入其兄弟之手，这些人大肆宣扬，闹得人尽皆知，人们蜂拥而至瓦普里奥，抢购大师手稿和藏书，令奥拉齐奥应接不暇。"内有一人名唤蓬佩欧·莱奥尼（Pompeo Leoni，1533—1608），曾在西班牙埃斯科里亚尔皇家修道院雕刻青铜塑像。此人哄骗奥拉齐奥，若能将那十三部手稿讨回，献给西班牙国王菲利普二世，他就会帮奥拉齐奥在米兰谋得一份差使。"奥拉齐奥果将大部分手稿追讨回来，莱昂尼却食言将其据为己有，并辑成一部独立书卷，名曰《大西洋古抄本》（IL Codice Atlantico）[6]。莱奥尼于 1610 年去世，他的继承人坡里多罗·卡尔齐（Polidoro Calchi）得到这部手稿集与其他收藏，又在 1625 年卖给伦巴第贵族和收藏家加莱亚佐·阿科那提（Galeazzo Arcanati）。当时欧洲许多王室愿出高价购买达·芬奇手稿，譬如英王詹姆斯一世就提出以三千西班牙达布隆金币购买其中的设计大册，被加莱亚佐婉拒。加莱亚佐死后，他的遗孀将全部藏书和手稿捐赠给米兰安布罗修图书馆（Bibloteca Ambrosiana）[7]。当初被拿走的十三部手稿中，有一部先期已被马赞塔的兄弟赠予该馆，与后来入藏的《大西洋古抄本》置于一处。故事到此并未结束，1796 年，拿破仑入侵意大利，这些手稿成为战利品被运到法国，除《大西洋古抄本》外，余者皆未归还。

在西班牙，16 世纪末，埃斯科里亚尔皇家修道院建成之前，鲜有人对书籍感兴趣，待皇家修道院建成之后，情形便好了很多。由当时西班牙学者玛利安那（Mariana）[8]的著述可知，1580 年之后，埃斯科里亚尔已有一座宏伟的图书馆，里面满是从欧洲各地搜集来的希腊语手稿，但并不对学者开放，玛利安那对此颇有微词："即使以黄金珠宝相比，犹不及这些藏书的贵重，若能为学者服务才算物尽其用，而今却如战俘和叛徒般受到监禁，与世隔绝，于学问有何裨益？"另有阿里亚斯·蒙塔诺（Arias Montanus），他是那个时期的东方学家，曾主持编纂《安特卫普多语种圣经》（*The Antwerp Polyglot Bible*）[9]，还被菲利普二世任命为皇家修道院图书馆馆长，管理王室藏书。他自己也有不少收藏，包括大量希腊语、希伯来语和阿拉伯语手稿，他在编纂《安特卫普多语种圣经》时多有参考。阿里亚斯去世后，这些手稿遗赠给埃斯科里亚尔皇家修道院，所有印本则赠给了塞维利亚大学。

西班牙学者阿里亚斯·蒙塔诺肖像画，鲁本斯创作于1633年。

《安特卫普多语种圣经》内页

　　虽然第一本印刷书早在 1476 年便于瓦伦西亚（Valencia）[10] 问世，但直到结束与摩尔人的战争，西班牙才迎来文明曙光。基督教徒收复格拉纳达后，极力抹去伊斯兰文化的印迹，红衣主教希梅内兹曾主持过一次著名的异教火刑，将成千上万册书籍销毁，仅有三百本阿拉伯语的医药书得以幸免，主教将它们收藏在他筹建中的阿尔卡拉大学（University of Alcalà）图书馆。他还不惜重金，从欧洲各地搜罗手稿，用于编纂莫扎勒布语（Mozarabic）[11] 弥撒书和著名的《康普顿多语种圣经》。据说，因担心后人批评，主教竟将自己所依据的希伯来语母本制成烟花销毁，这不禁令人想到历史学家波利多尔·弗吉尔（Polydore Vergil）[12]，其待巨作完成，亦将自己所参考的英国修道院编年史付之一炬，令后人批评至今。这类事在文艺复兴时期并不鲜见，有些作家为一己之私不惜毁掉经典，彼特拉克有一本西塞罗著作遭盗窃，据说阿尔奇奥尼欧（Alcionio）[13] 最

《康普顿多语种圣经》内页。

具嫌疑，此君顺手牵羊，将之用于他在流放途中的写作。当然，我们也不妨将这类故事视为造谣诽谤，或出于嫉妒的恶语中伤，这样认为也并非全无道理。

学者安东尼奥·内布里哈（Antonio de Nebrija）[14]效力于红衣主教希梅内兹，直至 1522 年去世，他被视为西班牙引进意大利文艺复兴思潮的首功之臣。他的学生费迪南·努涅斯（Ferdinand Nunez）[15]在萨拉曼卡（Salamanca）[16]建树颇多，并将平生所藏捐赠给萨拉曼卡大学。迭戈·乌尔塔多·德·门多萨（Diego Hurtado de Mendoza）[17]是萨拉曼卡大学杰出的学生，身为诗人，他被誉为"西班牙的塞勒斯特（Sallust）[18]"，同时又因著有《托梅斯河上的拉撒路》（Lazarillo de Tormes）[19]而声名远播；身为学术赞助人，他还将自己收藏的希腊阿索斯圣山的手稿献给埃

西班牙作家和诗人迭戈·乌尔塔多·德·门多萨。

斯科里亚尔皇家修道院图书馆。伟大声望还应归于唐·费迪南·哥伦布（Don Ferdinand Columbus）[20]——航海家克里斯托弗·哥伦布（Christopher Columbus）之子，他也是欧洲最杰出的藏书家之一。费迪南在父亲离世不久后开始藏书，1510—1537 年数次游历意大利，并造访英国、法国、低地国家和德国，遍寻珍版书籍，除收集彩饰手抄本、骑士小说和神迹剧（miracle-plays）[21] 书籍，亦钟爱古籍经典。费迪南四处漫游，除搜书买书，还肩负使命，为日益繁荣的萨拉曼卡大学延揽教授和学者。他果然不负众望，在鲁汶结识了语法学家尼古拉·克莱纳德（Nicolas Cleynaertsc，1495—1542）。克莱纳德除在鲁汶教授希腊语和希伯来语，已开始研究阿拉伯语，费迪南轻而易举便说服他前赴一个尚有摩尔人遗迹的国家讲学；在布鲁日，他邂逅了约翰内斯·瓦西（Johannes Vasaeus，1511—1561），此人是图书馆馆长的不二人选，也被他说动，随他来到塞维利亚。费迪南在塞维利亚的大宅子中有间很大的图书馆，克莱纳德帮他摆放书籍，约翰内斯·瓦西则是他的首任图书管理员，馆内藏书至少有一万五千册，确切数字则因早先目录存在偏差而无从知晓。

　　费迪南希望藏书在他死后能由家族继续保管，为此，他在遗嘱中将藏书遗赠给侄孙唐·路易斯，并提供一份年金用于管理。若唐·路易斯拒绝，书籍将转归塞维利亚大教堂（Seville Cathedral）[22]，或者圣帕博罗修道院（Monastery of San Pablo）。但这一继承顺序并未被采纳，经过若干诉讼，费迪南藏书（或依其之后的称呼"哥伦布藏书"）被判归塞维利亚大教堂。人们将它们放到吉拉达塔（Giralda）[23]中摩尔人通道旁的一间屋子里，多亏女王伊莎贝拉二世（Isabella Ⅱ）[24]和蒙庞西耶公爵（Duke of Montpensier）[25]，哥伦布藏书才得以重现辉煌。但也有一种说法，这批藏书长期在教士手中，因疏于保管，虫蛀加潮气侵蚀，到十八世纪三四十年代已然损坏，后由教堂扫地僧照管，他们竟然允许学生拿这些彩绘书玩耍，还将上面的微型画和木刻画撕掉。学者亨利·哈利西（Henry Harrisse）[26]曾详细描绘塞维利亚大教堂的兴衰，指出这批藏书直到现在依旧疏于被照顾，好在其中最珍贵的部分倒是渡尽劫波，安然无恙，包括若干克里斯托弗·哥伦布的藏书，内有一本红衣主教皮埃尔·代利（Pierre d' Ailly）[27]所著《世界印象》（*Imago Mundi*），边注为哥伦布手书，提到葡萄牙人的地理大发现，他写道："举凡此类事业，吾皆有份！"

第十四章

德图，佩内利，佩雷斯克

历史学家和藏书家雅克·奥古斯
特·德图。

法国有个说法由来已久：一个人若没有见过历史学家德图的藏书，就等于有生之年从未到过巴黎。德图不但学术成就卓著，还是一位慷慨的文化赞助人和藏书家。他对藏书极为挑剔，若遇有价值的书，往往订购三四种复本以敷个人之需，且复本亦须印刷精美，装帧考究。为此他常订购数套书籍内页，从中挑出质量最佳者，拼成一本书，再行装帧。德图藏书不算太丰，总共有八千册印本和一千册手稿，多与历史有关，还有很多政府文件和档案，也不乏野史秘闻之类，皆由其精心挑选，装帧精美。印刷商亨利·艾蒂安与德图素有书信往来，他在信中援引古罗马讽刺作家卢奇安对那些没有学问、只知猎书之人的抨击，以突出德图的藏书之精与品位之高："卢奇安虽擅长讽刺，但对阁下的博学慷慨，亦会不吝赞美。阁下品位高雅，装帧之资恰与购书之费相称，勤勉谨慎，卢奇安当对此心悦诚服。"

德图与学者兼律师皮埃尔·皮图为挚友，在诸多方面均得这位好友襄助。皮图天资聪颖，勤奋好学，对古典作品了解之深、造诣之高，无人能出其右，曾任德图的图书管理员。皮图于 1596 年去世，对德图打击甚大，他怅惘之余，一度疏远书籍，冷落工作，写信给好友艾萨克·卡索邦（Isaac Casaubon，1559—1614）："皮图乃吾学问同道兼仕途顾问，一旦永诀，吾苦心编缀之学术之网，定顿然坠落于地。若非纪念这位良友，吾将不复重拾此事业。"

德图一生有过两次婚姻，第一任妻子是玛丽·巴尔邦雄（Marie Barbançon），第二任妻子为加斯帕德·德·拉·沙斯特尔（Gasparde de la Chastre，1577—1616），德图与后者伉俪情深，他在自己的遗嘱开篇即写道："祈愿爱妻加斯帕德·沙斯特尔寿比吾长。"谁知妻子竟于1616年先他而去，失去这位贤内助，德图不得不煞费苦心地为其藏书安排未来。说起来，他比红衣主教黎塞留更早将个人藏书免费向学者开放，而世人皆以黎塞留为开创此举的第一人。这位红衣主教并不介意用什么方法和

红衣主教黎塞留肖像木版画，法国画家和雕刻师罗伯特·南特伊作于1657年。

手段得到书籍、甜言蜜语、哄骗诱唆，或者干脆以赤裸裸的恐吓相威胁，他都实践过。后颇思悔改，嘱咐在其身后藏书可供学者免费使用。德图同样深爱书籍，并对书籍使用抱有更诚挚友善之目的，此善念与日俱增。他曾说："对余家族与学问而言，兹事体大，余倾四十年之力所收藏书务必完整一体，不得有任何拆分、售卖与流失之举。余将藏书留于诸子，务使其服务于学术，域内外学者尽可免费使用。诸子成年之前，藏书由皮埃尔·杜普伊（Pierre Dupuy，1582—1651）妥为监管，彼可在收取抵押品前提下将手稿外借。"

学者皮埃尔·杜普伊和雅克·杜普伊是一对兄弟，且均好秘史收藏，二人之父夏尔·杜普伊（Charles Dupuy，1545—1594）是位法学家，也是杰出的收藏家，生前曾有一藏书室，经他苦心经营，藏有不少上好的早期印本和稀有手稿，包括一本古代希腊语和拉丁语的双语《圣保罗书信》（*St. Paul's Epistles*），一本安色尔字体的李维著作，以及若干《梵蒂冈维吉尔抄本》（*Vatican Virgil*）[1]的珍贵散页，他生前将这些散页赠予意大利学者弗尔维奥·奥西尼。夏尔·杜普伊死后，皮埃尔和雅克继承父亲生前藏书。皮埃尔后来担任国务顾问，雅克则是圣索法尔莱斯布雷（St. Sauveur-les-Bray）修道院的院长，二人还兼任皇家图书馆的管理员。公干之余，又勤于学术，同心协力地扩充其父藏书。杜普伊藏书现为国家所有，有大约八百多卷，包括书籍散页、回忆录、教导书、家谱、信件和其他各类文件。与其说这两兄弟不辞辛苦是为减轻德图的工作，不如说他们遵循了保护秘史的天性："手稿若涓涓细流，汇入藏书家手中，生而有涯，都未能认识其内在价值。"两兄弟中雅克较早离世，皮埃尔后来将这些秘史遗赠给德图神甫（德图藏书的第四位拥有者），神甫又卖与沙隆·德·梅纳尔（Charron de Ménars）[2]，最后被国王路易十六买去，收藏在皇家图书馆，两兄弟的印刷书和其他手稿则作为雅克·德图的遗产，已先期卖与皇家图书馆。

《梵蒂冈维吉尔抄本》里的插图。图中所绘场景为埃涅阿斯和他的助手阿卡特斯
发现迦太基。该手抄本抄写于400年左右，几经辗转，于1600年由意大利学者弗尔维
奥·奥西尼赠予梵蒂冈图书馆。

德图去世后，藏书由长子弗朗索瓦（François，1607—1642）管理，
雅克和皮埃尔继续忠心任事，照顾德图的孩子们并管理德图的藏书。弗
朗索瓦也是位出色的学者，其府邸俨然成了巴黎学者聚会之地，直到他
被首相黎塞留悍然杀害。

年轻的桑－马尔斯侯爵（Marquis de Cinq-Mars）[3]勾结王后和奥尔
良公爵加斯东（Gaston d'Orléans）[4]，图谋推翻黎塞留，此事为弗郎索瓦
洞悉，但因与侯爵交好，他并未举报。阴谋败露后，桑－马尔斯侯爵和
弗郎索瓦都遭逮捕，黎塞留将二人囚禁于一艘小船上，拖在他的大船之
后，沿着罗讷河带到里昂，并在那里将他们处死。这场阴谋中的许多重
要人物都活了下来，弗郎索瓦·德图却成为替罪羊枉送了性命。黎塞留不
久后去世，未及抄没德图家的藏书，这批藏书后来便由德图的小儿子雅
克·德图掌管。与其父一样，他也是杰出的藏书家，还很幸运地娶到一位
富有的女继承人玛丽·皮卡戴特（Marie Picardet），她从布列塔尼的娘家

带来大批藏书。1677 年，德图本人的藏书和其他一些人的藏书都落到雅克·奥古斯特·德图神甫手中，不久后均卖与沙隆·德·梅纳尔。日记作家圣西门公爵路易·德·鲁弗伊（Louis de Rouvoy，1675—1755）曾揶揄这位新主人为富有高贵的无能者，不过他倒有一颗爱书之心，也亏得他，这些书才保存完好。梅纳尔于 1706 年将书卖给红衣主教德·罗昂（de Rohan，1674—1749），只将杜普伊藏书留给女儿。主教将书留给自己的侄子苏比兹亲王，世人皆知这位亲王发明过一种调味酱，还率军打输了著名的罗斯巴赫战役（Battle of Rossbach）[5]，但他在拍卖行倒是屡战屡胜，声名赫赫。其人虐书如狂，于书上盖印不计其数，颇像他在战场上调兵遣将，导致这些书在 1789 年公开拍卖前就已经毁损不堪，拍卖目录亦低劣粗疏，居然漏掉了八本珍贵的格罗利耶藏书。

吉安·文森齐奥·佩内利（Gian Vincenzio Pinelli）[6]是位杰出的意大利学者，他在帕多瓦的藏书室成为学者的向往之地。佩内利 1538 年出生于那不勒斯，一生大部分时间都在帕多瓦度过。家人将他送到那里学习

法律，但佩内利为这专业所做的唯一劳神费心之事，便是将所有法律书排除在其精美藏书之外。他从阿尔卑斯山两侧的印刷商那里购买各类好书，陈列摆放在自己的书架上，所有法兰克福书展的书目和意大利境内主要书商的书单都被他认真研读过。众所周知，在波吉奥的时代，许多珍贵古籍都被发现于阁楼或地窖中，故佩内利也常常光顾羊皮纸商人和出售契约及文件的捐客处，希望有所收获。这做派恰与罗林森不谋而合，

意大利学者吉安·文森齐奥·佩内利。

罗林森曾捐给牛津大学博德利图书馆大批未经整理的文件，里面竟然还有近期的航海日志和杂货商的各类账目。在所有故事中，藏书家的辛勤劳动都因发现有价值的书而得到丰厚回馈，若非他们抢救及时，这些珍宝不免在漫长岁月里损毁湮没。佩氏藏书后来又因其好友保罗·阿尔卡多（Paul Aicardo）藏书的加入而大大扩充，两位学者曾有约定，若先离世，其藏书将归另一健在之人。保罗·阿尔卡多先于佩内利去世，他的藏书遂归佩氏所有。1601 年，佩内利去世，家人打算将其藏书运至故乡那不勒斯，但遭到威尼斯共和国的干涉，理由是佩内利曾誊抄和复制过威尼斯的政府文件和档案，未经他们允准，不得运往境外。威尼斯治安官扣押了一百捆书，其中十四捆为手稿，经检查，发现里面有三百篇政论，涉及意大利半岛上所有城邦的政治事件。经过反复谈判，双方均作出妥协，这三百篇政论留在帕多瓦，置于一间仓库中，由政府监管，其余书籍和手稿则装满三艘货船，从热那亚启程前往那不勒斯。途中一艘货船为海盗所劫，他们将书籍倾至水中，仅有部分被打捞上岸。其余两艘货船安全运抵那不勒斯，但新主人似乎对学术兴趣寥寥，数年后，人们发现这些珍贵藏书和手稿竟然被丢弃在一间发霉的阁楼中。它们后来被装在九十个箱子里，以三千克朗的价格被红衣主教费德里科·波罗米奥（Frederic Borromeo，1564—1637）买去，收藏于米兰安布罗修图书馆。佩内利的家人也在威尼斯建起一座图书馆，家族最后一位成员马费欧·佩内利（Maffeo Pinelli）于 1787 年去世，藏书被卖与一位英国书商。当时，有人说书籍保存完好，也有人说毁损严重，孰是孰非，难以断定。两年后，这批书在伦敦被拍卖，内有一部六卷对开本的《希梅内兹多语种圣经》（*Polyglot Bible of Ximénes*），印在犊皮纸上，卖价甚高，但总体拍卖所得仅敷所费。

经由斯卡利杰、德图和卡索邦的宣扬，佩内利声名大噪，而此间最卖力者当属佩雷斯克。佩雷斯克来自一个世代居住在艾克斯（Aix）[7]

尼古拉·克劳德·法布里·德·佩雷斯克，佛兰德斯画家路易·芬森作品

的家族，其父满腹经纶，曾被路易十二选中，充当芮妮公主的伴读，他对子女的教育更是不遗余力。在小小年纪，佩雷斯克就以聪慧早熟闻名。他年轻时曾经拜访过佩内利，两人一见如故，佩内利从这位年轻人身上看到了自己的影子。佩内利1601年去世后，佩雷斯克花了数月在佩内利位于帕多瓦普罗旺斯的宅邸中研究他的藏书，并作了大量笔记。之后的学术界就由佩雷斯克继续掌舵。闲暇之余，佩雷斯克还到罗马和佛罗伦萨探寻书籍珍宝，并目睹了米兰安布罗修图书馆的崛起，又因约瑟夫·斯卡利杰的一封信来到维罗纳，为斯卡利杰那则荒诞的家族传说寻找证据。斯卡利杰彼时声名正隆，宛如学术界的国王，其父儒略·恺撒·斯卡利杰（Julius Caesar Scaliger，1484—1558）是位学者和物理学家，还为家族起源编造了一则美丽谎言，声称自己是维罗纳领主斯卡拉家族贝内德托（Benedetto）和贝蕾妮斯·德·斯卡拉（Berenice della Scala）之子，年轻时还担任过神圣罗马帝国皇帝马克西米利安一世的侍从，并在拉文纳战役中奋勇作战。他还夸口，欲为绳索腰带修士（Cordelier）[8]，以便有朝一日登上教皇宝座，将威尼斯人从其辖下悉数驱逐，并夺回被威尼斯人占领的故土维罗纳。佩雷斯克打心眼里不相信这些离奇故事，不过他倒是在维罗纳搜集了一堆钱币、墓志铭和家谱之类能取悦斯卡利杰的玩意儿。他后来翻越阿尔卑斯山，前往瑞士游览日内瓦湖，并遍访书籍，最终携大批藏书和一柜子钱币返回艾克斯。1605年，佩雷斯克又前往巴黎，受到德图的盛情接待，德图不仅让他参观自己的藏书，还向他展示锁在柜子里的秘史。

艾萨克·卡索邦特意从皇家图书馆赶来与佩雷斯克见面，并在二人之后的往来信件中表达对佩氏的敬意："余极欲恭闻斯卡利杰讲述历史，但亦深信，即使有斯卡利杰在学术田野收割，阁下依然有房间来收集落穗。"他还在另一封信中写道："想必阁下已知晓乌尔比诺公爵赠余波利比乌斯著作一事，皆为阁下仁慈所赐。"（因佩雷斯克的父亲曾为芮妮公主的伴读，而芮妮公主后来嫁给乌尔比诺公爵——译者注）

约瑟夫·贾斯图斯·斯卡利杰肖像画　莱顿大学图书管理员保卢斯·莫鲁拉绘制

　　十年后，佩雷斯克再次来到巴黎，探访德·梅姆的藏书，希望从中找到一些东方典籍。他还顺便参观了圣维克多修道院和圣日耳曼修道院，浏览了那里的大量藏书，并与高等法院大法官皮埃尔·塞吉埃、学者尼古拉·里格特（Nicolas Rigault，1577—1654）和热罗姆·比尼翁（Jérôme Bignon，1589—1656）等名人政要结下友谊。之后他又跨海前往英国参观博德利图书馆，并与学者亨利·塞维尔（Henry Savile，1549—1622）切磋学问；下一落脚处为荷兰，他专程拜访约瑟夫·斯卡利杰，并提醒自己交谈中切勿流露丝毫质疑其贵族出身的表情或言语。在莱顿，他参观了著名的莱顿大学图书馆，还获赠斯卡利杰的著作，并参观了丹尼尔·海恩休斯（Daniel Heinsius）[9] 曾为之骄傲的那间读书室："于所有天才灵魂的永恒怀抱中，吾觅得一席之地。"在鲁汶，他只能怅然缅怀作古的学者贾斯图斯·利普修斯，说他是"智慧之光和指路明星"。

荷兰学者丹尼尔·海恩休斯，曾任莱顿大学校长。

学者皮埃尔·加森迪（Pierre Gassendi）[10] 曾留给我们关于佩雷斯克藏书的记载。除了之前提到的东方淘宝，他还从其在法国和德国的代理人处，从梵蒂冈和西班牙埃斯科里亚尔皇家修道院的抄写员那里源源不断地得到各种好书。"但凡有藏书拍卖，他绝不放过，于其中精挑细选，遴选上好书籍，尤其是那些他还不曾拥有且品相干净的版本。"佩氏藏书皆以红色摩洛哥皮装帧，姓名交织字母或首字母烫金。他家中常年雇有一位装帧师，若从各地买来的书籍过多，还会临时增加人手。偶尔，佩雷斯克也会装帧少量旧书和被蛀虫咬过的书，他特别惋惜一些上好书籍落入俗人之手而不被珍惜，故希望通过此举，至少能让它们凭借外表而得到合理定价，如此它们或许能免于烟草商和杂货商的蹂躏。佩氏藏书中有一部哲罗姆·亚历山大（Jerome Alexander）[11] 作品题赠本，出版者在上面写道："阁下府邸和藏书室乃如群星闪耀之苍穹，书籍即星辰，熠熠生辉，点亮书桌，阁下则如太阳居于中央，拥抱万物并将光芒投射其上。"

尽管佩雷斯克买书甚多，其离世后并未留下太多藏书，盖因大批书籍都被借出而未归还，慷慨相赠者也颇为可观。他的朋友莱蒙泰（Lemontey）回忆："佩雷斯克去世大约十年后，家人将这些书带至巴黎拍卖，余于 1647 年还有幸目睹。数量众多而装帧古怪。藏书本应整批拍卖，但既然其守护神已然隐遁，命运女神便判定它们四散飘零。"佩雷斯克大部分藏书被纳瓦尔学院（Collège de Navarre）[12] 买去。他的手稿大部分已损坏，仅有一小部分被教皇克莱蒙七世的图书管理员唐·马拉奇·丁圭姆伯特（Don Malachi d'Inguimbert）从其后人手中购得，收藏于卡庞特拉（Carpentras）[13] 的公共图书馆。传说佩雷斯克还有数千封信件，均毁于其侄孙女之手，加森迪指斥她为女版欧麦尔，她竟然用这些珍贵的信件来生火，或为家养的蚕制作托盘。

佩雷斯克生前曾雇佣一些博学之士为他在意大利搜书买书，学者雅克·加菲利尔（Jacques Gaffarel，1601—1681）在罗马做他的代理人，帕多瓦则有考古学家托马西尼（Tomasini）相助。但从其往来信札可知，加布里埃尔·诺代（Gabriel Naudé）[14] 这位"图书管理员中的国王"，是他最早的书籍代理人，亦是其顾问和朋友。佩雷斯克死后，诺代亲笔为他撰写悼词："哦，命运何其残忍，死亡何其痛苦，它们强行闯入，剥夺吾辈欢乐。请赐吾辈一位饱学之士，便如佩雷斯克，学问精深，又乐于提携后辈，拥有无穷智慧、无边财富和无上价值，才高绝世，令整个学术界任其支配，唯命是从。"

第十五章

从诺代到雷努阿尔

加布里埃尔·诺代

加布里埃尔·诺代原本是位医学博士，一度担任路易十三的宫廷御医。他却志不在此，还在求学时就对藏书表现出浓厚兴趣和热爱。他后来在帕多瓦获医科学位，之前是亨利·德·梅姆的图书管理员，之后又在罗马红衣主教巴格尼（Guidi di Bagni，1578—1641）处担任此职。巴格尼死后，诺代又服务于另一位红衣主教弗朗西斯科·巴尔贝里尼（Francesco Barberini，1597—1679），替他管理位于罗马四喷泉（Quattro Fontane）[1] 广场宫殿的庞大藏书，间或还替黎塞留搜集书籍，到了1642年，他正式就任黎塞留的图书管理员。黎塞留去世后，诺代转而效力其继任者马萨林，并循循引导这位红衣主教效仿巴尔贝里尼的精致品位和米兰主教费德里科·波罗米奥创建安布罗修图书馆的义举，他对书的敏感和对书籍价值的熟谙在日后马萨林图书馆（Bibliothèque Mazarine）的创建中终得用武之地。

马萨林图书馆筹建之初，诺代很想以一批完整藏书作为其奠基。恰好有一位名叫西米恩·杜布瓦（Simeon Dubois）的地方官，他在利穆赞（Limousin）[2] 有批藏书，后来到了利摩日（Limoges）[3] 一位名叫让·戴斯柯蒂斯（Jean Descordes）的教士手中。教士的藏书达到六千册，还邀请诺代为之编纂目录，后来于1642年去世。诺代说服马萨林以私人名义买下其藏书，数月后，又从国王那里得到海军大臣安托万·德·勒梅涅（Antoine de Loménie，1560—1638）收藏的政府档案，并从其他地方得到大量印刷书，有了这些藏书作为基础，马萨林图书馆在短时间内便得以对外开放。诺代亲自制定管理规则，首条开宗明义，体现了他一贯主张的公益精神："本馆无分人等，向所有人开放，且为读者配备座椅及书写工具，馆员可提供各语种与各种专业书籍，并于必要时做出调整。"

红衣主教儒勒·马萨林肖像画。法国画师罗伯特·南特伊作于1659年。

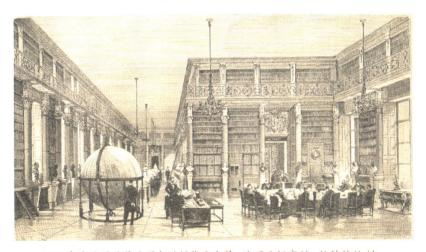

1800年左右的马萨林图书馆阅览室内景。法国画师亨利·斯科特绘制。

通过梳理那些历史上伟大的图书馆，诺代发现，能对学者无条件开放的仅有牛津博德利图书馆、米兰安布罗修图书馆和罗马安吉利卡图书馆（Angelica Library）[4]，此外再无别家。在意大利，无论梵蒂冈图书馆还是佛罗伦萨洛伦佐图书馆（Laurentian Library）[5]，抑或是威尼斯圣马可图书馆，都做不到这一点，博洛尼亚、那不勒斯或乌尔比诺公国的图书馆亦不例外。同样的情形也发生在其他的国家，红衣主教希梅内兹在西班牙阿尔卡拉有一座图书馆，丹麦哥本哈根则有海因里希·兰特劳斯（Heinrich Rantzaus）[6]的藏书，德国巨富富格尔家族的藏书在奥格斯堡。虽然它们也都竭尽所能服务于学者，但有一条不成文规定，就是不免费开放，而在诺代的祖国法国，皇家图书馆自不必多说，圣维克多修道院也藏书不菲，此外还有德图的慷慨捐赠，但各种复杂之极的限制使这些书难以物尽其用。从诺代对米兰安布罗修图书馆的褒奖之语可知他对自己努力的认可："无论何人，只要愿意，皆可入内参观、阅读或者摘抄，岂非乐事乎？只需坐在书桌旁索要自己渴望研读的书即可。"

图书馆建成后，诺代继续四处淘书，足迹遍及欧洲绝大部分地区。正值法西酣战，诺代放言，若非马萨林更愿以武力征服西班牙，他定会在文化上对西班牙"洗劫"一番。诺代是"拍卖行的精灵"（原文为familiar spirit，传说中专供巫婆使唤的妖精和精灵——译者注），以至有句俗语专门形容一个大淘书家造访书店的情景："势如暴雨，汪洋肆虐。"他还撰文夸耀自己在佛兰德斯、瑞士和威尼斯那些书摊上的赫赫战果：在罗马，他买书之多，须以英寻（fathom）[7]来计；在德国，他目光如炬，不放过任何一个书架；他还越过英吉利海峡，前往英国去"劫掠"那些岛民的珍宝；在里昂，他邂逅了维勒瓦元帅尼古拉·德·诺福维尔（Nicolas de Neufvile，1597—1685），并从元帅那里得到一大批红衣主教德图农（de Tournon）遗赠给耶稣会会士的书籍。他还注意到某些学科会在某一地区盛行一时："若论实证科学，当去罗马、佛罗伦萨或那不勒斯；学习法学，应去巴黎或米兰；研究历史，法国乃不二之选；若要获取经院知识，则应去西班牙或者英国的牛津、剑桥。"

到了 1647 年，马萨林图书馆已经有四万五千册书籍，诺代自豪地将它比作世界第八大奇迹。但到了 1651 年，投石党运动（Fronde）[8] 蓬勃兴起，巴黎高等法院在与马萨林的较量中占了上风，马萨林遭驱逐，财产一度被没收，图书馆藏书也被拍卖，执行委员中竟然有德高望重的亚历山大·佩图和皮埃尔·皮图。整个拍卖过程堪比一场屠杀，没有任何方法阻止人们将之变成罪恶的盗窃。可怜的诺代，这一判决如同晴天霹雳，他徒劳无益地哀求反抗着："你们缘何不营救我的女儿（指图书馆藏书——编者注），这世间最美的天赐之物？你们怎么能令公众失去这珍贵而有益的财富？你们如何能忍受这些奇美芬芳的花朵在你们手中枯萎凋零？"

悲伤之余，诺代倾尽自身微薄财力，仅将图书馆中的医学书赎回。他还极力劝说瑞典克里斯蒂娜女王买下所有藏书，但女王仅买下一小部分手稿，后来又完璧归赵。这位"北方的帕拉斯[9]"（Pallas of the North）对诺代的不幸遭遇很是同情，遂邀他来斯德哥尔摩管理瑞典皇家图书馆，并略作休养。在瑞典，诺代结识了几位当代的杰出学者，包括数学家笛卡尔（Descartes）和丹麦学者梅波米乌斯（Meibomius）[10]。笛卡尔彼时正在瑞典宫廷做客，经常要在黎明时分开始他的形而上学讲座，梅波米乌斯则正在撰写一部关于古代音乐的著作。但北欧的气候，或者说是瑞典宫廷里活泼快乐的气氛令诺代身感不适，他遂请辞返

瑞典女王克里斯蒂娜肖像画。荷兰画家大卫·贝克作于1644—1654年。

让·巴普蒂斯特·柯尔培尔肖像画。
法国画家菲利普·德·尚佩尼作于1655年。

回法国，却不幸客死于途中的阿布维尔（Abbeville）[11]，仅差数月便可赶上马萨林重掌权柄。后来，马萨林图书馆再度建成开放，马萨林将诺代的八千册藏书悉数买下，精心收藏在一座以诺代名字命名的陈列室中。

若说马萨林图书馆的辉煌要归功于诺代，那让·巴普蒂斯特·柯尔培尔和拉穆瓦尼翁家族的藏书也要归功于他们的图书管理员。柯尔培尔身为财政大臣，不仅长袖善舞，理财有道，在藏书界也颇有建树。他有两位杰出的图书管理员：卡尔喀维（Carcavi）[12]和艾蒂安·巴吕兹（Étienne Baluze）[13]。此二人学识渊博，又各有专长。卡尔喀维曾任皇家图书馆馆长，艾蒂安·巴吕兹则是一位历史学家和教会法学者，长期担任皇家学会会长。柯氏藏书在私人收藏中可谓独领风骚，八千多册手稿中有一批来自梅兹（Metz）[14]圣马丁修道院的珍品，里头不仅有查理曼大帝的祈祷书，还有一本据称为勃艮第公爵"勇敢者查理"彩饰的《圣经》。手稿之外，还有五万多册印本，皆装帧精美。人们还相信，在法国同土耳其签订的条约中，有一条特别规定了须保证这位大人能得到最上等的黎凡特摩洛哥羊皮。柯尔培尔死于1683年，藏书在故居保存半个世纪后，于1728年被其长子塞涅莱侯爵（Marquis de Seignelaye）拍卖出售，其中包括部分手稿，世人皆为这批珍贵手稿将流散而忧心忡忡，所幸路易十五及时出手，将之全部买下，他在给侯爵的回信中写道："妙极，仅费三十万里弗尔（livre）[15]。"喜悦之情见于笔端。

另一座图书馆则由"藏书家中的非凡家族"拉穆瓦尼翁家族收集而来，他家的藏书始于纪尧姆·德·拉穆瓦尼翁（Guillaume de Lamoignon，1617—1677）），此人曾在 1658 年任巴黎高等法院法官。其子克雷蒂安（Chrétien de Lamoignon）也是位法官，与父亲一样酷爱买书藏书。克雷蒂安还得大学者阿德里安·巴耶（Adrien Baillet）[16] 相助，使自家藏书声望日隆。迪布丁曾引用巴耶传记中的几段话，说拉穆瓦尼翁家族对巴耶"疯狂的肉体和神经质的头脑"充满耐心，"拉穆瓦尼翁夫人和公子总是欣然满足他的愿望，平复其焦躁情绪，鼓励他畅所欲言，不停地高声称颂他的美德"。巴耶则以出众的学术工作投桃报李，他写道："吾在尊府，时刻愿效犬马之劳。"藏书到了家族第三代手中，因与另一位藏书家巴里耶（Berryer）[17] 之女缔结婚姻，通过继承而使两家藏书合并，规模更为庞大。拉穆瓦尼翁家的图书馆被称为

纪尧姆·德·拉穆瓦尼翁肖像画，佛兰德斯画师吉拉德·艾德林克作于1696年。

阿德里安·巴耶

"欧洲最美的图书馆"。大革命期间，藏书流散开来，大部分于 1791 年被运至伦敦，法学类书籍则继续留在法国，数年后在巴黎被拍卖。

牧师兼作家大卫·昂茨隆（David Ancillon，1617—1692）以支持马丁·路德和加尔文著称，但若按照评论家皮埃尔·贝尔（Pierre Bayle）[18]所言，他还是位不知疲倦的藏书家。他让世人以购买书籍初版本为时尚，自己也因此闻名。英国学者艾萨克·迪斯雷里曾指出，绝大多数人都只把初版本当成不完美的尝试："在文字世界体验一番后，作者就此收手。"但皮埃尔·贝尔和昂茨隆意见一致，认为在有些情况下，第二版并不如人们预期的那样，那些等着买再版书的人，不管怎么说都表现出"爱皮斯托尔（pistole）[19]胜过爱知识"的德性。但昂茨隆本人倒是热衷于精美书籍而不在意其是否为初版，关于此事，他另有高见："人们在阅读或工作时越少用眼，头脑在做判断时便愈发自由。"昂茨隆常被人看作书痴，他也承认自己不可救药。除了向虔诚的会众布道外，他从不离自己的藏书半步，并确信金子般的思想就蕴藏在单调乏味的工作中。只要自己的新教信仰还被接纳，他就一直待在法国，但后来《南特赦令》（*Edict of Nantes*）[20]被废除，昂茨隆只好流亡德国，并在那里开始收藏德语书，他留在家乡梅兹的那些精美大开本书则被狂热的天主教暴徒摧毁殆尽。

如果日记作家约翰·伊夫林（John Evelyn）[21]所言可信，那么17世纪的法国藏书界实在乏善可陈。家有藏书是绅士的标配，豪宅甫一竣工，他们就迫不及待地布置起一大间藏书室，堆起许多书架，购进数码（yards）[22]长的对开本或八开本，全用红色摩洛哥皮装帧，上面烫上家族徽章。作家拉布吕耶尔（La Bruyère，1645—1696）曾讽刺这类藏书室像画廊，还散发着一股呛人的皮革味。有客来访，主人殷勤以待，向客人炫耀他那些"用伊特鲁里亚（Etruscan）风格[23]装帧的精美书籍和烫金书页"。客人或感于其热情真诚，却对拜访主人称之为藏书室的"制革厂"兴味索然。我们不应忘记金融家布莱顿维利埃尔（Bretonvilliers），他大约在1657年立志成为藏书家，并颇有建树。他的部分藏书收藏在洛林，后来被法国国家图书馆买去，他在巴黎的豪宅中也有一间很大的藏书室，离圣母院不远，里面摆满书籍，上面烫着他崭新的徽章——一只抓着橄榄枝的鹰。

罗斯林神甫[24]和拉瓦利埃公爵无疑是了不起的藏书家，但他们之前的藏书家也值得关注。亨利·杜布歇（Henri du Bouchet）即是一位，他有八千多册藏书，均由他精心挑选。他于1654年去世，死前将全部藏书遗赠给圣维克多修道院，好让后人能在他的"极乐享受"中获得心灵慰藉。他还要求让这些书籍一周对外开放三天，每天达七个小时。这一遗嘱得到严格执行，直到1791年大革命时期，圣维克多修道院被毁，大量藏书散佚。修道院僧侣们为纪念这位慷慨的捐赠者，为他立起一座石碑和一尊半身像，并以特别的方式重新装帧他的书籍，将带有他徽章的一片皮革嵌入在这些古书上挖出的孔中。

还有布瓦索神甫（Abbé Boisot），另一位为书而生的学者。神甫年轻时曾遍游西班牙和意大利，所获颇丰。1664年，在一次对贝桑松（Besançon）[25]的公务访问中，他十分幸运地得到了红衣主教安托万·佩莱诺特·德·格兰维尔（Antoine Perrenot de Granvelle）[26]的一批手稿。主教生前曾任神圣罗马帝国皇帝查理五世的机要大臣，很多文件以密码书写。布瓦索神甫以轻松的笔调，记录了这批手稿在其最后一任主人处的曲折故事："起初只是家中仆人随取随用，后来邻人的孩子也跟着效仿。家里正需要几口箱装货，管家为了省钱，便将箱子里的手稿卖给一位杂货商，而将箱子留下。"后来，大家都对这些"无

红衣主教安托万·佩莱诺特·德·格兰维尔。

用的废纸"厌倦透顶，遂将之统统丢弃。幸被法学家和历史学家朱尔·希夫莱（Jules Chifflet）抢救下来，所憾希夫莱未及整理便去世了。布瓦索神甫从他的继承人手中买到一些，又在其邻居家中买到更多。这批手稿和神甫的其他藏书后来都被运至贝桑松的圣文森特修道院（Abbey of St. Vincent）。大革命期间，整批藏书被充公，被运至公共图书馆。

勃艮第望族布依埃（Bouhier）家族的藏书也是如此这般辗转于数个图书馆而风流云散。他家藏书始于路易十二时期，之后每代人都对家族藏书有所贡献，精美的书籍和手稿源源不断地增加进来。家族第二代继承人艾蒂安·布依埃（Étienne Bouhier，？—1635）为淘书走遍意大利，他的儿子让·布依埃（Jean Bouhier，1624—1714）在1642年买下博学的沙隆（Chalons）[27]主教蓬图斯·德·提亚德（Pontus de Thyard，1521—1605）的大批藏书，还颇费周折，将因数人继承而分散的父亲藏书重新集中到一起，另又增大批手稿。这批藏书再传到法官让·布依埃（Jean Bouhier）[28]手中，此君被誉为"真正的藏书家"。我们知道有些藏书癖者家中堆书如山，只缘于贪婪和占有的动物本能，但让·布依埃未染此疾，他是一个没有"奇珍异宝"的藏书家，酷好读书，还勤于在书上做笔记，他甚至还在著名印刷商亨利·艾蒂安和安托万·维拉尔（Antoine Verard）[29]的无价印本的书边涂抹书写，纵横笔墨。一位来访者曾描述他藏书室的素朴，红木书架上一袭丝质垂帘，里头陈列着各种稀有版本和手稿，此外并无装饰。让·布依埃的藏书由女婿沙特雷尔·德·波旁（Chartraire de Bourbonne，1713—1760）继承后，却有一番令人诧异的变化，阿尔都斯和安德烈·格里菲乌斯（Andreas Gryphius）[30]的皇皇大作竟然与红鞋跟（talon rouge）[31]贵族的诗和滑稽剧作品为伍。这位寻欢作乐的波旁死后，他那些乱七八糟的藏书又传到其女婿手中，并于1784年被卖给明谷修道院（Abbey of Clairvaux）。

到了18世纪，法国的藏书家之多，盖难尽述，即使每人仅配以只言片语，篇幅也会冗长无比。比如专喜冷门书和散佚书页的巴雷（Barré），嗜好历史书的朗贝尔·德·托里尼（Lambert de Thorigny），还有一位名叫加布里埃尔·德·萨提奈斯（Gabriel de Sartines）的皇家鹿苑（the Parc aux Cerfs）守卫，他有一批精美书籍，都跟巴黎有关。想当初麦卡锡伯爵在图卢兹拍卖藏书时，目录中至少有九十位同代人的藏书，麦氏宏伟藏书便在此基础上积累而来。我们还可以再说出一些勇敢的宁录（Nimrod）[32]，例

埃斯特雷公爵维克多·玛利亚·德·埃斯特雷肖像画。法国画家尼克拉斯·德·拉吉利埃作于1710年。

如平和的路易·让·盖尼亚，性情急躁的拉瓦利埃公爵，四处猎书的埃斯特雷公爵（Duc d'Estrées，1660—1737），以及两位医生亚森特·拜伦（Hyacinthe Baron）和福尔康奈特（Falconnet）。这些猎手眼光锐利，身手敏捷，鲜有猎物能逃其手。我们还得将精致的书痴与那些只将书籍当作画作和珍宝封存在神龛中的人区别开来，比如有满室珍宝的霍伊姆伯爵，有奇珍柜的布瓦塞特（Boisset）和吉拉多特·德·普莱方德（Girardot de Préfond）。若老派藏书室里各种语种的书像巴别塔（Babel）下的芸芸众生，他们那些用揉皱了的摩洛哥皮装帧、三重烫金起脊的大开本书，则令人想到古董家们的一个比喻，他们把那些在金属丝网的箱子中隐约闪烁的书籍形容为"东方的美女透过百叶窗向外张望"。我们还得说说米歇尔·查米拉德（Michel Chamillard，1652—1721），此君社交能力出众，不管在台球桌上还是做臣子，都是路易十四的绝妙搭档。他还积极参与

路易十四的大臣米歇尔·查米拉德。

了《南特赦令》的废除。在个人生活里，查米拉德却是位不折不扣的艺术品鉴赏家，有满满当当的书房和大批装帧时髦的藏书。但我们不必在这位被尤赞尼称为"台球大臣"（the Minister of Billiards）的人物身上着墨过多，他的妻子和三个女儿更值得一叙。长女德勒侯爵夫人（Marquise de Dreux）是司礼官之妻，尽管其夫藏书可观，侯爵夫人依然坚持为自己的藏书另辟一室；另外两个女儿，德·拉·弗伊拉德公爵夫人（Duchesse de la Feuillade）和德·洛尔热公爵夫人（Duchesse de Lorges）亦效仿其姊，有自己的藏书室。至于查米拉德的妻子，她喜欢收藏华美精致的书，早年曾为此不惜千金，后来却追随曼特侬侯爵夫人（Marquise de Maintenon）[33]，舍弃浮华，返璞归真。她的后期所藏都用詹森派（Jansenist）[34] 的风格装帧，素色皮革，仅饰以些微烫金。

再说夏尔·杜费伊（Charles du Fay，1662—1723），他原是皇家卫队队长，后在 1695 年布鲁塞尔轰炸（Bombardment of Brussels）[35] 中失去一条腿，被迫退役，所幸他喜爱文学，遂怀着满腔热忱将余生投入藏书事业当中，在书籍的战场上厮杀驰骋，在各类书籍中，历史和拉丁语诗歌是他的最爱。早在德国和佛兰德斯作战期间，他就开始收藏此类书籍。

杜费伊有个朋友，是巴黎马萨林大学的教授，名叫米歇尔·布罗夏尔（Michel Brochard），也是一位藏书家，且学识渊博。教授有一次参观杜费伊的藏书，发现近四千册书中竟然没有一本希腊语的书，颇感震惊。杜费伊回说希腊语太难，单词甚难记住，故望之却步，遭布罗夏尔一通批评："老加图（Cato）[36] 当年虽英雄迟暮，尚无片刻犹豫地学习希腊语，阁下岂有托词？若不知希腊语，又何能谙熟拉丁语？"杜费伊遂听其所劝，努力学习希腊语。虽然如此，杜费伊藏书初衷，与其说是收集有用读物，不如说是为了建起一座文化遗产博物馆，这点倒与现代人不谋而合。但那些老派藏书家对此不免有所指责，让·布依埃在 1725 年看过杜费伊藏书目录后写信给作家马修·马莱（Mathieu Marais，1665—1737），说杜氏之举"更似藏书癖而非学问之道"。此言旋即得到马莱响应，他在回信中说："阁下对杜氏点评精辟至极，此非学者书房，乃一间充满古怪书籍品类之商店，权为售货而非个人拥有。"

杜费伊很多藏书后来都被霍伊姆伯爵买去，伯爵作为波兰国王和萨克森选帝侯奥古斯特三世（Augustus Ⅲ，1696—1763）的大使在巴黎生活多年。很多人谴责他在朝堂上既傲慢无礼又不守信用，竟将德累斯顿的商业秘密卖给赛夫勒（Sèvres）的工厂。不过在书志学历史中，他却在一众业余者中独秀于林。伯爵的波兰白鹰徽章只用在他最好的书上，他还一度拜在罗斯林神甫门下学习，不久其品位、学识便可与其师比肩。一直以来，他都是巴黎人品位的中间裁判者，直到后来流亡南锡。书目学家吉加德曾引用给伯爵的法语书中的某一献词来表明其地位之尊崇："诗集中作者，无论何人，皆以跻身阁下藏书为荣，阁下藏书，甄选极品，丰盈精美，不愧为学问奇迹！"

罗斯林神甫于 1744 年去世，神甫既有学识又有财力，收藏了一大批神学书，无人可敌。他运气甚好，竟得到了尼古拉·福柯（Nicolas Foucault）[37] 收藏的机密文件和昂贵的中世纪手抄本。他尤喜装帧豪华的书籍，而那些不同凡响、意趣盎然的作品同样不会被他的法眼遗漏。

另一位藏书家保罗·吉拉多特·德·普莱方德原是名木材商，自他从忙碌的生意中退休后，便陷入一种无所事事、无所关心的冷漠状态。巧的是，他的医生亚森特·拜伦是位著名藏书家，力劝这位病人投身藏书。这一处方果然奏效，在接下来的半个世纪中，普莱方德以他的精美藏书，尤其是格罗利耶藏书，以及由加斯科·德·拉·兰德（Gascq de la Lande）所藏而由他购得的《海豚集注本经典》（*The Delphin Variorum Classics*）[38] 远近闻名。普莱方德的藏书曾两度被拍卖，皆轰动一时，第一次是在 1757 年，他最好的藏书都在这次拍卖会上售罄；第二次则在十二年后，他的海豚经典和其他大部分普通藏书被麦卡锡伯爵一举拿下。

奥尔良的夏尔——罗斯林神甫肖像画。亚森特·里戈作于1723年。

还有一位藏书家米拉尔·德·圣朱斯特（Mérard de St. Just）[39]，此人品位高雅，至今为人所称赞。朱斯特藏书不多，而且很早就已散佚，几乎可以肯定在大革命之前就因为一系列变故而遭毁损。朱斯特藏书自有其独到处，他不喜那些经典著作的初印本，盖因这些初印本往往用纸低劣，只有阿尔定版例外；他也不追逐所谓的奇珍秘籍，更乐于将它们留给那些在意书籍外观、买书仅为炫耀之人，"就像某人使劲宣扬自己的贵族身份，却讲不出一桩其祖先的光辉伟业"。朱斯特有许多藏书，分别属

于盖尼亚、沙隆·德·梅纳尔、路易
十五的情妇蓬巴杜夫人和另一位情
妇杜巴利夫人。据说，他于 1782 年
将自己最珍贵的部分藏书装船运至
美洲，结果途中被英国人掳去，他
倒冷静豁达："唯愿众强盗能识得这
批战利品的真正价值。"

　　老米拉波（Mirabeau）[40] 是另
一类型的藏书家，这位"人类之友"
（the Man's Friend）志向远大，求
知若渴，对手中藏书是否稀见、外
表是否华丽却不以为意。他想得到

老米拉波侯爵维克多·德·里克
蒂　法国画家约瑟夫·阿维德作品

"能阐释人类进步的所有书籍"，这一宏图在他有生之年并未实现，但他
至少有了布封（Buffon）[41] 的所有作品，而且书上还有这位博物学家的手
书笔记。

　　诗人和作家皮埃尔－路易·甘格纳（Pierre-Louis Guinguené）[42] 也在
数年后攒下了一批藏书，数量恰好，不多也不少，并有一部关于意大利
文学史的著作问世。他在 1791 年的恐怖时期曾经写过一篇有趣的文章，
名为《从〈巨人传〉看拉伯雷在当前革命中的权威》，令他声名远扬。甘
格纳历经许多艰难岁月而安然无恙，其藏书三千多册，在他去世后为大
英博物馆所购，成为该馆所藏关于法国大革命众多系列书籍的基础。

　　最后说说书商安托万·雷努阿尔，他的漫长人生恰如一道桥梁，连
接起米拉波时代和由第三帝国精致品位造就的一个新藏书癖时代。雷努
阿尔藏书甚早，1785 年便在拉瓦利埃的藏书拍卖会上买到一本埃匹克
提图（Epictetus）[43] 著作，并在书上题词："购于 1785 年 5 月，为吾所
藏第一本犊皮纸印本，吾年十七，不及弱冠，虽囊中羞涩，却愿献身书

安托万·雷努阿尔

籍，不惜牺牲欢宴华服和其他享受。彼时，一项欣欣向荣之事业必欲投
资在先，且须忍受数年贫穷煎熬，故吾虽初出茅庐，已知靡资财于书籍
为最易之事。"雷努阿尔早年从商，其父生产制作纱布料，并在阿波琳娜
街（Rue Apolline）有间店面，他后来继承父业。1787 年，雷努阿尔从书
商莫里尼手中买下一本上好的阿尔定版贺拉斯著作，此事为马萨林大学
图书管理员勒布隆神甫（Abbé le Bolond）所知悉。他也想购买此书，听
闻此事，次日便闯进雷努阿尔的书房："恳请阁下令余有缘观瞻，并蒙垂
青，与阁下相识。"雷努阿尔是研究阿尔都斯家族的专家，自然也拥有
格罗利耶的许多藏书。他是一名书商，这些好书大部分都经他手被卖掉。
1854 年，即他去世次年，雷努阿尔藏书再次被拍卖，格罗利耶所藏卢克
莱修（Lucretius）[44]、维吉尔和伊拉斯谟著作均在出售之列。

第十六章

18—19世纪的英国藏书家

威廉·欧戴斯肖像木版画。英国出版商约翰·塞维尔依据画家E.巴尔斯顿作品于1795年制作。

说到 18 世纪英国藏书，我们可得近水楼台之便，以威廉·欧戴斯（William Oldys）[1]的笔记作参考。此君是一粗枝大叶之人，竟将这些文字草草记录在笔记本扉页、羊皮纸的预算单和一些摘要卡片上。他的部分手稿后来在伦敦的图书馆不翼而飞，实在令人扼腕。里头不仅有藏书家轶事，还有对当时一些书商的评价。欧戴斯的《杂录》一书在威廉·亨特（William Hunter）[2]遗赠给格拉斯哥大学的藏书中发现，大约在 1862 年，由作家威廉·约翰·汤姆斯（William John Thomas）[3]发表在他主办的学术季刊《注释与查询》（Notes and Queries）上，后又以单行本出版，内有欧戴斯日记、笔记精选以及一篇他人所著欧戴斯小传，颇有意趣。汤姆斯指出："欧戴斯在他熟悉的领域详尽地记录了各种日常的信息来源，"进而补充，"那些关于书和人的记录，驳杂又极富个性，深受英国文学爱好者推崇。"

欧戴斯收藏了一些古代英语诗歌和戏剧，这方面他有得天独厚的优势，唯有他才清楚那些充斥书肆的戏剧和册子的价值，时人却尚未晓得，故无须担心那些"披着坚实的金钱铠甲"的竞争者与他较量。欧戴斯出生于 1696 年，年轻时曾卷入南海泡沫事件（South Sea Bubble）[4]，为逃避债务诉讼，于 1724 年离开伦敦躲到约克郡，一待数年，被迫弃他的伦敦藏书于不顾。他后来返回伦敦，发现藏书已经四散飘零，内有一本他作

了注解的朗贝因（Langbaine）[5]著作《英国戏剧诗人》，为他极其珍爱之
物，落入一位名叫托马斯·考克斯特（Thomas Coxeter，1689—1747）的藏
书家手中。欧戴斯设法与他结识，提出将那本书上的注解誊抄到另一新书
上，哪知这位托马斯·考克斯特竟十分吝啬，断然拒绝，甚至都不给他看
一眼。不过欧戴斯的损失很快就得到了弥补，他后来担任牛津伯爵爱德
华·哈利的图书管理员，曾应伯爵要求展示自己的收藏，里头有"若干原
属克莱伦登伯爵（Earl of Clarendon）爱德华·海德（Edward Hyde）[6]的政
治和历史手稿、若干王室信件和政府档案，连同一大堆英国钱币"。汤姆
斯也曾引用朗贝因著作上的一则注解，说欧戴斯曾在"圣保罗咖啡馆举
办的斯坦姆福德伯爵（Earl of Stamford）亨利·格雷（Henry Grey，1599—
1673）的藏书拍卖会上一口气购进两百册书籍"。欧戴斯在约克郡躲避
债务期间，曾得马尔顿伯爵托马斯·沃特森·温特沃斯（Thomas Watson
Wentworth）[7]赞助，并目睹伯爵家收藏的一大批政治和法律文件灰飞烟灭，
这些文件原由古董商理查德·加斯科因（Richard Gascoyne）搜集而来，内
有大批契约、证据和史料，颇有价值。加斯科因死后，这批收藏为伯爵祖
上、第一任斯特拉福德伯爵（Earl of Strafford）托马斯·温特沃斯（Thomas
Wentworth）[8]所得，存放在家族位于罗瑟汉姆（Rotherham）的豪宅——
温特沃斯·伍德豪斯庄园（Wentworth Woodhouse）[9]的石头塔中。到了马
尔顿伯爵时期，当地一位律师塞缪尔·巴克（Samuel Buck）担心其中会
有不可告人之秘密，乃劝说伯爵将其销毁，"尽管他和他的领主一样，一
篇都没有看过"。于是，1728年，马尔顿伯爵终于听信律师所言，将所
有文件付诸一炬。这一幕被欧戴斯记录了下来："熊熊火焰将六七口大
箱吞没，箱里满是契约文件，有些可上溯至'征服者威廉'（William the
Conqueror）[10]时期，甚至仆人亦对此暴行愤慨不满……余奋力抢救，仅救
出一小批手稿、公共许可证、执照、无主财产或土地转归领主或国王之节
录，另有一小部分名人信札及家谱，总计尚不及被销毁文件的百分之一。"

文物学家詹姆斯·怀斯特。

我们暂且摘录欧戴斯的几则日记和笔记精选，从中可以看出他对书人书事之关心已届巨细无遗。1737 年 6 月 29 日，他写道："余于阿梅斯（Ames）先生处见一年代久远之《玫瑰传奇》（*Le Roman de la Rose*）[11] 手稿，抄于犊皮纸上。书末题词言此书购于巴黎，为手稿甫一抄毕之时，费资四十法郎所购得。此书原为吉尔伯特·伯内特主教所藏，上有其徽章。文物学家詹姆斯·怀斯特（James West）[12] 曾借余伯内特主教一册藏书目录，内含罗林森氏藏书，以及威廉·曼森（William Monson，1569—1643）爵士的珍品，此事恰在怀斯特位于内殿律师学院的住所失火、大批文物藏书被毁之前。"欧戴斯还作了特别说明，言威廉·曼森为詹姆斯一世时期的海军上将，藏书颇丰，主要与海军事务有关云云。当年 8 月 8 日，他又记下自己拜访历史学家约翰·斯特莱普（John Strype，1643—1737）一事。斯特莱普当时和孙女苏珊·克劳福斯（Susan Crawforth）、孙女婿外科医生托马斯·哈里斯（Thomas Harris）住在一起，"余受哈里斯医生之邀，拜访其位于哈默顿（Homerton）[13] 之府邸。彼时斯特莱普仍然健在，与他曾经丰富今已所剩无几的藏书和册子相伴"。传记作家塞缪尔·奈特（Samuel Knight，1675—1746）数月前也曾拜访斯特莱普，还写信向友人提到此事。这封信被作家约翰·尼科尔斯（John Nichols）[14] 收录到自己编撰的《18 世纪文坛轶事》（*Literary Anecdotes of the Eighteenth Century*）一书中。奈特在信中写道："吾于小镇盘桓之最后时日，专程拜访老神甫斯特莱普。彼已年近九旬，除目力衰退、记忆力减弱外，反应尚敏捷，彼言有若干伯雷勋爵威廉·塞西尔（William Cecil）[15] 和约翰·福克西（John Foxe）[16]

之史料，颇想据此完成二人传记，因上述文件皆以密码写成，故令其孙女婿学习破译之道。"9月1日和7日，欧戴斯又分别记录："克里斯托弗·耶尔弗顿（Christopher Yelverton）[17]藏书现在其后人苏塞克斯伯爵塔尔伯特·耶尔弗顿（Talbot Yelverton，1690—1731）手中，内有多册弗朗西斯·沃尔辛汉姆（Francis Walsingham）[18]的文件。"数日后他又写道："作曲家佩普施（Pepusch）[19]有许多音乐书，吾据此得以了解英国音乐及音乐家历史，彼言安妮女王有一套剧本，曾为他所有，乃购自已故女演员安妮·欧德菲尔德（Anne Oldfield，1683—1730），后又转售给女王。"欧戴斯死后，其藏书被书商托马斯·戴维斯（Thomas Davies，约1713—1785）买去并于1762年被拍卖，印本中有许多珍品，今时已不可得，当时却以贱价出售；而他的著作手稿，并不像人们所期待的一位笔耕不辍的作家那样多。显然，欧戴斯将他的手稿当作礼物，慷慨赠予或者借与他人。

欧戴斯还记录了坎特伯雷大主教官邸兰贝斯宫的藏书，书籍均置于回廊上方陈列室中，"年代最久者当属莱斯特伯爵达德利的藏书，之后几任坎特伯雷大主教都有所扩充"。后来，因为政治原因，吉尔伯特·谢尔登（Gilbert Sheldon）[20]主教收藏的弥撒书、日祷书和启蒙读物都被清除出去，与此命运相同的还有威廉·桑克罗夫特（William Sancroft）[21]主教的藏书，被人下令从兰贝斯宫转至剑桥大学的伊曼努尔学院（Emmanuel College）。欧戴斯补充说，除了回廊上方的陈列室，兰贝斯宫还有一室存放手稿，除几任坎特伯雷大主教所藏手稿外，另有乔治·卡鲁（George Carew）[22]勋爵的手稿，他曾担任爱尔兰的长官，藏书多与爱尔兰政治和历史有关。

另一位坎特伯雷大主教托马斯·泰尼森（Thomas Tenison，1636—1715）则在圣马丁巷附近建起一座图书馆，所藏多为新书，有很多门类，所有学生皆可进去阅览并研究。此外还有历史学家詹姆斯·维尔（James

Ware，1594—1666）收藏的一些爱尔兰手稿，以及克莱伦登伯爵爱德华·海德的一大部分藏书，直到人们不满这些藏书被归入泰尼森主教的藏书目录才被迁出。

达尔维奇学院（Dulwich College）[23] 有个图书馆，内有演员卡特莱特（Cartwright）收藏的剧本和很多极品画作，还有安妮女王的戏剧书，以及舞蹈教师威弗（Weever）、查尔斯·科特莱尔爵士（Charles Cotterell）、考克斯特（Coxeter）先生、庞弗雷特（Pomfret）女士和玛丽·沃特丽·蒙塔古（Mary Wortley Montague）女士的藏书。这里要讲一讲纹章官沃伯顿（Warburton），此君主要收藏英国戏剧手稿，就在 1759 年去世前不久，他竟愕然发现家中厨师用这些珍贵手稿包裹馅饼，且已用去五十多篇，其中有十二篇还是戏剧家菲利普·马辛格（Philip Massinger）[24] 的剧作手稿，从未出版过。此外再说说伦敦一些学校的藏书：威斯敏斯特学校校长威廉·马克汉姆（Williams Markham）[25] 学识渊博，人们称赞他"拓宽了学问的疆界"。他将一间废屋改造成图书馆，外观庄严，里头有大批学术书籍，其中翘楚为海格特（Highgate）的理查德·贝克（Richard Baker）[26] 的藏书。此人为历史学家，毕其漫长一生于收集"所有学科最好作者的最好版本"；圣保罗教堂教长，也是圣保罗公学创始人的约翰·科利特（John Colet）[27]，他则捐赠给学校一大批文献书，包括希伯来语、希腊语和拉丁语文献，后均毁于伦敦大火。一同遭殃的还有当时圣保罗公学校长塞缪尔·科罗姆莱赫姆（Samuel Cromleholme，1618—1672）的藏书，他的那些古代经典装帧典雅，在伦敦城里数一数二，"一生心血被毁，生命终结之步伐骤然加快"。另外两所学校，麦钱特泰勒斯（Merchant Taylors）学校和默瑟礼拜堂学校（the Mercers' Chapel），架上之书均可与圣保罗公学的媲美；基督公学（Christ's Hospital）彼时也有一间图书馆，朴素精致，书籍之外，还有地球仪和其他科学仪器，"以及带有供小伙子们学习船舶设计的缆索"。

医师学院（College of Physicians）有一些藏书，系塞尔登遗赠所得，学校藏书又因多切斯特勋爵（Lord Dorchester）亨利·皮尔庞特（Henry Pierrepont）[28] 藏书的加入而进一步丰富。他因喜好医学，竟获得医师学院研究员的资格，被视为学院的骄傲和荣耀。欧戴斯还提到另外几处藏书：犹太人在贝维斯马克思（Bevis Marks）[29] 有座图书馆，里面尽是《塔木德》《密什那》（*Mischna*）[30] 以及跟犹太教仪式有关的书；法国新教徒在萨伏伊（Savoy）[31] 有自己的图书馆；瑞典人的藏书则存放在三一巷（Trinity Lane）的教堂中。浸礼会（Baptist）[32] 教徒在巴比肯（Barbican）有一座大图书馆，而贵格会（Quaker）[33] 教徒数年间竟将教友作品攒成一间图书馆。教徒约翰·威廷（John Whiting）[34] 于 1708 年还专门编纂了目录，欧戴斯认为"较托马斯·海德（Thomas Hyde）[35] 博士为博德利图书馆所编纂目录更为精确完整"，他还补充说："某三流作家弗朗西斯·巴格（Francis Bugg，1640—1727）尝与贵格会作对，竟收藏了一批贵格会教友作品，数量之多，超过任何一位教友所藏。然余读其狂文杂录而知，此君藏书后来或赠或卖，为牛津图书馆所有。"

第三任桑德兰伯爵（Earl of Sunderlander）查尔斯·斯宾塞（Charles Spencer，1675—1722）是他那个时代了不起的藏书家，除了买下荷兰哲学家哈德良·贝弗兰德（Hadrian Beverland，1650—1716）的整批藏书，还有一大批我们之前提到过的佩图藏书。藏书之多，无人可及，尤其是经典作品。他 1722 年去世前不久还委托书商瓦里恩特（Vaillant）在弗里班（Freebairn）的藏书拍卖会上大肆买书。威廉·克拉克在他所著的《藏书目录：或英伦知名图书馆详记》曾提到，有一次，瓦里恩特在拍卖会上仅以四十六英镑买到一本维吉尔著作，狂喜之下竟将头上的帽子掷了出去。桑德兰伯爵的藏书在其次子查尔斯·斯宾塞（1706—1758）承袭马尔博罗公爵（Duke of Marlborough）的封号后，被运至布莱尼姆宫（Blenheim Palace）[36]，在 19 世纪流散，丹麦国王曾想花三万英镑从其继

查尔斯·斯宾塞肖像画。英国画家戈弗雷·内勒作品。

承人手中买下，未果。汉弗莱·万利彼时正担任牛津伯爵哈利父子的图书管理员，这位忠心耿耿的学者只要看到一本好书，即使是在一个公共机构里，都会情不自禁地为之感到遗憾："此书若在我家大人书房中，当更适宜。"桑德兰伯爵的死讯使万利意识到或许会给哈利父子藏书带来机遇："伯爵的去世，意味着他再也不能将书价无限抬高，其他人便有机会以不到四十或五十英镑的价格买到一本非同寻常的旧书。"但若能听到文物学家托马斯·贝克（Thomas Baker，1656—1740）的抱怨，不啻对万利此说的反驳。贝克是剑桥大学一位学者，死后将自己平生所藏四千多册书籍赠给剑桥大学圣约翰学院。他曾说："富人们为旧书一掷千金，书价之高，令穷学者望尘莫及，深以为苦。每当我为一本旧书给出公平之价，总有人提醒，那些绅士出价会两倍于此，无奈只得勉力从之。"

　　历代彭布罗克伯爵（Earls of Pembroke）都是学术赞助人，第八代伯爵托马斯·赫伯特（Thomas Herbert，1656—1733）与桑德兰伯爵、哈利

理查德·米德肖像画，英国画家阿兰·拉姆齐作于1747年。

父子、理查德·米德（Richard Mead）[37]等杰出人物生活在同一时代，即英国文学的奥古斯都时期（Augustan Age of Britain）[38]。他在威尔特郡威尔顿（Wilton）的庄园里收藏了一大批古典书籍和早期印本，其后人亨利·赫伯特（Henry Herbert，1693—1749）又增添了许多与建筑学、传记和钱币学有关的藏书。爱书嗜书的贵族还有很多，如萨莫森勋爵（Lord Somers）有一些与法律和英国历史有关的书籍散页，后来归入一套著名的出版物，卡伯里勋爵（Lord Carbury）爱好神学书，肯特伯爵（Earl of Kent）则热衷于收藏家谱，辛努尔伯爵（Earl of Kinnoul）颇多数学和民法书，科尔雷因勋爵（Lord Coleraine）则效仿肯尼特主教（Bishop Kennett，1660—1728），建了一个"生物学图书馆"。

　　另一位藏书家理查德·史密斯（Richard Smith）[39]因在查理二世时期开启了对卡克斯顿印本的追逐而为人所知，欧戴斯撰文时，这一趣味尚为人所轻，后来却演变为一种疯狂的嗜好。不像其他贵族，理查德·史密斯出身底层，据说他一生中的大部分时间无日不造访莫尔菲尔德（Moorfields）、小不列颠和圣保罗教堂园这些售书之地，断不能接受自己与那些稀世珍版失之交臂。

林肯律师学院的约翰·布里奇斯（John Bridges）[40]是另一位著名藏书家，他的藏书于1726年被拍卖，价格之高，世人皆疑其遗嘱执行人在耍花招。汉弗莱·万利失望之余，愤然指出这是一桩不诚实的拍卖。他抨击那些卖家的嘴脸，"竟要射出鱼叉来"。日记作家托马斯·赫恩（Thomas Hearne，1678—1735）曾到布里奇斯生前的办公室去观看拍卖过程，他写道："吾闻万灵学院某绅士出价八先令欲求一册《荷马史诗》，然价格竟飙升至六基尼。想必世人更青睐书籍外表，而非真正想读它。"拍卖目录中有些条目颇有意思，一本1488年的《荷马史诗》第一版，印于佛罗伦萨，还是大开本，售价仅为一本阿尔定版李维著作的四分之一。牛津伯爵爱德华·哈利入手了一本安色尔字体的卢奇安著作和一本为亨利七世而作的豪华彩饰弥撒书。目录中还提到一部开本很大的波利提安著作，有两册，草草写着"为格罗利耶和其友人装帧"。目录压轴之作乃古罗马诗人贺拉斯的一部手稿，内有一帧诗人肖像，甚为精美，为匈牙利国王马提亚斯·科维努斯所藏。

至于理查德·米德，所有世间好书皆顺理成章地于这位名医处觅得归宿，塞缪尔·约翰逊说他"比世人沐浴到更多的阳光"，蒲柏也曾说过："稀有手稿留给哈恩，书籍给米德，蝴蝶就留给斯隆吧。"米德有一大批精美收藏，是他从罗马四处淘来的，里头有很多早期印本经典。他还有一些法语和艺术类书籍，均装帧豪华，乃稀世珍品。这些书于1754年拍卖，售价甚高。米德还曾自费出版法国历史学家雅克·德图的名著《我们时代的历史》，七卷对开本，为米德在文学上的主要成就之一。他将从一位兄弟那里继承来的大笔遗产用于这一事业，要求书上不能有一点奢华浮艳的元素，墨水和纸张均从荷兰购得，历史学家托马斯·卡特（Thomas Carte，

1686—1754）还曾受米德委托，前往法国"翻检德图手稿"。

欧戴斯书里还提到了一些古怪收藏，并指出这将转变为一种受人讥讽的嗜好，例如伦敦法学院大楼里的某位律师收藏了一些占星术、巫术和魔幻类书，木炭商托马斯·布雷顿（Thomas Britton）[41]有套精美的化学书，还有一大堆音乐书，好多都被他的手指戳坏了。大名鼎鼎的约翰·德雷顿（John Dryden）[42]和他

托马斯·布雷顿肖像画。英国画家约翰·沃拉斯顿作于1703年。

之后的威廉·康格里夫（William Congreve）[43]都喜欢收藏古老民谣和廉价的故事书，与之有同好的还有那位写了《忧郁的剖析》（*The Anatomy of Melancholy*）的罗伯特·伯顿（Robert Burton）[44]，以及理查德·罗林森和托马斯·赫恩。海军大臣塞缪尔·佩皮斯赠给剑桥大学莫德林学院

塞缪尔·佩皮斯肖像画。英国画家约翰·海尔斯作于1666年。

一大批藏书，对开本中赫然可见用黑体字印刷的民谣和一些廉价小册子，分别取名为《一便士的欢乐》（*Penny Merriments*）、《一便士的妙语》（*Penny Witticisms*）、《一便士的赞美》（*Penny Compliments*）、《一便士的信仰》（*Penny Godlinesses*）。作家罗伯特·萨姆巴（Robert Samber，1682—约1745）则喜欢收藏随处可见的烟草包装纸，从而使自己摇身一变为鉴赏家。

若论对此类玩物之痴迷，谁也敌不过托马斯·罗林森，他的巨量收藏在他死后经由十七八次拍卖会开始流散，末次拍卖是在1733年。我们这个时代的理查德·希伯（Richiard Heber）[45]也属此类人转世，希伯说过："每位绅士每本书应备上三本，一本用于展示，一本自用，一本借人。"此君会将他所见之物一网打尽，或车载，或船运，或整批买下，有时看都没看一眼。就算是世间最狂热的书痴，都会对着他那些同一本书的副本、四本或者成倍的版本露出不屑。

至于托马斯·罗林森，鉴于他无休止无节制地买书，藏书早已汗牛充栋，他住在格林律师学院，房间书满为患，已无睡床容身之地，只好委身外间走廊。有人将他比作约瑟夫·阿狄生（Joseph Addison）[46]讽刺随笔中的"汤姆对开本"（Tom Folio）[47]，一位在各种鬻书和拍卖场合无孔不入、无处不在的藏书家。批评家认为书志研究只适合"博学的白痴"（learned idiot），托马斯·赫恩则挺身而出，捍卫朋友的荣誉，反驳这种迂腐指控，认为"只有浅陋无知的小丑才会有这种偏见"。

罗林森猎书之勤之贪，穷尽言辞也难以形容，纵使他已有某本书的二十个版本，依然乐意为第二十一个"与众不同、外观更美、开本更大的"版本掏腰包。他的藏书成倍增加，嗜书之狂亦与日俱增，欧戴斯说他活在成堆、成捆、成堡垒的书中，尘土飞扬，蛛网密结，死时亦如此。

理查德·米德死后，他在藏书界的地位被安东尼·艾思丘（Anthony Askew）[48]取代。艾思丘遍游各地，寻访珍本和大开本书。艾氏藏书于1775年被拍卖，迪布丁曾描绘过这一盛况，面对那些精美的对开本和闪闪发光、印在犊皮纸上烫着金点的十二开本，矜持如他亦难以自持。据说这次拍卖开启了书志学的新纪元：一本古代经典的好版本售价之高到了难以置信的地步。不过这种变化早在米德在世时就已开始，而约瑟夫·史密斯（Joseph Smith）[49]亦对此贡献不小，他曾担任英国驻威尼斯领事，自那时起，就开始收集早期印本和经典作品。史密斯第一批藏书于

1762 年被乔治三世买去，成为现今大英博物馆里 "国王图书馆"（King's Library）[50] 的精华，他后来的藏书则在 1773 年被公开拍卖。此外，我们还应提一下奥斯特利庄园（Osterley Park）藏书，这些藏书最早由海关关长布莱恩·费尔法克斯（Bryan Fairfax，1676—1749）收集，他死后遗赠给亲戚罗伯特·费尔法克斯，1756 年，罗伯特又将这些藏书全部卖与银行家弗朗西斯·蔡尔德（Francis Child）[51]，蔡尔德将其收藏于自家豪宅奥斯特利庄园内。随着蔡尔德后人 1819 年与杰西伯爵（Earl of Jersey）乔治·蔡尔德·维利埃（George Child Villiers，1773—1859）联姻，这些书连同奥斯特利庄园一起又归杰西家族所有，近些年开始流散。

艺术史家霍拉斯·沃波尔（Horace Walpole）[52] 曾提及好友托普汉姆·伯克勒克（Topham Beauclerk）[53] 的藏书，言托氏将三万多册藏书放在 "伦敦到海格特（Highgate）间一栋建筑里"。藏书分为两部分，一部分为古代经典，另一部分主要与英国历史文物有关。伯克勒克藏书于 1783 年拍卖，是最后一批百科全书式的藏书。另一位藏书家托马斯·克罗夫斯（Thomas Crofts，1722—1781），除一批跟希腊、罗马有关的书籍珍品外，他还收藏了异常丰富的文献类书、意大利文学书、旅行书以及部分跟斯堪的纳维亚半岛有关的书，欧戴斯说："简洁无比的标题下，或有一或多篇罕见的文章出现，然于繁杂门类中，最令人称道且赏心悦目者当为那些文学珍宝。"

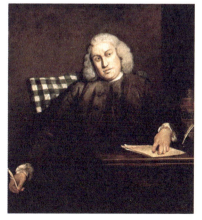

塞缪尔·约翰逊的藏书在 1785 年一场为期四天的拍卖中流散，有关这场拍卖的一个目录抄本近期由文学俱乐部（Literary Club）[54] 重印，其中最有价值的当属一本 1594 年在

塞缪尔·约翰逊肖像画。英国画家约书亚·雷诺兹作品。

法兰克福印刷的《圣经》对开本，塞缪尔·约翰逊曾用这本书将一位对他横加羞辱的书商打翻在地。不过人们普遍认为，他堆放在满是灰尘的地板上的 662 种学术书籍，拍卖所获应寥寥无几。约翰逊对当时藏书界滥觞的风气颇不以为然，并且在随笔集《漫步者》（Rambler）中虚构了一个人数有限的藏书家俱乐部，并对俱乐部成员的个性和嗜好作了一番描绘，语带讥讽。里面有一位坎提勒努斯（Cantilenus）[55]，因为得到一本首版的《林中小孩》（The Children in the Wood）[56]而得意忘形；还有一位古董家，为一份失踪的《伦敦公报》（London Gazette）[57]而坐立不安辗转反侧，却蓦然发现这份报纸被当作烟草包装纸摆在他面前。还有一位藏书家赫苏图斯（Hirsutus），酷爱哥特体，"小心翼翼地积攒起所有的英语哥特体书籍"，成功集齐卡克斯顿印本后，还想入手两卷完好的平森（Pynson）[58]印本。今天的人们已经无法理解这些做法，但在那些收藏家眼中，一本书若以罗马字体或者哥特字体印刷，绝不应被埋没，他们会将之视如珠玉。博蒙德赛的约翰·拉克里夫（John Ratcliffe，约 1740—1781）就是这些哥特体党中一员，他是蜡烛商和杂货商，得身份和职业之便，可以论斤买旧书。据说他的收藏热情竟来自熟读那些包装商品的旧书，他将自己的藏书存放在博蒙德赛东巷的宅子中，到他 1776 年去世时，已经有三十多本卡克斯顿印本，内容涵盖诗歌、骑士小说和历史著作。对于新一代藏书半吊子而言，他的收藏比头脑精明的皇家学会主席詹姆斯·怀斯特（James West）[59]的庞杂英语藏书更珍贵，若论精致，又远胜在其死后于 1788 年流散的托马斯·皮尔森（Thomas Pearson）[60]少校的"大杂烩"（omnium gatherum）收藏和理查德·法穆尔（Richard Farmer）[61]博士那一大堆破破烂烂的旧剧本和臭烘烘的发霉了的歌谣本。

　　法国藏书家帕里斯·德·梅济约（Paris de Meyzieux，1718—1778）也有一批精美藏书，1791 年在伦敦分三次被拍卖，这一幕被迪布丁写到了书里，他说那些书痴们在迎接巨大的狂喜之前，得用冰块先让自己冷静下来。他自己也承认，看到尼古拉·加尼（Nicolas Jany）的彩饰图画、雪白的彼特拉克著作和印在犊皮纸上的维吉尔著作后，自己对生活已别无他求："仅仅看到这三本书，我便可以在平静幸福中，躺在幽暗坟墓中长眠不醒。"帕里斯的藏书中还有一本祈祷书，是为法王弗朗索瓦一世制作，曾为拉瓦利埃公爵所有，后被马克·塞克斯（Mark Sykes）[62]买去，成为他斯莱德米尔庄园（Sledmere）的宝藏之一。

藏书家罗伯特·希思科特（Robert Heathcote）的精美藏书中，不但有埃尔泽维尔的十二开本珍品，还有格罗利耶收藏的阿尔定版书，高雅庄重。据说，书籍都是在"一个令人欢愉的时刻"轻松地来到他手中的，这一点应该令这些书的前任主人感到惭愧。大约在1807年，他的藏书被另一位藏书家约翰·登特（John Dent）[63]买去，二十年后，正值"书痴病"让位于对廉价实用书籍的追捧，其藏书被低价拍卖。

到了1810年，"书痴病"依旧高烧不退，本杰明·希思（Benjamin Heath）[64]朴素的古典书竟被人们高价抢购，托马斯·斯坦利（Thomas Stanley）上校的藏书则为那一时期的趣味代表："有罕见的西班牙语和意大利语诗歌、小说和浪漫文学，有西奥多·德·布里（Theodor de Bry）[65]的美洲探险书及精美的古典书，以及某套笑话集中的一册书。"这批藏书于1813年被卖掉，之前数星期是外科医师约翰·亨特（John Hunter）[66]的藏书拍卖，目录与斯坦利上校的相类似。紧随其后的是艾萨克·格斯特（Isaac Gosset）[67]的藏书拍卖，持续了二十三天，里头有各种神学书和文献珍品。数月后又是约翰·汤奈利（John Towneley，1731—1813）爵士的藏书拍卖，他有一本教皇英诺森四世（约1195—1254）的主教仪典书，一本出自罗马法尔内塞宫、由朱利奥·克洛维奥（Giulio Clovio）[68]手绘插图的弥撒书。汤奈利还有一部大约成书于13世纪的《荷马史诗》，人称"汤奈利的伊利亚特"（Towneley Iliad），颇为著名，后被学者查尔斯·伯尼（Charles Burney，1757—1817）买去，和其他藏书一起入藏大英博物馆。查尔斯·伯尼是位教士，曾在剑桥大学就读，其间曾被指控偷窃图书馆藏书，或用于偿债，因此被学校开除。但有意思的是，他日后竟成为藏书家，收藏了一万三千多册书籍和更多的报纸，后来均被大英博物馆购去。1816 年，诗人迈克尔·伍德赫尔（Michael Wodhull）[69] 撒手人寰，他孜孜不倦地往返于伦敦和巴黎的拍卖会购买好书，竟达半个世纪。他的藏书于近期拍卖，让世人得以见识其一生精选珍品，均由他信任的装帧师罗杰·派伊（Roger Payne）用俄罗斯软革装帧，扉页上有他手书的购书说明，十分珍贵。至于那位威廉·贝克福德，我们不必详列他成功人生的各种故事，也不必赘述他建造方克希尔修道院的壮举和他与女婿汉密尔顿公爵（1767—1852）藏书的豪华，只说他当年买下历史学家吉本的藏书，"只为途经洛桑期间有书可读，"贝克福德自述，"大约六个星期，吾独处一室，不与人往来，自旦至暮，手不释卷，仅偶尔骑马以略作休憩，人皆以为吾疯癫痴狂，读书之勤，竟至双目近盲。"贝克福德后来将这些书赠给自己的医生斯库尔（Scholl），它们于 1833 年被拍卖，大部分散落世界各地，有些据说还保存在洛桑的公共图书馆中。

藏书家们比拼阶层和财富是这一时期的标志，迪布丁描绘过这种荷马式的竞赛，不过也有一种比较温和的战争，例如他写在一本奥尔索普卡克斯顿印本上的注解，表现出了一种绅士式的礼让。该印本原属一位名叫乔治·梅森（George Mason）的藏书家，在他的藏书拍卖会上被罗克斯伯勒公爵（Duke of Roxburghe）[70] 买去，迪布丁算是公爵的一个竞争对手："公爵和在下有言在先，不在拍卖会上互争高下，得手后靠掷硬币决定最终归属，结果在下手气欠佳，书竟归公爵所有，日后又于公爵藏书拍卖会上购回，费资 215 英镑 5 先令。"罗克斯伯勒公爵主要钟情于英国文学、意大利诗歌和有关亚瑟王的圆桌骑士的传奇，他去世前不久，又开始倾尽全力收集戏剧作品。正是在罗克斯伯勒拍卖会上，早期威尼斯印刷师克里斯托弗·瓦尔德斐（Christophorus Valdarfer）印制的一本薄伽

第三任罗克斯伯勒公爵乔治·科肖像画。意大利画家蓬佩奥·巴托尼作于1761年。

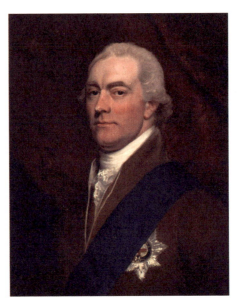

乔治·斯宾塞肖像画。美国画家约翰·辛格顿·科普雷作于1800年左右。

丘的《十日谈》被布兰福德勋爵（Lord Blandford），即后来的第五任马尔博罗公爵乔治·斯宾塞·丘吉尔（George Spencer Churchill）[71] 以 2260 英镑的天价一举拿下，创下当时单本书的销售纪录。这本《十日谈》被收入布兰福德位于伯克郡雷丁附近的白骑士庄园（White Knights）。庄园的豪华藏书中除了一些极为珍贵的英语书籍，还有那本著名的《贝德福德祈祷书》，以及另外一本法王弗朗索瓦一世之母路易斯王太后送给玛格丽特·昂古莱姆公主的弥撒书，以及书法家尼古拉·加尼（Nicolas Jany）的一本书。1819 年 6 月 17 日，为偿债务，白骑士庄园藏书被公开拍卖，那本瓦尔德斐版《十日谈》最终在奥尔索普找到归宿。庄园主人乔治·斯宾塞伯爵凭借运气和对书籍之爱，以及他那位学识渊博的图书管理员迪布丁的帮助，建起一间无与伦比的藏书宝库，被书志学家雷努阿尔称为"欧洲最好的私人收藏"，此评价当十分公允。

注 释

第一章

1. 纪尧姆·波斯塔尔（Guillaume Postel，1510—1581），法国 16 世纪语言学家、天文学家、外交家。

2. "大洪水"，世界多个民族共同的关于洪水灭世的传说，此处指的是《旧约》里诺亚方舟的故事。

3. 闪（Shem），《圣经·旧约》中诺亚（Noah）的长子，被认为是闪米特人（Semites）的祖先。

4.《以诺书》（*Book of Enoch*），以诺为《圣经·旧约》中"大洪水"之前的希伯来族族长，诺亚的曾祖父。《以诺书》是一部假托以诺之名、大约成书于前 3 世纪至 1 世纪的启示文学作品，记载了在"大洪水"之前以诺与上帝同行 300 年期间所见的异象，在早期教会中颇有影响。但从 4 世纪起，人们开始怀疑其真实性，遂将其归入伪经范畴。现仅有埃塞俄比亚东正教会将其视为正典的一部分。

5. 本都（Pontus），前 3 世纪至 1 世纪以安纳托利亚地区为中心的一个希腊化国家，"Pontus"为希腊文"Pontos"的音译，意为"海"（指黑海），因位于小亚细亚东北部、黑海东南沿岸，故名。前 281 年由波斯贵族米特里达梯一世（Mithridates Ⅰ）建立，到米特里达梯六世（Mithridates Ⅵ）时达到强盛，与罗马进行了一系列战争，史称"米特里达梯战争"（Mithridatic Wars）。前 63 年被罗马征服，一部分并入罗马的本都－俾提尼亚行省（Bithynia et Pontus），另外一部分成为罗马共和国的附属国，62 年正式并入罗马帝国，成为罗马的本都省。

6. 尼尼微（Nineveh），古代亚述帝国首都，其址位于现伊拉克北部尼尼微省，底格里斯河东岸，隔河与摩苏尔相望。这里曾挖掘出前7世纪亚述国王亚述巴尼拔（Ashurbanipal）的泥板图书馆，是现今发掘的古文明遗址中规模最宏大、保存最完整、书籍最齐全的图书馆。

7. 埃克巴塔那（Ecbatana），今伊朗西部城市哈马丹（Hamedan）旧称，前8世纪末建城，曾为米底亚（Media）王国都城，前550年被波斯国王居鲁士占领，成为阿契美尼德王朝（Achaemenid Empire，约前550—前330，也称作波斯帝国）行都。前330年后，相继附属于马其顿、塞琉古、波斯、阿拉伯等国。《旧约·以斯拉记》曾提到在埃克巴塔那的宫中发现波斯国王居鲁士的一卷诏令，要在耶路撒冷建立神殿，并且要将之前被巴比伦国王尼布甲尼撒（Nebuchadnezzar）从耶路撒冷劫掠到巴比伦的金银器皿归还，按原处放回耶路撒冷的圣殿。

8. 尼希米（Nehemiah），前5世纪犹太人领袖，其名含义为"耶和华的安慰"（comfort of Jehovah），来自希伯来语，曾在波斯国王阿尔塔薛西斯（Artaxerxes）的宫廷任酒政（Cupbearer）。得知犹大省的犹太幸存者陷入危难，耶路撒冷的城墙倒塌后，他请求国王允许自己重建耶路撒冷，得到阿尔塔薛西斯应允，并被任命为犹大省省长，他率众仅用52天就重建了耶路撒冷城墙。其事迹见《旧约·尼希米书》（Book of Nehemiah）。

9. 马加比家族（Maccabees），前2世纪中期至前63年领导犹太人反对塞琉古王国的巴勒斯坦地区世袭祭司长家族。据基督教次经《马加比传》（Books of the Maccabees）记载，约前2世纪，耶路撒冷一位名叫玛他提亚（Mattathias）的乡村老祭司拒绝塞琉古国王让百姓向异教诸神献祭的命令，杀死强迫献祭的官吏，带领5个儿子及支持者发动起义，由此爆发了马加比起义。起义和家族的名称来源于马加比诸子之一的绰号"马加比"（意为"锤子"）。前164年，玛他提亚的儿子犹大·马加比（Judas Maccabee）控制了全部犹大地区，并收复耶路撒冷，建立马加比王朝。后于前63年被罗马人征服。

10. 拉美西斯（Ramesses），古埃及新王国时期（New Kingdom，前1553—前1085）11位埃及法老（Pharaoh）。

11. 塞拉比斯（Serapis），古希腊和古埃及地下之神。

12. 即欧麦尔·伊本·哈塔卜（Umar ibn al-Khattab，584—644），伊斯兰教历史上第二个正统哈里发（Caliph），被称为欧麦尔一世，来自穆罕默德所在的古莱什（Quraysh）部落哈希姆族，穆罕默德的岳父、助手和顾问。即位哈里发后，发动大规模的战争，相继征服叙利亚、巴勒斯坦、伊拉克、波斯和埃及等地。据 13 世纪埃及学者伊本·基夫提（Ibn al-Qifti）所著《贤人传》（*History of Learned Men*）记载，642 年，阿拉伯军队在阿穆尔（Amr，约 585—664）的率领下进入埃及亚历山大城，他请示欧麦尔如何处置亚历山大图书馆里的藏书，据传欧麦尔下令："如果这些书与《古兰经》内容一致，则无保存之必要；如果不一致，则应销毁。"于是阿穆尔下令将所有馆藏图书烧毁。

13. 以弗所（Ephesus），古代小亚细亚西岸城市，今位于土耳其西部塞尔丘克镇。

14. 奥朗提斯河（Orontes），发源于黎巴嫩，流经叙利亚和土耳其，注入地中海。

15. 安提俄克（Antioch），古叙利亚首都，后并入罗马帝国，为帝国第三大重要城市，遗址位于土耳其南部城市安塔基亚（Antakya）附近。

16. 塔尔苏斯（Tarsus），土耳其中南部城市，位于塔尔苏斯河畔，《圣经》中使徒保罗的出生地。

17. 帕加马王国（Pergamum，前 281—前 128），马其顿人在小亚细亚西北部的帕加马城建立的王国，濒临爱琴海，由帕加马总督菲勒泰罗斯（Philhetairos）于前 284 年建立。在阿塔罗斯一世（Attalus I，前 269—前 197）统治时期，势力渐强。王国有一规模宏大的图书馆，藏书达 20 万卷，仅次于亚历山大图书馆。老普林尼曾说："在亚历山大和帕加马兴建图书馆的国王们陷入激烈的竞争。"因埃及的托勒密王朝禁止纸莎草出口，帕加马人发明了羊皮纸（parchment）。

18. 阿塔罗斯王朝（Attalid dynasty），帕加马王国最后的统治王朝，得名于阿塔罗斯一世，一共传位七代，统治了 154 年，后在塞琉古王国和埃及的威胁下投靠罗马，末代国王阿塔罗斯三世（Attalus III，前 138—前 133 在位）立下遗嘱，将国家交给罗马。前 133 年，阿塔罗斯三世逝世，帕加马归并于罗马，成为罗马的亚细亚行省。

19. 马克·安东尼（Mark Antony，约前 83—前 30），古罗马政治家和军事家，恺撒死后，以"后三巨头"之一的身份主管东方各省，成为埃及艳后克利奥帕特拉的情夫和盟友，在与屋大维的军事争霸中失利而被迫自杀。

20. 薛西斯一世（Xerxes I，约前 518—前 465），波斯帝国第五位国王，曾率军入侵希腊，洗劫雅典，但在萨拉米斯（Salamis）湾海战中被击败，死于皇室禁卫军首领阿塔班努斯（Artabanus）发动的宫廷政变。

21. 萨摩斯（Samos），爱琴海中斯波拉泽斯群岛岛屿，靠近土耳其，新石器时代即有人居住。前 11 世纪爱奥尼亚人迁入，为爱奥尼亚一部分。前 6 世纪僭主波利克拉特斯统治时经济发达，成为希腊重要的经济和文化中心之一。诗人阿那克里翁（Anacreon，约前 570—约前 480）和寓言作家伊索曾在此居住，也是学者毕达哥拉斯的出生地。后归属埃及托勒密王国和帕加马王国。前 129 年并入罗马版图，属亚细亚行省。

22. 波利克拉特斯（Polycrates），萨摩斯岛的僭主和统治者，一度以海盗方式横行海上，后被波斯行省总督奥洛特斯诱至大陆，钉死在十字架上。

23. 庇西特拉图（Pisistratus，约前 600—前 527），古希腊雅典僭主，出身于贵族家庭，前 560 年借助下层平民支持，攻占雅典，建立僭主政治。在位期间，制定一系列奖励农工商的政策，大规模推进海外贸易，注重文化建设，广招学者，编定《荷马史诗》官方文本，极大地推动了雅典政治、经济、宗教和文化发展。据葛硫斯《阿提卡之夜》记载，庇西特拉图是第一个在雅典建立七艺图书馆的人，薛西斯占领雅典后，将全部藏书掳掠至波斯，很长时间之后才由塞琉古一世带回雅典。

24. 托勒密王朝（Ptolemaic dynasty，前 305—前 30），或称托勒密王国，由马其顿君主托勒密一世（Ptolemy I Soter，约前 367—前 282）在埃及建立的希腊化国家，定都亚历山大城，直到前 30 年女王克利奥帕特拉七世兵败自杀、其子托勒密十五世（小恺撒）再为屋大维所杀为止，历经 275 年，托勒密王朝所有国王均称托勒密，女王则叫克利奥帕特拉，且常以兄弟姐妹之间通婚来延续王族血脉。

25. 指忒欧斯的亚贝里康（Apellicon of Teos，？—前 84），前 1 世纪雅典著名藏书家，曾从塞普希斯的纳留斯（Neleus of Scepsis）的家人手中买下了亚里士多德和其学生塞奥弗拉斯托斯的手稿和藏书，这些手稿和藏书由塞奥弗拉斯托斯生前赠予其弟子纳留斯。为避免被帕加马王国国王征用，纳留斯的家人将手稿和藏书藏到地窖里。前 1 世纪，藏书被亚贝里康买去。亚贝里康试图修复上面的损伤，并制作了一些新抄本，但错误很多。前 84 年，罗马将军苏拉占领雅典后，将亚贝里康的藏书运至罗马，亚里士多德的手稿被交到语法学家提拉尼翁手中，编辑抄传。后来逍遥学派（peripatetic）哲学家罗德斯岛的安德罗尼珂（Andronicus of Rhodes）在此基础上精心编订注释，并于前 40 年出版《亚里士多德著作集》。

26. 即卢基乌斯·科尔内利乌斯·苏拉（Lucius Cornelius Sulla，前 138—前 78），古罗马政治家、军事家和执政官，曾率军队与本都国王米特里达梯六世作战，史称"第一次米特里达梯战争"。

27. 朱古达（Jugurtha，前 156—前 104），努米底亚国王，前 112 年发动反抗罗马的朱古达战争，被盖乌斯·马略（Gaius Marius）和苏拉击败，被俘后关押于罗马的图里亚努姆（Tullianum）监狱，前 104 年被饿死。

28. 指朱巴二世（Juba Ⅱ，前 48—23），努米底亚国王，后为毛里塔尼亚国王，其妻为马克·安东尼与克利奥帕特拉的女儿克利奥帕特拉·塞勒涅二世（Cleopatra Selene Ⅱ）。朱巴二世在罗马长大，学问渊博，爱好文学、历史，著有一系列关于拉丁历史、地理、语法、绘画、戏剧的著作，并有大量藏书。

29. 即马库斯·阿蒂利乌斯·雷古鲁斯（Marcus Atilius Regulus，约前 307—前 250），罗马共和国时期政治家和将军，曾在前 267 年和前 256 年担任罗马共和国执政官。前 255 年在第一次布匿战争（The First Punic War）中战败，雷古鲁斯及 500 名罗马士兵被迦太基的斯巴达雇佣军首领桑提普斯俘获，之后经历并无确切记载。罗马诗人贺拉斯在其《诗艺》中提到，迦太基人释放了雷古鲁斯并企图使之劝说罗马人议和，但雷古鲁斯回到罗马后在元老院发表演说，提出决不能与迦太基人议和并自愿回迦太基受酷刑而死。

30. 珀尔修斯（Perseus，约前 212—前 166），马其顿王国安提柯王朝（Antigonid dynasty）最后一任国王，彼得那战役（Battle of Pydna）中被保卢斯率领的罗马军队打败并被俘虏，马其顿随后被罗马人统治。

31. 即卢基乌斯·埃米利乌斯·保卢斯（Lucius Aemilius Paullus，前 229—前 160），古罗马政治家和军事家，是罗马共和国时期杰出的将领。

32. 盖乌斯·阿西尼乌斯·波里奥（Gaius Asinius Pollio，前 75—4），罗马政治家、军事家和历史学家，早年曾随恺撒出征，前 40 年出任罗马执政官，建立罗马第一座公共图书馆，并赞助诗人维吉尔和贺拉斯。

33. 达尔马提亚（Dalmatia），今克罗地亚地区，邻亚得里亚海，其名称来源于前1000年生活在亚得里亚海东海岸一个名叫达尔马提亚的伊利里亚人（Illyrian）部落。前4世纪到前168年为伊利里亚王国（Illyrian Kingdom）的一部分；前27年成为罗马伊利里亚行省一部分。后伊利里亚行省一分为二，北部为潘诺尼亚省，南部则为达尔马提亚省，今均位于克罗地亚境内。

34. 图密善（Domitian，51—96），罗马帝国皇帝，弗拉维王朝（Flavian dynasty）最后一位皇帝，81—96年在位，以统治残暴闻名。

35. 图拉真（Trajan，53—117），罗马帝国皇帝，98—117年在位，为"罗马帝国五贤帝"之一，罗马帝国在其统治下达到全盛。

36. 戴克里先（Diocletian，约245—313），罗马帝国皇帝，284—305年在位。

37. 即卢基乌斯·李奇尼乌斯·卢库鲁斯（Lucius Licinius Lucullus，前118—前56），罗马共和国晚期执政官、军事统帅，因其对本都的战争获"本都的卢库鲁斯"称号。在战争中为自己聚敛起巨额财富，拉丁文形容词luculan（意为"奢侈的"）与英文luxurious即得自其名，以巨富和举办豪华大宴著名，其盛宴被称为"卢库鲁斯盛宴"。他将自己从本都劫掠来的书籍存放在图库伦的别墅里，向学者开放。

38. 米特里达梯六世（Mithridates VI，前135—前63），古代小亚细亚王国本都国王，前120—前63年在位，米特里达梯战争战败后逃至黑海北岸潘提卡派翁（Panticapaeum），途穷自杀。本都王国灭亡。

39. 塞涅卡（Seneca，前4年—65），古罗马政治家、哲学家和剧作家，斯多葛学派主要代表人物，暴君尼禄的老师，尼禄即位后升为执政官，后失势隐退，65年因涉嫌谋杀尼禄而被尼禄勒令自杀。一生写过9部悲剧，另有随笔集《道德书简》《论仁慈》《论愤怒》等。

40. 卢奇安（Lucian，约125—约192），又译"琉善"，古罗马讽刺作家和修辞学家，著有《真实的历史》《死者对话录》《众神对话录》和《谎言之爱》等。

41. 柏勒洛丰（Bellerophon），古希腊神话中的科林斯（Corinth）英雄，因杀人流亡到提任斯（Tiryns），被国王普洛托斯（Proetus）收留，后因拒绝王后安忒亚（Anteia）引诱而遭陷害。普洛托斯派他带着一封密信到其岳父吕喀亚（Lycia）国王伊俄巴忒斯（Iobates）那里，密信要求伊俄巴忒斯处死柏勒洛丰，伊俄巴忒斯十分为难，遂派柏勒洛丰去消灭危害吕喀亚的喷火女怪奇美拉（Chimera），在众神帮助下，柏勒洛丰乘着飞马珀伽索斯（Pegasus）将奇美拉射死。

42. 萨拉森人（Saracens），中世纪时对阿拉伯人的称呼。

43. 阿索斯圣山（Athos），位于希腊东北部的一座半岛上，近爱琴海，山上多修道院，1054 年成为宗教圣地，1926 年被希腊政府批准为东正教僧侣的自治区。

44. 帕特摩斯岛（Patmos），爱琴海东南部一个小岛，传说圣约翰被罗马人流放至此，在岛上得到天启，写下《启示录》。

45. 圣庞非勒（St. Pamphilus，？—309），巴勒斯坦恺撒利亚地区教士，出生于贝鲁特，曾到亚历山大城游学，醉心于奥利金的学说，是尤西比乌斯的老师和朋友，309 年死于罗马皇帝戴克里先的宗教迫害。其事迹记录在尤西比乌斯所著《巴勒斯坦殉教者传》（*Martyrs of Palestine*）中。

46. 恺撒利亚（Caesarea），位于地中海东岸，罗马帝国时期巴勒斯坦最重要的港口，现属以色列，居特拉维夫和海法之间。

47. 奥利金（Origenes，约 185—约 254），早期基督教神学家，出生于亚历山大城。先后在亚历山大城和恺撒利亚主持基督教教理学校，一生致力于校勘希腊文《旧约》和注释《圣经》。著有《论真理》《驳塞尔索》等。

48. 尤西比乌斯（Eusebius，约 260 或 275—339），罗马帝国时期巴勒斯坦恺撒利亚地区主教，对早期基督教历史、教义多有贡献，被后人称为"基督教历史之父"，著有《教会史》（*Ecclesiastical History*）。

49. 圣哲罗姆（St. Jerome，约 342—420），早期基督教神学家。生身于罗马境内达尔马提亚一基督教徒家庭，359 年到罗马求学。366 年加入基督教。后旅行至东方，在叙利亚的卡尔基斯荒漠中苦修，学习希伯来文。378 年回安提俄克任神甫，后去君士坦丁堡从事神学研究。382 年任罗马主教（教皇）达马苏一世（Damasus I）的教务秘书，受命编译统一的拉丁文《圣经》，历经 20 多年，于 405 年编译完成，被天主教奉为最佳古本拉丁文《圣经》，即通用拉丁文本《圣经》（中文称《武加大》，*Vulgate*），1546 年特伦特会议（Council of Trent）规定该版为天主教唯一权威拉丁文本

《圣经》。此外，圣哲罗姆还将尤西比乌斯的《编年史》译为拉丁文，并编著《名人传》《圣经注释》等，对中世纪拉丁文学、《圣经》研究和历史有重大影响。

50. 泰尔紫（Tyrian purple），用骨螺科贝类的分泌物染制而成的天然紫红色染料，又名"骨螺紫""帝王紫"。最早使用泰尔紫的是腓尼基人，他们以地中海中的骨螺为原料，在泰尔（今属黎巴嫩）建立染色中心，所以被称作泰尔紫。泰尔紫在古代是重要的染料和权力的象征，有时还充当书写工具。

51. 克洛伊索斯（Croesus，？—前546），小亚细亚国家吕底亚最后一任国王，以富有著称，后被波斯国王居鲁士灭国。

52. 指"背教者尤里安"（Julian the Apostate，331—363），罗马帝国皇帝，君士坦丁大帝之侄，君士坦丁之后罗马帝国唯一非基督教帝王，在位期间，恢复多神教为罗马官方宗教，并下令摧毁基督教教堂，故得名"背教者"（the Apostate）。

53. 卢泰西亚（Lutetia），罗马时代的城镇，为巴黎的前身。

54. 约维安（Jovian，331—364），罗马帝国皇帝，在"背教者尤里安"死后拥兵自立，并恢复基督教为国教，在位仅8个月。

55. 波斯波利斯（Persepolis），波斯阿契美尼德王朝的行宫，始建于大流士一世统治时期，完成于阿尔塔薛西斯统治时期，前330年，亚历山大大帝攻占波斯波利斯，将行宫付之一炬。遗址位于今伊朗设拉子东北60公里的塔赫特希姆希德附近，今可见大流士王的万国门和百柱宫，1979年被联合国教科文组织列为世界文化遗产。

56. 大西庇阿（Scipio，前236—前183），古罗马政治家、军事家，第二次布匿战争（The Second Punic War）中罗马军队主要将领之一，以在扎马战役（Battle of Zama）中打败迦太基统帅汉尼拔（Hannibal，前247—前182）而著称。

57. 波伊提乌（Boëthius，约480—524），古罗马哲学家，曾任东哥特王国执政官，后因国王西奥多里克迫害基督徒，与之不和，523年以叛逆罪入狱，被囚于帕维亚，次年被处死。波伊提乌是一位百科全书式的思想家，曾用拉丁文注释并翻译亚里士多德的《范畴篇》等著作，对中世纪逻辑学影响巨大，著有《哲学的慰藉》等。

58. 托马斯·布朗（Thomas Browne，1605—1682），英国哲学家和联想主义心理学家，代表作有《医生的宗教》《瓮葬》等。本书所引之语出自《医生的宗教》。

59. 约翰·亨利·米德尔顿（John Henry Middleton，1846—1896），英国文物学家、考古学家，曾任剑桥大学费茨博物馆馆长和维多利亚阿尔伯特博物馆的艺术馆馆长，著有《古典时期和中世纪的彩饰手抄本》，并参与编辑第 9 版《不列颠百科全书》。

60. 爱德华·吉本（Edward Gibbon，1737—1794），英国历史学家，著有《罗马帝国衰亡史》。

61. 佛提乌（Photius，约 810—893），中世纪前期基督教君士坦丁堡主教。坚持希腊教会独立于罗马教廷，与罗马教皇尼古拉一世（Nicholas I，820—867）发生冲突，导致 9 世纪基督教东西两派教会的大分裂，史称"佛提乌分裂"（Photian Schism）。

62. 偶像破坏者列奥（Leo the Iconoclast，约 685—741），东罗马帝国皇帝列奥三世，为打击教会势力，于 726—730 年间两度宣布反对供奉圣像的诏令，同时没收教会田产和土地，逼迫教士还俗，大大打击了教会势力，史称"偶像破坏者"。

63. 哲人列奥（Leo the Philosopher，866—912），即东罗马帝国皇帝列奥六世，巴西尔一世（Basil I，811—886）之子，有"智者""哲人"之称。870 年被父立为共帝。886 年父亲去世后独任统治，学识渊博，著有神学著作和诗歌多种，在位期间完成并颁布在其父时期开始编纂的帝国法典《巴西尔法典》。

64. 摩尔人（Moors），非洲西北部民族。Moor 一词源于拉丁文 Mauri，为古罗马人对毛里塔尼亚（Mauretania，今阿尔及利亚西部和摩洛哥东北部）居民的称呼。原为当地黑人和柏柏尔人的后裔，后又与阿拉伯人相融合。8 世纪皈依伊斯兰教。8—15 世纪，摩尔人在伊比利亚半岛大部分地区及西北非洲建立长期统治。1492 年 1 月，格拉纳达王国被卡斯蒂利亚女王伊莎贝拉一世和阿拉贡国王费尔南多二世率领的基督教军队征服后，仍有许多摩尔人留在西班牙境内。之后，摩尔人一词亦指作为难民在北非定居下来的西班牙穆斯林或阿拉伯人、西班牙人及摩尔人的混合后代。

65. 布哈拉（Bukhara），位于今乌兹别克斯坦，属布哈拉州首府，有2500年历史，曾为布哈拉汗国都城和中亚伊斯兰教中心。

66. 倭马亚王朝（Umayyads），伊斯兰教阿拉伯帝国第一个世袭王朝，661年由叙利亚总督穆阿维叶一世（Muawiya I，602—680）建立，因穆阿维叶属于麦加古莱什部落倭马亚家族，故名。定都大马士革（Damascus），成为横跨欧亚非三洲的大帝国。750年被推翻，其幸存者之一阿卜杜勒·拉赫曼一世（Abd al-Rahman I，731—788）逃至西班牙，在科尔多瓦建立独立国家，史称后倭马亚王朝（756—929）。

67. 格拉纳达王国（Emirate of Granada），西班牙历史上一个以格拉纳达为首都的酋长国，建立于1031年。在格拉纳达王国时期，艺术、文学和科学昌盛一时。1492年被伊莎贝拉一世和费尔南多二世率军攻破，标志着摩尔人在伊比利亚半岛长达700年统治的结束。

68. 墨洛温王朝（Merovingian dynasty），或译梅罗文加王朝，法兰克王国第一个王朝，以创立者克洛维一世（Clovis I，约466—511）的祖父、荷兰地区的法兰克人酋长墨洛温（Merovech）的名字命名，占据今法国大部分和德国西部地区。

69. 西哥特人（Visigoths），东日耳曼部落的两个主要分支之一，5世纪入侵意大利、法国和西班牙。

70. 东哥特人（Ostrogoths），哥特人的一个分支，5世纪末在意大利建立东哥特王国。

71. 即西多尼乌斯·阿波利纳瑞斯（Sidonius Apollinaris，430—489），出身于高卢贵族家庭，父亲为高卢地区行政长官，妻子为西罗马帝国皇帝阿维图斯（Eparchius Avitus）之女帕皮娅妮（Papianilla），著名作家、诗人、政治家和外交家，曾任罗马市政长官、元老院成员、高卢地区克莱门特地区主教，著有24篇赞美文和9卷书信集。

72. 阿提拉（Attila，约406—453），匈奴帝国国王，因其残暴凶狠，曾被罗马教会称为"上帝之鞭"（Scourge of God）。统治期间，与东哥特人和条顿族诸部落联合，大肆扩张领土，控制了里海至莱茵河的广大地区。451年率军越莱茵河，突入高卢，与西罗马帝国统帅埃提乌斯率领的西哥特人、勃艮第人、法兰克人的联军大战于沙隆平原，史称"沙隆之战"（Battle of Châlons Plains），失败后返回匈牙利。次年，又率师进攻意大利，劫掠阿奎里亚、米兰、伦巴第诸地。西罗马惧其南下，派包括罗马教皇利奥一世（Leo I）在内的三人代表团持重金求和。时因瘟疫盛行，东罗马又发兵袭其本土，乃回师。拟攻东罗马，未及出师而死，其国迅即瓦解。

73. 奥弗涅（Auvergne），法国中南部的旧大区。

74. 洛兰图姆（Laurentum），亚平宁半岛的港口城市，在罗马时代多达官贵人的别墅。

75. 康森提乌斯（Consentius，生卒年不详），5世纪的高卢诗人，在瓦伦提尼安三世（Valentinian III）在位期间曾作为特使被派往东罗马帝国，展现其学识和外交才能，后退隐。按照西多尼乌斯信中所述，康森提乌斯是当时高卢贵族和精英阶层的代表。

76. 即马库斯·泰伦提乌斯·瓦罗（Marcus Terentius Varro，前116—前27），古罗马学者，曾任保民官、大法官，前47年受恺撒之命，筹建罗马第一座图书馆，生平著述甚多，今仅存两种：《论拉丁语》（*On the Latin Language*），25卷仅存残缺不全的第5到第10卷，是研究早期罗马历史的宝贵资料；《农业志》（*Agricultural Topics*），3卷均保存完整，以对话形式讨论农、畜、鸟、蜂、渔等各业的经营和管理之道。

77. 卡西奥多罗斯（Cassiodorus，约490—585），东哥特王国政治家和历史学家，为罗马贵族后代，以博学和办事精勤受知于东哥特王国国王西奥多里克及其继承人，先后担任执政官、执事长官和禁卫军军官，任职达数十年之久。著有12卷的《哥特史》（*Gothic History*），今仅存节录；另有12卷《信札》（*Various Letters*），为其从政期间所写公文和信札集，是研究东哥特王国的重要史料。

78. 塞维利亚的依西多禄（Isidore of Seville，560—636），又称圣依西多禄，6世纪末7世纪初西班牙教士、神学家，曾长期担任塞维利亚大主教，著有20卷的类百科全书《词源》（*Etymologiae*）等。

79. 西奥多里克（Theodoric，约454—526），东哥特王国国王，定都拉文纳，在位期间，实行与罗马人和平共处的政策，任用博学的意大利人卡西奥多罗斯，立法、行政亦沿袭罗马旧制。526年去世后，东哥特群龙无首，终被拜占庭帝国并吞。

第二章

1. 诺森布里亚（Northumbria），中世纪盎格鲁－撒克逊王国，位于今英格兰北部和苏格兰东南部，其名来源于古英语 Norpan-hymbre，意即"亨伯河以北的人民和地区"（the people or province north of the Humber），为中世纪英格兰七国之一。全盛时期由爱尔兰扩展至北海，其宗教、学术和艺术在 7—8 世纪繁荣一时。9 世纪初被丹麦入侵，渐趋衰落。954 年失去独立，并入英格兰王国，成为伯爵领地。

2. 爱奥那岛（Iona），苏格兰内赫布里底群岛中的小岛，563 年爱尔兰传教士圣科伦巴登岛，在此修建修道院，即圣科伦巴修道院，为中世纪苏格兰著名修道院。圣科伦巴 598 年去世后葬于该岛。795 年至 10 世纪末，该岛遭北欧人入侵，教堂被毁，修士被杀，11 世纪北欧人皈依基督教，重建教堂，一直到 16 世纪宗教改革被迫关闭之前，该岛一直为圣地。

3. 波莱纳斯（Paulinus，？—644），罗马教廷传教士。601 年奉教皇格里高利一世之命前往英格兰传教，曾协助坎特伯雷的奥古斯丁创建基督教罗马教会。625 年被任命为主教，陪同肯特国王的妹妹埃塞尔伯格嫁给诺森布里亚国王埃德温（Edwin），成功劝服埃德温及其手下改信基督教。633 年，埃德温被异教的威尔士圭内斯国王卡德瓦隆（Cadwallon）和麦西亚国王彭达（Penda）杀害，他与王后逃回肯特，由是诺森布里亚人重新改信多神教，直到圣艾丹时代才再次改信基督教。波莱纳斯回到肯特后继续传教，先后任温彻斯特主教和约克大主教。

4. 惠特比宗教会议（Council of Whitby），基督教早期在英格兰传播时，曾分为两派：一派以罗马基督教为正统，一派则源自爱尔兰的凯尔特传统基督教，双方围绕复活节日期的计算和修士的发式展开争执。为解决争端，664 年，诺森布里亚国王奥斯维（Oswiu，612—670）在惠特比主持召开了由两派代表共同参与的宗教会议，最终确立了罗马基督教的正统地位。该会议标志着英格兰南部和北部在宗教上的统一，为日后政治上的统一创造了条件。惠特比位于今英格兰约克郡以北埃斯科河汇入北海处。

5. 圣艾丹（St. Aidan，约 590—651），爱尔兰传教士，原为苏格兰爱奥那修道院修士，受诺森布里亚国王奥斯瓦尔德邀请前往该地传教，并于 635 年在英格兰东北部林迪斯凡恩建立修道院。在他的努力下，诺森布里亚人重新改信基督教。林迪斯凡恩修道院后来成为诺森布里亚地区的宗教和文化中心。

6. 圣帕特里克（St. Patrick，约385—461），基督教传教士，爱尔兰主教。出生于威尔士，16岁时被入侵的爱尔兰海盗掠至爱尔兰为奴，6年后逃回不列颠，皈依基督教，后在高卢学习。431年被罗马教皇塞莱斯廷一世（Celestine I）任命为爱尔兰主教。432年重返爱尔兰传教，在阿马建立修道院，为基督教传入爱尔兰之始。死后被追谥为圣徒。

7. 圣布丽吉特（St. Brigit，约451—525），爱尔兰修女，出身于阿尔斯特王族，曾在爱尔兰创建多座修道院，与圣帕特里克、圣科伦巴同为爱尔兰的守护圣人。

8. 圣科伦巴（St. Columba，521—597），爱尔兰基督教教士，出身王族。早年在克隆纳德师从圣芬念学习。551年受教士职，在爱尔兰多地兴建教堂和修道院，563年离开爱尔兰前往苏格兰，在爱奥那岛上建立修道院并担任院长，在苏格兰传教，对基督教在爱尔兰和苏格兰的传播有重大贡献。

9.《阿西库斯·伊斯特宇宙志》（Aethicus Ister），成书于7世纪或8世纪的一部地理志，记录了一位名叫阿西库斯·伊斯特的旅行者的见闻，曾谬托为圣哲罗姆所作。

10. 科伦巴努斯（Columbanus，543—615），爱尔兰教士，曾在欧洲大陆的法兰克王国和意大利北部伦巴第建立多座教堂和修道院，包括今法国的吕克瑟伊修道院和意大利的博比奥修道院。

11. 维尔茨堡（Würzburg），德国中南部城市。

12. 康斯坦茨湖（Lake Constance），位于瑞士、奥地利和德国三国交界处，又称博登湖，为中欧最大边境湖之一，沿湖主要城市有德国的康斯坦茨、腓特烈斯港，奥地利的布雷根茨和瑞士的阿尔邦等。

13. 博比奥修道院（Bobbio Abbey），位于意大利北部皮亚琴察省皮亚琴察镇西南特雷比亚河谷，612年由爱尔兰传教士科伦巴努斯创建，为中世纪欧洲宗教和文化中心之一，以手抄本制作著称，到10世纪，修道院已有700多部手抄本，为当时欧洲藏书最丰富的修道院之一。

14. 帕拉迪乌斯（Palladius，？—457或461），基督教第一位爱尔兰主教，出身于高卢贵族，415年皈依基督教，431年被教皇塞莱斯廷一世派往爱尔兰传教，遭爱尔兰莱因斯特地区国王驱逐而回到英格兰，后到苏格兰地区传教，卒于苏格兰。

15. 盖尔人（Gaels），居住在苏格兰高地和爱尔兰的凯尔特人。

16. 塞尔菲（Cellfine），爱尔兰古地名，位于今爱尔兰基尔代尔郡（County Kildare）。

17. 阿尔斯特（Ulster），爱尔兰古地名，包括今爱尔兰北部的阿尔斯特省和北爱尔兰的 6 个郡。

18. 塔拉（Tara），爱尔兰古都，遗址位于今都柏林西北 37 公里处米斯郡一座 155 米的小山上。前 4 世纪中叶，盖尔 – 凯尔特人从欧洲大陆移居爱尔兰，塔拉即为其政治中心，约从 3 世纪起，成为爱尔兰国王驻地，直到 6 世纪末才被废弃。

19. 德鲁伊（Druid），凯尔特人信奉的祭司、巫师和占卜者。Dru 是"树"的意思，尤指橡树，在凯尔特文化中，橡树是一种具有神力的树，因此，识橡树的人也被认为是通神之人。德鲁伊构成凯尔特社会的最高阶层，具有高于国王的精神权威，除宗教和法术外，还担当裁判。

20. 基尔代尔（Kildare），爱尔兰郡名，位于爱尔兰东部，在爱尔兰语中有"橡树林教堂"之意，很早就是基督徒的聚居地。

21. 吉拉德·德·巴里（Gerard de Barri，约 1146—1223），教士、历史学家和地理学家，出身于威尔士贵族家庭，又被称为"威尔士的吉拉德"，著有《爱尔兰地理志》（*Topographia Hibernica*）。

22.《达罗经》（*Book of Durrow*），又被称为《圣科伦巴福音书》（*The Gospels of St. Columa*），中世纪带有海岛艺术风格（Insular art style）的彩饰福音书手抄本，相传圣科伦巴用 12 天抄写并制作完毕，制作地点众说不一，916 年前藏于达罗修道院，故名。该手抄本包含《新约》四部福音书，尺寸为 245mm×145mm，包括 248 页对开羊皮纸。16 世纪时，达罗修道院被迫解散，手抄本流入私人收藏家手中，1661—1682 年间被米斯主教亨利·琼斯（Henry Jones）连同《凯尔经》一起赠予都柏林大学圣三一学院图书馆。

23.《凯尔经》（*Book of Kells*），中世纪彩饰手抄本，约 800 年左右由苏格兰西部爱奥那岛上的修道院教士开始制作，于爱尔兰中部的凯尔斯修道院完成，由此得名。手抄本由《新约》四部福音书组成，以拉丁语抄写，是中世纪书法和彩饰艺术的高峰。现存于都柏林大学圣三一学院图书馆。

24. 索兹（Swords），位于爱尔兰东部，为芬戈郡首府。

25. 图尔（Tours），位于法国中西部的卢瓦尔河谷，中央大区安德尔－卢瓦尔省首府，为法国中世纪文化艺术中心。

26. 德里（Derry），北爱尔兰西北部城市。

27. 圣马丁（St. Martin，约 316—397），基督教教士，曾任图尔主教，在高卢地区传教，建立多所修道院，死后被追谥为圣徒。

28. 圣芬念（St. Finnen，约 470—549），中世纪前期爱尔兰中部米斯郡克劳纳德地区（Clonard）修道院院长兼主教，以学术成就闻名于世，被誉为"爱尔兰圣徒的老师"，圣科伦巴即为其学生。

29. 提康奈尔（Tyrconnell），古代爱尔兰西北部政治中心，今位于阿尔斯特的多尼戈尔郡（County Donegal）。

30. 蒂龙（Tyrone），爱尔兰阿尔斯特省的一个郡，位于北爱尔兰中西部。

31. 指尤金·奥康里（Eugene O'Curry，1794—1862），爱尔兰文献学者和文物学家。

32.《圣库斯伯特福音书》（*The Gospels of St. Cuthbert*），现存最小的盎格鲁－撒克逊手抄本，仅有《约翰福音》一部，抄写在 94 页对开羊皮纸上，尺寸为 138mm×92mm，8 世纪早期成书于芒克威尔茅斯和贾罗修道院。手抄本于 1104 年在达勒姆教堂圣库斯伯特的棺材内被人发现，此后 400 年，手抄本一直存放在达勒姆教堂，直到 1540 年修道院解散，手抄本流入私人收藏者手中，最终被兰开夏郡的耶稣会学校斯托尼赫斯特（Stonyhurst）学院获得。1979 年，耶稣会英国分部将其长期借给大英图书馆，2012 年，大英图书馆募集 900 万英镑将其买下，现藏于大英图书馆。（原著此处有误，可查阅大英图书馆网站。）圣库斯伯特（St. Cuthbert，634—687）为早期凯尔特传统的诺森布里亚教会圣徒，684 年担任林迪斯凡恩修道院院长，死后被追谥为圣徒。

33. 索尔韦湾（Solway Firth），英格兰和苏格兰之间的海湾。

34. 罗伯特·科顿（Robert Cotton，1570—1631），英国政治家、文物学家和著名藏书家，建立科顿图书馆，收藏大量珍贵手稿，由其后人捐赠给政府，现存于大英图书馆。

35. 塔尔苏斯的西奥多（Theodore of Tarsus，602—690），英格兰坎特伯雷大主教，出生于东罗马帝国的塔尔苏斯，曾在塔尔苏斯和雅典学习，后至罗马。668 年被教皇威塔利安（Vitalian）任命为第七任坎特伯雷大主教，曾对英国教会进行改革，并建立起以坎特伯雷大主教为首的全英教会组织体系。

36. 威廉·兰姆巴迪（William Lambarde，1536—1601），英国政治家、法学家和文物学家。

37. 马修·帕克（Matthew Parker，1504—1575），伊丽莎白一世时期的坎特伯雷大主教，曾任剑桥大学基督圣体学院院长，后任剑桥大学副校长，1559 年被伊丽莎白一世任命为坎特伯雷大主教，曾主持《三十九条信纲》的制订。

38.《大卫诗篇》（The Psalter of David），即《圣经》中的《诗篇》，由 150 首赞美诗、感恩诗及抒情诗辑成，因其中署名为大卫的诗篇共 73 篇，所占比例最大，故又称为《大卫诗篇》。按小标题上的署名统计，有以探诗 1 篇、摩西诗 1 篇、所罗门诗 2 篇、可拉后裔的诗 12 篇、亚萨的诗 12 篇、大卫的诗 73 篇、无名氏作品 49 篇，供人在耶路撒冷圣殿中对耶和华作公开崇拜时唱咏之用，天主教会称为"圣咏集"。

39. 格里高利一世（Gregory I，约 540—604），罗马教皇、天主教圣徒，曾首次派出大规模传教使团。也是著名的对话体文体作家，著有《司牧训话》《对话》和《伦理丛谈》等，并有《格里高利圣咏集》和大量书信存世。

40. 指坎特伯雷的奥古斯丁（Augustine of Canterbury，？—604），本尼狄克会修士，原为罗马圣安德鲁修道院院长，595 年奉教皇格里高利一世之命，率领使团到英格兰传教，597 年来到英格兰，为首任坎特伯雷大主教。

41. 博德利图书馆（Bodleian Library），建立于 1602 年，欧洲最古老的图书馆之一，也是英国第二大的图书馆，仅次于大英图书馆，同时还是英国与爱尔兰印刷物的法定存放处。

42. 安色尔体（Uncial），3—9 世纪古希腊、古罗马抄本中常用的一种大写字体。

43. 阿尔昆（Alcuin，约 735—804），英国神学家、教育家，出生于英格兰约克郡，曾任约克大教堂学校校长。781年，应查理曼大帝邀请至亚琛，担任其顾问，并主持宫廷学校，建立图书馆。796年，任图尔圣马丁修道院院长，创办学校，组织教士抄写经文和典籍。所遗300多封拉丁文信札具有重要的史料价值。

44. 查理曼（Charlemagne，742—814），或称查理大帝，法兰克国王，查理曼帝国皇帝（800—814），主张武力扩张，修订律法，改革货币，奖励学术文化，促成了加洛林王朝的"文艺复兴"。

45. 香花畦（the beds of spices），语出《圣经·雅歌》：My love has down to his garden to the beds of spices to feed in the gardens and to gather lilies（我的良人下入自己园中，到香花畦，在园内牧放群羊，采百合花）。

46. 维京人（Vikings），8—11世纪劫掠欧洲西北部海岸的北欧海盗。

47. 本尼迪科特·比斯康普（Benedict Biscop，628—690），基督教教士、英格兰芒克威尔茅斯和贾罗修道院的创办人、英国早期藏书家，曾先后5次前往罗马购书，藏书多达230册，后悉数捐给英格兰各修道院。

48. 圣威尔弗里德（St. Wilfrid，633—709），英格兰主教和圣徒，出生于诺森布里亚的里彭，年少投入教会，先后在林迪斯凡恩、坎特伯雷、高卢和罗马学习，658年回到英格兰，创建里彭修道院，曾在664年的惠特比宗教会议上作为罗马基督教的代表参加辩论，并最终促成罗马基督教在英格兰被奉为正统。

49. 塞尼山口（Mont Cenis），法国和意大利交界处阿尔卑斯山中塞尼峰附近的山口，海拔2000多米。

50. 维埃纳（Vienne），法国西南部城市，位于里昂以南约32公里处的罗讷河西岸，古罗马时代高卢重要城市和基督教传播中心，罗马帝国皇帝瓦伦提尼安二世（Valentinian Ⅱ，371—392）曾短暂建都于此。

51. 里彭（Ripon），位于今英格兰北部约克郡的哈罗盖特（Harrogate）。

52. 领唱者约翰（John the Precentor），根据比德的《英吉利教会史》第4卷第18章记载，约翰是罗马圣彼得大教堂的首席领唱，还是图尔圣马丁修道院院长，应本尼迪科特·比斯康普之邀，自罗马至英格兰，教授诵读唱经，后于归途中病逝，葬于图尔的圣马丁修道院。

53. 比德（Bede，672—732），英格兰中世纪著名神学家和历史学家，毕生著述近 40 部，被后人称为"可敬的比德"（Venerable Bede）。所著《英吉利教会史》记录了从前 55 年恺撒征服不列颠到 731 年的英格兰历史，为研究英格兰早期政治、历史和宗教的重要著作。

54. 温彻斯特（Winchester），英格兰南部城市。

55. 圣卜尼法斯（St. Boniface，675—754），英格兰传教士，8 世纪初到法兰克王国统治下的德国传教，曾任德国总主教和美因茨大主教，并兴建赖兴瑙修道院和富尔达修道院。754 年到弗里斯兰地区传教时与 52 名同伴被当地暴徒残忍杀害，死后被追谥为圣徒。

56. 弗里斯兰（Friesland），古代欧洲北部邻近北海、斯凯尔特河和威悉河之间的区域，其中一部分属于今荷兰的弗里斯兰省。

57. 即圣埃德伯加（Saint Edburga，？—751），威塞克斯国王森特维恩（Centwine）和王后安吉丝（Engyth）的独生女，716 年成为萨奈特的明斯特（Minster-in-Thanet）修道院的修女，死后被追谥为圣徒。

58. 图利（Tully），西塞罗的英文名。

59. 指大巴西勒（Basil the Great，约 330—379），古代基督教希腊主教之一，出生于小亚细亚恺撒利亚。365 年成为神甫，370 年担任主教，制定修道院生活规则，强调三位一体论，对基督教正统派信徒产生很大影响。

60. 即鲁斯佩的伏尔甘提乌斯（Fulgentius of Ruspe，462 或 467—527 或 533），北非鲁斯佩城主教，死后被追谥为圣徒。

61. 金口约翰（John of the Golden Mouth，347—407），本名约翰·克里索斯托姆（John Chrysostom），君士坦丁堡主教，早期基督教著名神甫，以能言善辩著称。拉丁语中，chrysostom 意为"金色的嘴巴"（golden mouth），以赞誉其才。

62. 克罗兰修道院（Croyland Abbey），位于英格兰林肯郡，修建于 8 世纪，由麦西亚国王埃塞伯德建立，在 866 年丹麦人的劫掠中几乎完全被毁，重建后又毁于 1091 年的大火，之后再次重建。曾为英格兰东部最著名的修道院，后在 16 世纪宗教改革中被迫解散。

63. 彼德伯勒（Peterborough），英格兰东部城市，盎格鲁-撒克逊时代属于麦西亚王国的一部分，彭达国王皈依基督教，于 655 年在此建立修道院和教堂，870 年被丹麦人洗劫，1118 年建造了现在的大教堂。

64.《林迪斯凡恩福音书》（*Book of Lindisfarne*），由林迪斯凡恩主教艾德弗里斯（Eadfrith）于715—720年制作，包含《新约》里的四部福音书，现存于大英图书馆。

65. 阿尔弗雷德大王（King Alfred，849—899），英格兰盎格鲁-撒克逊时期威塞克斯国王，在位期间抵御维京人入侵，并积极推动文化教育的发展，主持编修《盎格鲁-撒克逊编年史》，被后人尊称为"英国国父"。

66. 麦西亚（Mercia），中世纪早期盎格鲁-撒克逊王国，位于今英格兰中部。

67. 普莱格蒙德（Plegmund，？—914或923），中世纪坎特伯雷大主教，出生于麦西亚，是阿尔弗雷德大王的导师。

68. 格里姆巴德（Grimbald，820—901），9世纪本尼狄克会修士，法国圣伯丁修道院修士和学者，892年左右应阿尔弗雷德大王之邀前往英格兰。

69. 科尔比的约翰（John of Corbie，？—904），学者兼修士，受阿尔弗雷德大王之邀从法国的科尔比修道院来到英格兰。亚瑟在传记中说他是一个极具天赋的人，通晓各种学问。

70. 阿瑟尔（Asser,？—909），威尔士学者、修士，舍伯温（Sherborne）主教，885年受邀来到阿尔弗雷德大王的宫廷，著有传记《阿尔弗雷德大王的生活》（*The Life of King Alfred*）。

71. 圣邓斯坦（St. Dunstan，约909—988），英格兰坎特伯雷大主教，出生于萨默塞特格拉斯顿伯里，曾任格拉斯顿伯里修道院院长，大力复兴英格兰修道院制度，先后担任沃赛斯特主教、伦敦主教，于960年担任坎特伯雷大主教，掌管全国宗教事务，主持修道院改革事业。在艺术和音乐领域颇有造诣。

72. 格拉斯顿伯里（Glastonbury），位于英格兰西南部，这里有英格兰最古老的一座修道院，相传亚瑟王就安葬于此。

73. 本尼狄克会（Benedictines），又译本笃会，亦被称为"黑修士"，是天主教的一个隐修会，由意大利圣本尼狄克（St. Benedict）于529年在意大利中部的卡西诺山创立，遵循中世纪初流行于意大利和高卢的隐修准则。

74. 圣艾尔班修道院（Abbey of St. Alban），位于英格兰东南部的赫特福德郡，以不列颠第一名殉教者圣艾尔班（Saint Alban）的名字命名，4世纪时在其殉教之处建立教堂，793年，麦西亚国王奥法二世（Offa Ⅱ）在此修建修道院，奉行本尼狄克会准则，16世纪被迫解散，但从1877年起开始成为大教堂。

75.《埃克塞特诗歌集》（*Exeter Book*），又名《埃克塞特手抄本》（*Codex Exoniensis*），成书于965—975年，几乎收录了所有流传至今的最重要的盎格鲁－撒克逊诗歌，包括几首著名的哀歌，如《航海家》（*The Seafarer*）、《漫游者》（*The Wanderer*）、《妻子的哀歌》（*The Wife's Lament*）和《废墟》（*The Ruins*）等，为盎格鲁－撒克逊重要的文学典籍。

76. 基涅武甫（Cynewulf，生卒年不详），9世纪初享有盛名的盎格鲁－撒克逊诗人。出生于诺森布里亚或麦西亚，其古英语诗稿于10世纪被发现，目前确定为其作的有《埃琳娜》（*Elene*）、《使徒们的命运》（*The Fates of the Apostles*）、《基督升天》（*Christ Ⅱ*）和《朱莉安娜》（*Juliana*）等，其中《基督升天》和《朱莉安娜》被收入《埃克塞特诗歌集》。

第三章

1. 兰弗朗克（Lanfranc，约1005—1089），中世纪经院哲学家，本尼狄克会修士，出生于意大利的帕维亚，后到法国，先后担任法国贝克（Bec）修道院和圣斯蒂芬（St. Stephen）修道院院长，在威廉一世征服英格兰后，于1070年来到英格兰，担任坎特伯雷大主教。

2. 安瑟尔谟（Anselm，约1033—1109），中世纪经院哲学家，本尼狄克会修士，出生于意大利皮埃蒙特的奥斯塔城，曾担任法国贝克修道院副院长和院长，后到英格兰，1093—1109年担任坎特伯雷大主教，1494年被追谥为圣徒。

3. 萨勒诺医学院（Schola Medica Salernitana），中世纪著名医学院，位于意大利西南部港口城市萨勒诺，大约创办于9世纪，11—12世纪成为欧洲医学中心，被誉为"希波克拉底王国"。

4. 即威廉·斯塔布斯（William Stubbs，1825—1901），英国主教和

历史学家，1848 年毕业于牛津大学，1866—1884 年任牛津大学近代史钦定教授，后任切斯特主教和牛津主教，毕生致力于英格兰宪政史研究，著有《英格兰宪政史》（*The Constitutional History of England*）和《英格兰宪政的起源与发展史》（*The Constitutional History of England in its Origin and Development*）。

5. 沃尔特·迈普（Walter Map，1130—1210），英格兰中世纪教士、作家，曾作为英王亨利二世的廷臣出使法国和罗马教廷。著有拉丁文作品《廷臣琐事》（*Trifles of Courtiers*）。

6. 即林肯的圣休（St. Hugh of Lincoln，1135 或 1140—1200），本尼狄克会修士、天主教圣徒，出身于法国贵族家庭，后担任英格兰林肯地区主教。

7. 理查德·德伯利（Richard de Bury，1287—1345），英国教士、作家和藏书家，著有《书之爱》（*Philobiblon*），这是一本关于搜书、猎书和书籍保护、管理的散文集，Philobiblon 借自希腊语，意为"对书的爱"（love of books），但全书由拉丁文写就。

8. 角蝰（asp），北非的一种小毒蛇。

9. 蛇怪（basilisk），传说中的蛇形怪物，目光能使人丧命。

10. 托钵修士（Mandicant Friars），托钵修会（Mendicant Orders）的会士。托钵修会是完全依靠捐助而生存的天主教会派，亦称"乞食修会"，始于 13 世纪，规定不置恒产，会士以托钵乞食为主，主要包括方济各会（Franciscans）、多明我会（Dominicans）、加尔默罗会（Carmelites）和奥斯定会（Augustinians）。

11. 即罗伯特·格罗斯泰特（Robert Grosseteste，1168—1253），英格兰中世纪政治家、神学家、哲学家和科学家，方济各会修士，曾任林肯主教。

12. 方济各会（Franciscans），天主教托钵修会之一，一译"法兰西斯派"，其会士因着灰色会服，又被称为"灰衣修士"。1209 年由意大利亚西西城的富家子弟方济各（Saint Francis of Assisi，1182—1226）得教皇英诺森三世批准成立，提倡过清贫生活，衣麻跣足，托钵行乞，会士间互称"小兄弟"。

13. 多明我会（Dominicans），又译"多米尼克会""布道兄弟会"，天主教托钵修会之一，1215 年由西班牙人多明戈·德·古斯曼（Domingo de Gusman，1170—1221）创立于法国图卢兹，会士均披黑衣斗篷，因此被称为"黑衣修士"。

14. 即约翰·谢伦·布鲁（John Sherren Brewer，1810—1879），英国神职人员、历史学家，著有《不列颠教会史》《从早期到 1688 年革命的英国历史》等。

15. 罗杰·培根（Roger Bacon，约 1214—1293），英国哲学家、科学家，方济各会修士，著有《大著作》《小著作》《第三著作》和《哲学研究纲要》等，实验科学先驱，素有"奇异博士"之称。

16. 撒灰于头（laid ashes on his head），旧时人们撒灰于头上，表示忏悔、悲哀和祈祷。

17. 阿马（Armagh），英国北爱尔兰南部城市。

18. 理查德·威廷顿（Richard Whittington，约 1354—1423），英国商人、政治家，英国民间故事《狄克·威廷顿和他的猫》（Dick Whittington and His Cat）的人物原型，多次出任伦敦市长，并担任议会议员和伦敦治安官。

19. 加尔默罗会（Carmelites），又称"圣衣会"，天主教托钵修会之一，12 世纪中叶由意大利人伯尔托德（Berthold，？—1195）创建于巴勒斯坦的加尔默罗山（Mount Carmel），故名。

20. 陈设饼（shew-bread），12 块用细面烤制的饼，分成两行，供奉在耶路撒冷圣殿内一张特别的纯金桌子上，作为献祭给耶和华的祭品，见《出埃及记》第 25 章第 5—9 节、《利未记》第 24 章第 5—9 节。

21. 示巴（Sheba），《旧约》和《古兰经》中提到的一个王国，具体位置可能在现今厄立特里亚海岸或也门境内。《旧约·列王记》载示巴女王带了许多香料、宝石和黄金去觐见所罗门王，用难题考验所罗门王的智慧。

22. 比撒列（Bezaleel），《圣经》中的巧工，曾参与制作会幕、约柜、施恩座与会幕中的一切器具和祭司的圣衣，其事见于《旧约·出埃及记》第 31 章第 1—11 节。

23. 以弗得（ephod），《旧约》记载，上帝在西奈山上晓谕摩西，让摩西的哥哥亚伦和他的儿子拿答、亚比户、以利玛撒、以他玛祭祀，并要摩西给亚伦做圣衣，以示荣耀、华美，其中就包括胸牌、以弗得、外袍、杂色的内袍、冠冕和腰带。关于以弗得的制作，《出埃及记》第 28 章第 6—12 节有记载。

24. 胸牌（breast-plate），《旧约》中大祭司所佩胸牌，又称"决断的胸牌"，大祭司进圣所时，必须佩戴这一胸牌，借以宣告神的旨意，为以色列决断重大的问题或事件。见《旧约·出埃及记》第 28 章第 29 节。

25. 昴宿星（Pleiades），银河系星团之一，位于金牛星座，在西方又被称为普勒阿德斯七姐妹星团。希腊神话中，七姐妹是擎天神阿特拉斯（Atlas）和妻子普勒俄昂（Pleione）的七个女儿，因为躲避欧里翁的追求而变成星星；另一种说法是她们因为其异母姐妹许阿德斯的死而悲痛，集体自杀而变成星星。

26. 约翰·贝辛斯托克（John Basingstoke，？—1252），13 世纪莱斯特副主教，希腊文化的捍卫者，曾将广为流传但真实性存疑的《十二族长遗训》介绍给林肯主教罗伯特·格罗斯泰特。

27.《十二族长遗训》（The Testament of the Patriarchs），与《圣经》有关的一部伪经，记录了以色列人祖先雅各的 12 个儿子的临终遗言，以希伯来语和希腊语写就，最终成书于 2 世纪。13 世纪由林肯主教罗伯特·格罗斯泰特翻译成拉丁文。

28.《狄奥尼修斯书》（The Decretals of Dionysius），欧洲中世纪基督教教会中广泛流传着一些署名为狄奥尼修斯的著作，人们认为作者就是由使徒保罗使其皈依的雅典大法官、首任雅典主教亚略巴古的狄奥尼修斯（Dionysius the Areopagite），后世经过考证，确认这些著作乃 5 世纪末 6 世纪初一位不知名的基督教神学家和哲学家谬托狄奥尼修斯所作，现存 5 部，分别为《神秘神学》（Mystical Theology）、《论神的名称》（Divine Names）、《天阶体系》（Celestical Hierarchy）、《教阶体系》（Ecclesiastical Hierarchy）和《书信》（Ten Epistles），对后世影响很大。

29. 托马斯·加斯科因（Thomas Gascoigne，1404—1458），英格兰中世纪神学家，两度出任牛津大学校长，著有《神学辞典》（Dictionarium Theologicum）。

30. 约翰·利兰（John Leland，约 1502—1552），英王亨利八世时期的诗人和文物学家，所著《旅程》（Itinerary）一书为古文物研究提供了丰富翔实的资料。

31. 罗伯特·霍尔科特（Robert Holkot，1290—1349），英格兰哲学家、神学家，天主教多明我会修士。

32. 伊莎贝拉王后（Queen Isabel，1295—1358），法国国王腓力四世的女儿，英格兰国王爱德华二世（Edward Ⅱ，1284—1327）的王后，曾与其情夫罗杰·莫蒂默（Roger Mortimer）联合废黜爱德华二世，立其子爱德华三世为英格兰国王，性格刚毅果决，被称为"法兰西母狼"（She wolf of France）。

33. 爱德华三世（Edward Ⅲ，1312—1377），英格兰国王，爱德华二世和王后伊莎贝拉王后之子，因出生于温莎城堡，又被称为温莎的爱德华（Edward of Windsor）。在位期间，他让英格兰王国成为欧洲最强盛的军事强国之一。因和法国有领土和王位之争，发动英法百年战争。

34. 阿维尼翁（Avignon），法国东南部城市，14 世纪罗马教皇驻地。

35. 彼特拉克（Petrarch，1304—1374），意大利诗人、学者，欧洲人文主义运动的杰出代表。

36. 极北之岛（Island of Thule），古代对挪威、冰岛和格陵兰岛的称呼。

37. 佛兰德斯（Flanders），西欧一历史地名，泛指古代尼德兰南部地区，大体上包括现在的比利时、卢森堡以及法国东北部部分地区。

38. 布拉班特（Brabant），古代西欧公国，包括今荷兰北布拉班特省、比利时安特卫普省和布拉班特省（分为弗拉芒的布拉班特省和瓦隆的布拉班特省）。

39. 锡安（Zion），山名，位于耶路撒冷城南，传说中大卫在此建立以色列首都，起名大卫城，并修建王宫。锡安也是所罗门建圣殿处，《圣经》中常以它代表耶路撒冷，是古代犹太人的政治中心。

40. 帕纳索斯山（Parnassus），位于希腊中部，濒临科林斯湾，希腊神话中太阳神阿波罗和缪斯女神们的灵地。

41. 斯多葛派（Stoic），塞浦路斯人芝诺（Zeno，约前 336—前 264）于前 300 年在雅典创立的学派，因为在雅典集会广场的画廊聚众讲学而得名，英文 stoic 来自希腊语 stoa，原指"门廊"或"画廊"，因此也称"画廊学派"。

42. 克劳狄乌斯·托勒密（Claudius Ptolemy，约 100—168），古希腊

天文学家、地理学家和数学家，著有《天文学大成》《地理学指南》等，代表了古希腊、古罗马科学的最高成就，"地心说"的集大成者和代表人物。

43. 依巴谷（Hipparchus，约前190—前125），古希腊天文学家。

44. 隐基底（Engaddi），死海四周的绿洲，字义为"羊羔的泉源"（fontaine of the kid），《圣经》中多次提到，是一片肥沃富庶之地。

45. 吗哪（manna），《圣经》所载古代以色列人出埃及时上帝所赐食物，夜间随着露水降在营中，犹如白霜的小圆物，样子像芫荽子，白色，滋味如掺蜜的薄饼。以色列人把吗哪收起来，或用磨推，或用白捣，煮在锅中，又做成饼，滋味好像新油。以色列人食用吗哪达40年，直到进入有人居住的迦南之境。后人以其喻指"灵粮"或"雪中之炭"。见《旧约·出埃及记》第16章第14—35节，《民数记》第11章第7—8节，《约书亚记》第5章第10—12节。

46. 伊甸园中的四道河（the four rivers of Eden），浇灌伊甸园的四条河流，分别为比逊、基训、希底结和伯拉河。语出《旧约·创世记》："有河从伊甸流出来滋润那园子，从那里分为四道：第一道名叫比逊，就是环绕哈腓拉全地的，在那里有金子，并且那地的金子是好的，在那里又有珍珠和红玛瑙。第二道河名叫基训，就是环绕古实全地的，第三道河名叫希底结，流在亚述的东边，第四道河就是伯拉河。"

47. 弗洛林（florin），1252年佛罗伦萨发行的金币，中世纪晚期成为地中海西部的国际货币，与1284年威尼斯发行的杜卡特金币（ducat）二分天下。此处一语双关：folio（对开本）和florin（弗洛林）、pamphlet（小册子）和palfrey（驯马）是谐音。

第四章

1. 罗讷河（Rhône），发源于瑞士南部的圣哥达山的罗讷冰川，流经法国，注入地中海，为欧洲主要河流之一。

2. 蒙彼利埃（Montpellier），法国南部城市。

3. 博洛尼亚（Bologna），意大利中北部城市。

4. 即乔万尼·德·安德烈（Giovanni d'Andrea，1270—1348），意大利中世纪晚期著名的教会法规专家，其女诺薇拉（Novella，1312—1333）精通法律，为博洛尼亚大学的法学教授，由于天生丽质，为避免分散学生的注意力，经常以面纱遮容读书或者授课。

5. 斯蒂凡诺·科隆那（Stefano Colonna，1265—约1348），红衣主教乔万尼·科隆那之子，14世纪上半叶罗马著名政治人物之一，曾数次担任罗马市议员，为彼特拉克赞助人，后者曾献给他两首十四行诗。

6. 劳拉（Laura），史载，彼特拉克23岁时于耶稣受难节当日，在阿维尼翁的圣克莱尔教堂邂逅一名19岁的已婚女子劳拉，他自此堕入爱河，开始了长达20余年的追求，并写下了366首诗歌（其中有317首十四行诗）献给劳拉，最后合编成书，名为《歌集》（IL Canzoniere）。

7. 吹哨唤风（whistel for a wind），旧时水手的一种迷信，吹口哨以呼唤风。

8. 特伦特会议（Council of Trent），1545—1563年，以罗马教廷为首的公教会在神圣罗马帝国的特伦特召开会议，讨论神学教义及教会改革等诸多问题，并公布了一系列法令和决议，以应对新教的挑战。这些法令和决议对后来公教会的发展产生了重要影响。

9. 列日（Liège），比利时东部城市，位于默兹河与乌尔特河交汇处，为列日省首府。

10. 汪达尔人（Vandals），古代日耳曼人的一支，原居斯堪的纳维亚半岛，后与日耳曼人一起南迁，5世纪时入侵高卢和西班牙，并建立汪达尔王国，455年攻占罗马，534年为东罗马帝国所灭后，汪达尔人逐渐与当地居民融合。

11.《财富美丑的补救》（Remedies for Fortune Fair and Foul），彼特拉克于1366年出版的一部对话集，在书中，他以254段拉丁文对话解释了智慧、自助和幽默之道，指出人的思想和行为既可以达至幸福和道德，亦可以导致悲哀、痛苦和不道德。

12. 塞瑞纳斯·萨门尼科斯（Serenus Sammonicus，？—212），古罗马学者、医生，罗马皇帝盖塔（Geta，189—212）和卡拉卡拉（Caracalla，188—217）的导师，212年与盖塔一起被卡拉卡拉暗杀。著有《医疗之书》（The Medical Book）。

13. 戈尔迪安二世（Gordian Ⅱ，192—238），罗马皇帝，与其父戈尔迪安一世（Gordian Ⅰ）共治，在位仅21天。戈尔迪安一世曾担任罗马帝国非洲行省总督，在罗马皇帝亚历山大·塞维鲁（Alexander Severus，208—235）被马克西米努斯（Maximinus，约173—238）刺杀身亡后，于238年3月自立为帝，并任其子戈尔迪安二世为共治皇帝。马克西米努斯被禁卫军杀死，之后其追随者努米底亚总督卡佩利亚努斯（Capelianus）起兵造反，在迦太基附近击败戈尔迪安二世的军队。戈尔迪安二世阵亡，其父戈尔迪安一世最后上吊自杀。据《罗马帝王纪》（*Historia Augusta*）记载，戈尔迪安二世的老师是塞瑞纳斯·萨门尼科斯的儿子，将父亲的62000卷书遗赠给学生。历史学家爱德华·吉本在其所著《罗马帝国衰亡史》中也提到戈尔迪安二世拥有22个情妇和62000卷藏书。

14. 坦塔罗斯（Tantalus），希腊神话中宙斯之子、吕底亚国王，因犯有罪孽被罚站在冥界齐颈的水中，他低头喝水时，水便退去；抬头吃果子时，果树便避开，如此接受永恒的惩罚。

15. 萨比努斯（Sabinus，生卒年不详），哲学家塞涅卡的同时代人，塞涅卡在《论幸福》中曾提到他："我从未见过一个有成就的人如他那般粗俗，他在奴隶身上花了一大笔钱，让他们背诵荷马、赫西奥德的诗，每逢宴请客人时，便让奴隶在客人面前背诵，以此显示自己的博学。"

16. 沃克吕兹（Vaucluse），法国东南部省份，名称来自沃克吕兹泉，意为"封闭的山谷"。此处指的是方丹德沃克吕兹镇（Fontaine-de-Vaucluse），位于阿维尼翁以东20公里，境内有沃克吕兹泉，号称法国第一泉，也是法国东南部主要河流之一索尔格河（Sorgue）的源头。

17. 赫利孔山（Helicon），希腊中部的一座山脉，希腊神话中是阿波罗和文艺女神缪斯的圣山。

18. 列奥提欧·皮拉托（Leontio Pilato，？—1366），出生于卡拉布里亚的拜占庭学者，最早向西欧传播希腊古典文化，曾将欧里庇得斯、亚里士多德的作品与《荷马史诗》翻译成拉丁文。

19. 卡拉布里亚（Calabria），位于意大利南部，中世纪长期处于拜占庭帝国统治之下。

20. 泰伦斯（Terence，前195或前185—前159），即泰伦提乌斯，罗马共和国时期剧作家，生于迦太基，原为奴隶，后被元老院议员泰伦提乌斯·拉卡努斯（Terentius Lacanus）收养而获自由。著有 6 部喜剧，分别为《婆母》《两兄弟》《安德罗斯妇人》《宦官》《自虐者》和《福尔弥昂》。

21. 曼努埃尔·赫里索洛拉斯（Manuel Chrysoloras，约 1355—1415），拜占庭学者和外交家，出生于君士坦丁堡。1390 年，被拜占庭帝国皇帝曼努埃尔二世派往威尼斯担任大使；1396 年，应佛罗伦萨文书长萨卢塔蒂邀请前往佛罗伦萨讲授希腊语和文学。是对文艺复兴影响最大的拜占庭学者和教士，曾将《荷马史诗》和柏拉图的《理想国》由希腊语翻译成拉丁文。

22. 阿佩利斯（Apelles），前 4 世纪希腊宫廷画师。

23. 波利克利图斯（Polycletus），前 5 世纪古希腊雕塑家。

24. 即巴西里奥斯·贝萨里翁（Basilios Bessarion，1403—1472），天主教红衣主教，文艺复兴时期拜占庭人文主义学者，曾长期担任君士坦丁堡主教（1459—1472），收藏了大量希腊语手抄本，于 1468 年捐给威尼斯市议会，使之成为圣马可图书馆的雏形。

25. 利西波斯（Lysippus，约前 390—前 320），古希腊雕塑家，为波利克利图斯的弟子。

26. 圣马可之马（Horses of Saint Mark），珍藏在威尼斯圣马可大教堂的一组古希腊青铜雕塑，相传为前 4 世纪古希腊雕塑家利西波斯所作，后被拜占庭帝国皇帝迪奥多西二世（Theodosius II）从希腊的希俄斯岛（Chios）运到君士坦丁堡，安放在君士坦丁堡跑马场（Hippodrome of Constantinople），1204 年第四次十字军东征期间，被威尼斯总督恩里克·丹多洛（Enrico Dandolo）率军劫掠到威尼斯，安放在大教堂中央拱门上方，1797 年又被拿破仑掠去，放在罗浮宫前面的小凯旋门上，后于 1815 年归还威尼斯，安放于原址。20 世纪 80 年代，为保护这组雕塑，将之移至大教堂博物馆，现大教堂拱门上方的 4 匹骏马为复制品。

第五章

1. 达勒姆学堂（Durham Hall），由达勒姆修道院于 1286 年创建，用来培养英格兰北部的神职人员，后改为达勒姆学院（Durham College），

1555 年在亨利八世发动的宗教改革中被解散，教室、宿舍和图书归属在原址上建立的牛津大学三一学院。

2. 索邦学院（Sorbonne College），巴黎大学的前身，1275 年由法王路易九世的朋友兼私人忏悔神甫罗贝尔·德·索邦（Robert de Sorbon，1201—1274）创办，后逐渐发展成巴黎大学。曾有人颂云："整个天空就是羊皮纸，整个海洋就是墨汁，所有的星辰就是巴黎大学的大师们。"曾在巴黎大学接受教育的教皇英诺森三世称之为"为整个世界烤面包的炉子"。

3. 爱德华一世（Edward I，1239—1307），英格兰金雀花王朝第五位国王，又称"长腿爱德华"，是金雀花王朝最伟大的君主之一，因其对苏格兰人民的镇压，又有"苏格兰之锤"的称号。

4. 克莱尔学院（Clare College），1326 年由剑桥大学校长理查德·巴德维（Richard Badew，？—1361）建立，最初为克莱尔学堂，初期曾获爱德华一世外孙女伊丽莎白·德·博格夫人慷慨捐助，1856 年改名为克莱尔学院。

5. 即盖伊·德·比彻姆（Guy de Beauchamp，1272—1315），英国贵族，沃里克伯爵，以反对爱德华二世并参与谋杀其男性情人皮耶斯·加维斯顿（Piers Gaveston）而闻名，被认为是有决断力和丰富学识的人，拥有当时规模较大的一批藏书。

6. 博德斯雷修道院（Bordesley Abbey），位于英格兰伍斯特郡雷迪奇镇，修建于 12 世纪，1528 年被拆毁。

7. 大学之匣（University Chest），牛津大学财务管理部门的专有术语。历史上，牛津大学确曾有一个实物铁箱，用于储存金银债券等，可以锁上，现指大学财务部门。

8. 里拉的尼古拉（Nicholas of Lyra，1270—1349），方济各会修士，出生于诺曼底的里拉，曾在巴黎索邦学院学习，为中世纪最有影响的《圣经》解经学家之一，著有《通用〈圣经〉评论注解》（*Commentary Notes to the Universal Holy Scripture*）。

9. 即兰开斯特的约翰（John of Lancaster，1389—1435），英格兰贵族、政治家和军事家，英王亨利四世之子，亨利五世之弟，亨利六世之叔，被封为贝德福德公爵，在亨利六世年幼时，曾与其弟汉弗莱公爵共同担任王国摄政，管理法国事务。

10. 即格罗斯特的汉弗莱（Humphrey of Gloucester，1390—1447），英国贵族、政治家，格罗斯特公爵，英王亨利四世之子、亨利五世之弟和亨利六世之叔，在亨利六世年幼时曾担任王国摄政，是出色的人文主义学者和学术赞助人，尤以赞助英国诗人约翰·利德盖特和历史学家约翰·卡普格雷夫而著名，被称为"好公爵汉弗莱"（Good Duke Humphrey）。汉弗莱生前曾向牛津大学捐赠近 300 部书稿，为安置这些书籍，牛津大学在其神学院加建一层作为图书馆，取名为汉弗莱公爵图书馆，于 1488 年向学生开放，后毁于宗教改革期间。

11. 昆体良（Quintilian，约 35—约 95 年），古罗马律师、教育家和修辞家，著有 12 卷《雄辩术原理》。

12. 指约翰·卡普格雷夫（John Capgrave，1393—1464），英格兰神学家、历史学家，著有《英格兰编年史》（Cronicles of England），为最早用英语书写历史的编年史家之一。

13. 指拉努夫·希格登（Ranulf Higden，1280—1364），英格兰教士、历史学家，著有《编年史》（Polychronicon）一书。

14. 此处指的是英国 16 世纪宗教改革期间解散修道院而给当时的文化和图书事业带来的巨大损失。1536 年，在英王亨利八世授意下，英国议会通过《解散修道院法》（Act of Dissolution of the Monasteries），根据该法，年收入低于 200 英镑的小修道院应予以解散。1539 年春，议会又通过解散所有修道院的法案，修道院土地财产被没收，归王室所有，修士修女遭驱逐，数年间，约 500 家修道院被迫解散，英国几百年来形成的修道院制度被彻底废除。其间，修道院图书馆的藏书也遭到前所未有的破坏和毁灭。

15. 即约翰·贝尔（John Bale，1495—1563），16 世纪英国教士、历史学家、剧作家，曾担任奥索雷主教，著有《约翰王》（King John），为英国最早的历史剧；另著有《大不列颠即英格兰、苏格兰、威尔士著名作家概览》（Summary of the Famous Writers of Great Britain, that is, of England Wales and Scotland），于 1548 年和 1549 年出版，内含近 5 个世纪英国作家的生平记载，后经重写，又于 1557—1559 年再版，包括 14 个世纪英国作家的传记。贝尔是一名不知疲倦的收藏家，曾独自拜访过许多修道院的图书馆，在修道院被解散、图书馆遭毁灭后，他的记载成为了解那一时期修道院藏书仅有的资料。因脾气暴躁，喜好争论，他被人称为"坏脾气贝尔"（Bilious Bale）。

16. 爱德华·西摩（Edward Seymour，约 1500—1552），英格兰贵族、萨默塞特公爵，1547—1549 年担任英格兰摄政，辅佐年幼的外甥爱德华六世，为亨利八世的第三任王后简·西摩（Jane Seymour）的长兄。

17. 本书写于 19 世纪，而大英图书馆是 1973 年从大英博物馆中分离出来的，故本书中提到的许多原藏于大英博物馆的珍本书和手稿后来都藏于大英图书馆。

18. 即威廉·邓恩·麦克雷（William Dunn Macray，1826—1916），英国历史学家和图书管理员，毕业于牛津大学莫德林学院，1845—1905 年供职于牛津大学博德利图书馆，著有《博德利图书馆年鉴》（*Annals of the Bodleian Library*）。

19. 列奥纳多·阿莱提诺（Leonardo Aretino，1370—1444），也被称为列奥纳多·布鲁尼（Leonardo Bruni），意大利政治家和历史学家，曾任教皇秘书和佛罗伦萨共和国文书长，著有 12 卷本的《佛罗伦萨人民史》（*History of the Florentine People*），曾将许多古希腊著作翻译为拉丁语，并用意大利语写作《但丁传》《彼特拉克传》和《薄伽丘传》，是著名的人文主义作家。

20. 瓦莱利乌斯·马克西姆斯（Valerius Maximus，生卒年不详），1 世纪古罗马作家和历史学家，生活在提比略统治时期，著有《善言懿行录》（*Nine Books of Memorable Deeds and Sayings*）。

21.《贝德福德祈祷书》（*Bedford Hours*），制作于中世纪的彩饰手抄本，大约于 1410—1430 年间成书，由贝德福德公爵赠予其新婚妻子勃艮第的安妮，公爵夫妇又于 1430 年 12 月 4 日将此书作为圣诞礼物呈献给公爵的侄子、年幼的英格兰国王亨利六世（Henry VI）。手抄本由当时著名的法国彩饰师贝德福德大师（Bedford Master）制作，包括 38 幅微型画，1200 多幅圆形装饰画，是一部制作精美的中世纪彩饰手抄本，现存于大英图书馆，编号为 Additional manuscripts 18850。

22. 即伯纳德·亚历山大·克里斯蒂安·夸里奇（Bernard Alexander Christian Quaritch，1819—1899），出生于德国的英国书商和收藏家。

23. 约翰·塔尔伯特（John Talbot，1384 或 1387—1453），英格兰贵

族，什鲁斯伯里伯爵（Earl of Shrewsbury），百年战争后期英军统帅，被人称为"英国的阿喀琉斯"（English Achilles），也是唯一由英王任命的法国元帅，1453 年 7 月 17 日，率英军在法国西南部的卡斯蒂永与法军展开激战，最终战败。塔尔伯特战死，英格兰在法国西南部阿基坦地区历时 300 年的统治终告结束。

24. 瓦卢瓦家族（House of Valois），1328—1589 年统治法国的王族，为卡佩家族（House of Capet）分支，1328 年卡佩王朝国王查理四世（Charles Ⅳ，1294—1328）死后无嗣，在法国贵族的支持下，瓦卢瓦伯爵查理（Charles de Valois，1270—1325）之子菲利普登上王位，即菲利普六世（Philip Ⅵ，1293—1350），建立瓦卢瓦王朝。查理四世之女伊莎贝拉之子英王爱德华三世以法王外孙名义与菲利普六世争夺王位，遂掀起英法百年战争。1498 年，法王查理八世去世，瓦卢瓦家族直系中断，继位的路易十二属瓦卢瓦·奥尔良家族（Valois-Orléans），路易十二之后的法国国王属瓦卢瓦·昂古莱姆家族（Valois-Angoulême）。1589 年，法王亨利三世（Henry Ⅲ，1551—1589）遇刺身亡，瓦卢瓦家族统治结束，由波旁家族的亨利四世继承法国王位，遂开启波旁王朝。

25. 克雷西战役（Battle of Crécy），英法百年战争初期的著名战役。1346 年 8 月 26 日，在法国西北部的克雷西，英王爱德华三世率领 12000 名英军对阵法王菲利普六世指挥的 30000 名法军，英军以英格兰长弓大败法军重甲骑士与十字弓兵，击败了约三倍于己的敌人，最终大获全胜。

26. 李维（Livy，前 59—17），古罗马历史学家，著有《罗马自建城以来的历史》，又称《罗马史》（History of Rome）。

27. 贤明王查理（Charles le Sage，1338—1381），即法国国王查理五世，法国瓦卢瓦王朝第三位国王，任内改革税制，改组军队，创建炮兵和新海军，并与佛兰德斯、葡萄牙和西班牙结盟，收复了法国境内大部分被英军占领的国土，被称为"贤明王查理"。

28. 鲁特琴（lute），旧时一种类似于吉他的拨弦乐器，琴身为圆形。

29. 布兰卡王后（Queen Blanche，1188—1252），即卡斯蒂利亚的布兰卡（Blanche de Castille），法王路易八世的王后，路易九世之母，曾两度摄政，是文学艺术的热心赞助者。

30. 托马斯·瓦莱（Thomas Waley，约 1287—1349），牛津大学神学

家，曾于 1333 年发表了一篇关于“荣福直观”（beatific vision）的布道文，与阿维尼翁的教皇约翰二十二世的观点相左，被投入教皇监狱，后被释放，回到英格兰。

31. 奥维德（Ovid，前 43—约 17），古罗马诗人，代表作有《变形记》（*Transformations*）、《爱的艺术》（*The Art of Love*）。

32. 里夏尔·德·富尔尼瓦（Richard de Furnival，1201—1260），中世纪法国哲学家和诗人，出生于亚眠，曾任亚眠圣母教堂助祭和牧师会会长。著有长诗《爱的寓言》（*Bestiaire d'Amour*），将中世纪的求偶文学和动物寓言结合在一起，写给一位他热恋的不具名女子，但遭到该女子拒绝。

33. 圣路易（St. Louis，1214—1270），即法国国王路易九世，卡佩王朝第九任国王（1226—1270 年在位），在位期间曾组织发动第七次、第八次十字军东征，死后被追谥为圣徒。

34. 约翰·曼德维尔（John Mandeville，生卒年不详），14 世纪英格兰游记文学《曼德维尔游记》（*The Travel of Sir John Mandeville*）的作者。《曼德维尔游记》是欧洲中世纪散文体虚构游记，取材于博韦的樊尚（Vincent of Beauvais，1190—1264）所编《大宝鉴》（*Speculum Historiale*）、鄂多立克（Odoric）的《东游录》（*Travels of Friar Odoric*）和中世纪广为流传的长老约翰（Prester John）的信，记录作者于 1322 年出发，穿过土耳其、叙利亚、埃及，一路往东，直到印度和中国的见闻，出版于 1357—1371 年间。作者在前言中自称约翰·曼德维尔，是英格兰骑士，出生于圣艾尔班，并在此长大，但后人皆认为此书作者为一位名叫吉安·拉·巴尔贝（Jehan à la Barbe）的法国人。

35. 索尔兹伯里的约翰（John of Salisbury，1110—1180），英格兰中世纪著名哲学家、政治家和外交家，出生于威尔特郡索尔兹伯里，曾赴法国学习，对神学、修辞学颇有研究，归国后先后担任坎特伯雷大主教西奥巴（Theobald）和贝克特（Thomas Becket）的秘书，1170 年成为夏尔地区主教，著有《论政府原理》（*Policraticus*）、《元逻辑》（*Metalogicon*）和《教皇史》（*Historia Pontificalis*）等。

36.《财政大臣红皮书》（*The Red Book of the Exchequer*），英国判例汇编和财务管理的政府备忘录手抄本，成书于 13 世纪，其后不断补充，条目和注解一直延续到 18 世纪，内含约 300 条独立记录，包括各类契约、法规和判例等，包含了丰富的历史、宗教、法律、风土和宗谱信息，因其用红色羊皮装帧，故得名。

37.《卡马森黑皮书》(*The Black Book of Carmarthen*)，现存最早的威尔士语手抄本，大约成书于 13 世纪中叶，其名源于威尔士卡马森的圣约翰和图里道格修道院 (the Priory of St. John Evangelist and Teulyddog)，由威尔士文物学家罗伯特·沃恩 (Robert Vaughan，约 1592—1667) 收集，有 54 个对开页，部分已散佚，内容主要为 9—12 世纪的诗歌，包括宗教、颂诗和挽诗等，皆与威尔士传统文化有关，尤因诗歌中关于威尔士英雄以及亚瑟王、梅林的内容为人瞩目。除此之外，还有一小部分关于英雄所骑战马的短格言。手抄本由黑色羊皮装帧，现存于威尔士国家图书馆 (National Library of Wales)。

38.《底比斯的毁灭》(*Siege of Thebes*)，中世纪英格兰诗人约翰·利德盖特 (John Lydgate，1370—1451) 用英语写成的一首长诗，全诗有 4716 行，完成于 1420 年左右，长诗描写了俄狄浦斯之子厄特克勒斯和波吕尼刻斯为争夺底比斯统治权而手足相残的故事。

39. 拉瓦利埃公爵 (Duc de la Vallière，1708—1780)，全名路易·恺撒·德·拉瓦利埃·勒·布朗 (Louis César de la Baume le Blanc)，法国贵族、军事家、沃茹尔公爵、拉瓦利埃公爵、著名藏书家。

第六章

1. 柯西莫·德·美第奇 (Cosmo de' Médici，1389—1464)，意大利文艺复兴时期，佛罗伦萨僭主和大商人，亦被称为"国父"，是著名的艺术赞助者。

2. 波吉奥·布拉乔利尼 (Poggio Bracciolini，1380—1459)，意大利人文主义学者、历史学家、哲学家和书法家，曾任教皇秘书和佛罗伦萨共和国文书长，毕生致力于搜集和整理古代典籍，遍访德国、瑞士、法国和意大利等地的修道院，挖掘出一大批古代拉丁语手稿，其中最为著名的是卢克莱修的《物性论》，对文艺复兴时期古代典籍整理、校订和传播作出了杰出贡献。波吉奥还是著名的书法家，其手写体后来演变为罗马字体，作为印刷体一直沿用至今。

3. 即阿庇乌斯·克劳狄乌斯·卡阿苏斯（Appius Claudius Caecus，前340—前273），罗马共和国时代著名政治家，曾主持修建罗马第一个渡槽——阿庇亚渡槽（Aqua Appia）和第一条主干道阿庇恩大道（Appian Way），曾有名言："每个人都是自己命运的建筑师（Every man is the architect of his own fortune）。"

4. 卡西诺山修道院（Monastery of Monte Cassino），位于意大利中部卡西诺山，529年，本尼狄克拆毁阿波罗和丘比特神庙，建起了西欧第一座本尼狄克会修道院。几经破坏重建，12世纪已成为欧洲文化教育中心之一，有收藏手稿的图书馆和本尼狄克之墓，第二次世界大战中毁于盟军炮火，现存修道院建筑为1945—1959年照原样重建。

5. 圣加尔修道院（Abbey of St. Gall），位于瑞士境内圣加尔州，建于8世纪，为纪念爱尔兰传教士圣加尔（St. Gall，550—645）所建。圣加尔曾随科伦巴努斯从爱尔兰前往高卢传教，当科伦巴努斯继续前往意大利传教时，加尔则隐居于瑞士康斯坦茨湖畔。圣加尔修道院的图书馆早在9世纪末便闻名于世，收藏了2000多卷珍贵手稿和1650卷摇篮本。

6. 康斯坦茨（Constance），德国西南部城市，位于巴登－符腾堡州境内，康斯坦茨湖西端。1414—1418年，罗马天主教教廷在这里召开第16次主教特别会议，1417年选出新教皇马丁五世（Martin V），结束了"教会大分裂"（Great Schism）。

7. 施瓦本（Swabia），历史地名，位于德国西南部，包括从前的符腾堡公国、普鲁士的霍亨索伦省和巴伐利亚的施瓦本地区，中心位于斯图加特。

8. 亨利·博福特（Henry Beaufort，约1375—1447），英格兰教士，金雀花家族（House of Plantagenet）成员，曾担任林肯主教和温彻斯特主教，在亨利六世年幼时，和他的两个叔叔汉弗莱公爵和贝德福德公爵一同担任王国摄政，曾三次担任上议院大法官，并于1426年担任罗马天主教教廷红衣主教。

9. 尼可洛·尼克里（Niccolo Niccoli，1364—1437），意大利文艺复

兴时期人文主义学者，生卒于佛罗伦萨，曾抄录、整理多部古典文学手稿，现今洛伦佐图书馆中很多有价值的抄本都由他誊录，其中包括卢克莱修的作品和普劳图斯（Plautus）的 12 卷喜剧，所藏 800 册手抄本在其死后捐献给洛伦佐图书馆。其风格独特的手写体，成为著名的意大利斜体（Italic）。

10. 卡罗·阿瑞提诺（Carlo Aretino，1399—1453），意大利人文主义学者，曾担任佛罗伦萨共和国文书长。

11. 维罗纳的瓜里诺（Guarino of Verona，1374—1460），意大利文艺复兴早期学者，曾在君士坦丁堡师从曼努埃尔·赫里索洛拉斯学习希腊语，后携带两箱希腊语手稿返回意大利，均为其苦心收集，其中一箱毁于沉船事故，他忧急之下，一夜白头。回到意大利后，他先后在维罗纳、威尼斯、佛罗伦萨和费拉拉教授希腊语，并担任费拉拉埃斯特家族的家庭教师，著有农村喜剧，并将古希腊地理学家斯特拉博和普鲁塔克著作翻译成拉丁语。

12. 乔万尼·奥里斯帕（Giovanni Aurispa，1376—约 1459），意大利历史学家、学者、书商，1423 年从希腊带回 238 部希腊语书籍。

13. 品达（Pindar，约前 518—前 438），古希腊抒情诗人。

14. 斯特拉博（Strabo，前 63—前 23），古希腊地理学家、历史学家。

15. 洛伦佐·瓦拉（Lorenzo Valla，约 1407—1457），意大利历史学家、修辞学家、天主教会修士、人文主义学者，精通古希腊文、拉丁文，曾在那不勒斯王国阿方索五世的宫廷任职，后任教皇尼古拉五世秘书，著有《君士坦丁赠礼辨伪》《优雅的拉丁语》《新约全书集注》等。

16. 尼可洛·佩罗蒂（Niccolo Perotti，1429—1480），意大利人文主义学者，第一本现代拉丁语语法书作者之一，曾担任红衣主教贝萨里翁的秘书，并为其写有传记，著有拉丁语语法书《初级语法》（*Rudimenta Grammatices*），于 1473 年出版。

17. 梅塞纳斯（Maecenas，前 68—前 8），古罗马政治家，屋大维的朋友和谋臣，热爱文学，曾赞助贺拉斯和维吉尔，其名后引申为"文学和艺术赞助人"之意。

18. 科卢乔·萨卢塔蒂（Coluccio Salutati，1331—1406），意大利文艺复兴时期人文主义学者和政治家，曾长期担任佛罗伦萨共和国文书长，是美第奇家族崛起之前佛罗伦萨最有影响力的政治家和学术领袖，周围聚集了包括波吉奥·布拉乔利尼、尼可洛·尼克里、列奥纳多·布鲁尼在内的一大批人文主义学者，曾于1395年邀请曼努埃尔·赫里索洛拉斯到佛罗伦萨讲授希腊语，后者成为中世纪以来西欧正式邀请的第一位拜占庭学者。萨卢塔蒂本人学识渊博，所写文书和公函为意大利文牍通信的典范，米兰公爵吉安·加莱阿佐·维斯孔蒂（Gian Galeazzo Viscouti）曾说萨氏之文杀伤力堪比1000个佛罗伦萨骑兵，其朋友称他为"西塞罗猿"（Ape of Cicero）。

19. 豪华者洛伦佐（Lorenzo the Magnificent），即洛伦佐·德·美第奇（Lorenzo de' Medici，1469—1492），意大利文艺复兴时期政治家、外交家和银行家，佛罗伦萨共和国实际统治者，著名的文化赞助人，尤以赞助波提切利和米开朗琪罗著名。

20. 即吉洛拉谟·萨伏那洛拉（Girolamo Savonarola，1452—1498），意大利多明我会修士、宗教改革家，出生于费拉拉。1475年加入多明我会，后到佛罗伦萨布道，1491年任圣马可修道院院长，1494年乘法军入侵意大利之机，领导佛罗伦萨人民起义，驱逐美第奇家族，幻想建立一个以耶稣为君主的神权国家。教皇亚历山大六世对之极为敌视，1497年革除其教籍。1498年，美第奇家族支持者攻进圣马可修道院，萨伏那洛拉被捕入狱，同年以"异端罪"被处以火刑。

21. 萨尔扎纳（Sarzana），意大利城镇，位于意大利古利亚大区拉斯佩齐亚市。

22. 尼古拉五世（Nicholas V，1397—1455），本名托马索·帕兰图切利（Tommaso Parentucelli），后改名为尼古拉，以纪念其恩人尼可洛·阿尔伯加蒂（Niccolò Albergati）主教。尼古拉五世任罗马教皇期间，吸引大批人文主义学者至罗马进行学术研究和古籍整理，建立梵蒂冈图书馆，重建圣彼得大教堂，并为罗马市政建设做了大量工作，由此开辟了"人文主义者的黄金时代"。他酷爱藏书，曾派人到各地搜罗古籍珍本，并将自己收藏的5000册书籍捐赠给梵蒂冈图书馆，现存拉丁语手抄本824册，希腊语手抄本352册。

23. 波旁公爵（Duke of Bourbon），即查理三世·德·波旁（Charles III de Bourbon，1490—1527），法国国王弗朗索瓦一世时的陆军元帅，后转投弗朗索瓦一世的敌人、神圣罗马帝国皇帝查理五世（Charles V），曾在1525

年的帕维亚战争（Battle of Pavia）中俘获弗朗索瓦一世。1527 年 5 月，奉
查理五世之命进攻罗马，战死城下，失去首领的乱军攻入罗马，大肆洗劫，
使罗马遭受惨重损失，无数珍宝和文化典籍遭到毁灭，史称"罗马之劫"
（Sack of Rome），此举标志着罗马文艺复兴的终结。

24. 波利比乌斯（Polybius，约前 200—前 117），古希腊历史学家，
著有《通史》（The Histories）一书，计 40 篇，现存仅前 5 卷及少量片段，
详细记载了前 264—前 146 年间的历史。文艺复兴时期，教皇尼古拉五世
以 500 达克特金币为酬，邀语法学家佩罗蒂将此书翻译成拉丁语。

25. 毕达哥拉斯金句（Golden Verse of Pythagoras），相传由毕达哥拉
斯撰写的一组道德说教诗句，被认为是古希腊道德规范的雏形。1494 年，
学者君士坦丁·拉斯卡利斯将其翻译成拉丁语。

26. 指恺撒利亚的巴西尔（Basil of Caesarea，约 330—379），古代基
督教希腊教父，小亚细亚卡帕多西亚（Cappadocia）恺撒利亚地区主教。
一生致力于维护基督教的纯正信仰，是卡帕多西亚教父的主要代表之一，
也是希腊四大圣师之一，他制订的修道规章对后世的东正教修道运动有很
大影响。

27. 指亚历山大的西里尔（Cyril of Alexandria，约 376—444），古代
基督教希腊神甫。412—444 年任亚历山大主教，是 4 世纪末 5 世纪初基
督教争端中的重要人物，431 年第一届以弗所会议（Council of Ephesus）
的核心人物。该会议废除了君士坦丁堡主教聂斯托利（Nestorius）的职
务，将其教派定位为异端，使其最终客死埃及。曾驱逐诺瓦替安派和犹
太人，并煽动一些基督教暴民杀害希腊著名女哲学家和数学家海帕西娅
（Hypatia）。平生著述颇丰，其部分学说及著述被基督教沿用至今，对教
派的部分传统的形成有重要作用。

28. 即迪西德里乌斯·伊拉斯谟（Desiderius Erasmus，约 1466—
1536），荷兰哲学家，16 世纪欧洲人文主义思想家，曾编校第一本拉丁语
和希腊语双语对照的《希腊语圣经新约批注》（Paraphrase），主要作品有
《愚人颂》《基督教骑士手册》和《论儿童的教养》。

29. 坎帕尼亚（Campagna），意大利大区之一，位于意大利半岛南部、
亚平宁山脉南麓，首府为那不勒斯。

30. 约瑟夫·尤斯图斯·斯卡利杰（Joseph Justus Scaliger，1540—

1609），法国古典学者、语言学家，出生于意大利，曾在荷兰莱顿大学任教。

31. 特拉比松的乔治（George of Trebizond，1395—1486），希腊哲学家和人文主义学者，曾担任教皇尼古拉五世秘书，翻译过亚里士多德和柏拉图的著作。他在《柏拉图和亚里士多德比较》（*Comparison to Plato and Aristotle*）一书中，把亚里士多德说成是基督教的英雄，而将柏拉图斥为异端邪说的无赖。

32. 指皮耶罗·斯特拉齐（Piero Strozzi，约 1510—1558），意大利将领，佛罗伦萨望族斯特拉齐家族成员，后投靠法国，1554 年被任命为法国元帅。

33. 指尼克洛·马基雅维利（Niccolo Machiavelli，1469—1527），意大利文艺复兴时期政治家、思想家和历史学家，主要著作有《君主论》《讲话集》《论战争艺术》《佛罗伦萨史》等。

34. 乔万尼·拉米（Giovanni Lami，1697—1770），意大利法官、教会史家和文物学家。

35. 耶稣会（Jusuits），天主教修会之一，1534 年由西班牙人依纳爵·罗耀拉（Ignatius of Loyola，1491—1556）在巴黎创建。

36. 圣十字堂教堂（Santa Croce），位于佛罗伦萨的一座圣方济各会教堂，在圣母百花大教堂东南 800 米处，葬有众多名人，米开朗琪罗、伽利略、马基雅维利和罗西尼等均埋葬于此。

37. 弗朗西斯科·马拉塞利（Francesco Marucelli，1625—1703），意大利教士、书志学家和藏书家，出身于佛罗伦萨贵族家庭，在比萨大学学习民法和教会法，后进入罗马教廷，倾其一生搜集书籍，后捐赠给佛罗伦萨，成为马拉塞利图书馆的基础。图书馆于 1752 年向公众开放，为佛罗伦萨首个向公众开放的图书馆，目前大约有 40000 册藏书、2000 部手稿、10000 份信件和文件。

38. 马格利贝奇图书馆（Magliabecchian Library），佛罗伦萨国立中央图书馆的前身，成立于 1714 年，最初藏书为马格利贝奇捐赠的 30000 册藏书。1743 年，托斯卡纳地区规定每出版一本新书，就要有一本献给该馆。1861 年与帕拉迪纳图书馆合并，1885 年改名为佛罗伦萨国立中央图书馆。

39. 安东尼奥·马格利贝奇（Antonio Magliabecchi，1633—1714），意大利学者，早年在珠宝店当学徒，后转而从事学术，受到美第奇图书馆馆长米切利·厄米尼提携，在其指导下学习并掌握了拉丁语、希腊语和希伯来语，后担任托斯卡纳大公柯西莫三世的图书管理员。

40. 迪布丁（Dibdin，1776—1847），全名托马斯·弗洛格纳尔·迪布丁（Thomas Frognall Dibdin），英国作家、目录学家，著名的罗克斯伯勒俱乐部创始人，第二代斯宾塞伯爵非正式图书管理员，著有《希腊和拉丁古典作品稀有和珍贵版本入门》《斯宾塞藏书目录》《书痴，或书疯》《法德珍版书和美丽观光游》等。

第七章

1. 锡耶纳的西克斯图斯（Sixtus of Sienna，1520—1569），犹太人，曾被指控为异端，后得宗教裁判所法官、后来的教皇庇护五世（Pius V，1504—1572）保护，加入多明我会，为当时著名的天主教神学家。

2.《给老底嘉教会的信》（*Epistle to the Laodiceans*），使徒保罗写给老底嘉教会的信。老底嘉（Laodicean），土耳其吕科斯河畔古城，于前261—前246年由叙利亚王安条克二世（Antiochus Ⅱ）建造，以纪念其妻劳迪丝一世（Laodice Ⅰ）。故址靠近今土耳其城市代尼兹利（Denizli）。

3. 曼图瓦（Mantua），意大利北部城市，位于伦巴第大区内，古罗马诗人维吉尔的诞生地。文艺复兴时期由贡扎加（Gonzaga）家族统治，1530年成为公国，1708年起属奥地利，其间一度被法国占领（1796—1815），1866年并入意大利王国。

4. 鲁德维科·贡扎加三世（Ludovico Gonzaga Ⅲ，1412—1478），曼图瓦领主，1444—1478年间统治曼图瓦。热爱文化艺术，是文艺复兴时期的文化赞助人之一，曾邀请包括著名建筑师莱昂·巴蒂斯塔·阿尔贝蒂（Leon Battista Alberti）在内的许多人文主义学者来曼图瓦。

5. 此处指的是被彼得罗·本博（Pietro Bembo，1470—1547）发现的伊西斯碑（The Bembine Tablet of Isis），大约制作于1世纪的古罗马象形文字青铜碑刻，碑刻中心所绘为古代埃及司生育和繁殖的女神伊西斯。此碑制作后很长一段时间没有记载，直到1527年罗马大劫难之后被文物学者彼得罗·本博得到，遂以他的名字命名，现藏于意大利都灵埃及博物馆。

6. 指皮罗·利戈里奥（Pirro Ligorio，1512 或 1513—1583），意大利建筑师、画家、文物学家、园林设计师，出生于那不勒斯，曾任教皇保罗四世（Paul IV）和庇护四世（Pius IV）的建筑师，并为红衣主教伊波利特二世·德·埃斯特（Ippolito II d'Este）设计位于罗马东郊蒂沃利（Tivoli）的埃斯特别墅（Villa d'Este），该别墅为文艺复兴时期著名的园林建筑。

7. 此处指的是萨伏伊家族（House of Savoy），统治意大利西北部和撒丁岛的古老家族之一，曾统治萨伏伊公国、撒丁王国，也是 1861—1946 年统治意大利的皇室。1946 年，意大利全民公投，决定废除君主制，建立共和国，萨伏伊家族在意大利的统治才告结束。

8. 即乔万尼·蓬塔诺（Giovanni Pontano，1426—1503），文艺复兴时期意大利人文主义学者和诗人，曾担任那不勒斯国王阿方索二世（Alfonso II，1448—1495）的导师和政治顾问，并继安东尼奥·贝卡德利（Antonio Beccadelli）后成为那不勒斯学院的灵魂人物，该学院就以他的名字命名，称为"蓬塔诺学院"（Accademia Pontaniana）。

9. 以斯拉（Esdras），前 5 世纪以色列文士、祭司，熟读律法。

10.《摩西五经》（Pentateuch），《希伯来圣经》或基督教《圣经·旧约》前五卷，分别为《创世记》（Genesis）、《出埃及记》（Exodus）、《利未记》（Leviticus）、《民数记》（Numbers）、《申命记》（Deuteronomy），相传为摩西所著，故称《摩西五经》，又称为律法书、摩西律法（the Law of Moses），天主教称其为《梅瑟五书》，主旨为神的创造、人的尊严与堕落、神的救赎、神的挑选、神的立约和神的律法等。

11. 指塞利奥·卡尔卡格尼尼（Celio Calcagnini，1479—1541），意大利人文主义学者、外交家、费拉拉埃斯特宫廷政治家，在当时还被视为天文学家，在他死后其藏书遗赠给费拉拉的多明我会。

12. 埃斯特家族（House of Este），意大利文艺复兴时期费拉拉和摩德纳的统治者，著名的学术赞助人。

13. 皮奥夏（Boeotia），希腊中部具有独特军事、艺术和政治历史的地区，今译为维奥蒂亚（Viotia），前 446 年，该地区 12 个城邦以底比斯为首组成维奥蒂亚联盟（Boeotian League）。维奥蒂亚人生活奢华，蒙昧无知，雅典人认为他们对文学艺术一无所知，像牛一样愚钝，故"皮奥夏人"也代指愚笨、迟钝的人，其实古希腊诗人品达和罗马时代传记作家普鲁塔克都出生于该地区。

14. 即鲁德维科·阿里奥斯托（Ludovico Ariosto，1474—1533），意大利诗人，著有长诗《愤怒的奥兰多》（*Orlando Furiso*）。

15. 指塔尔夸托·塔索（Torquato Tasso，1544—1595），意大利诗人，著有长诗《被解放的耶路撒冷》（*Jerusalem Delivered*），晚年一度精神失常，被关于费拉拉圣安娜精神病院。

16. 法兰西的芮妮（Renée of France，1510—1574），法王路易十二之女，著名的新教改革支持者，其夫为费拉拉公爵埃尔科莱二世·埃斯特。

17. 克莱蒙·马罗（Clément Marot，1496—1544），文艺复兴时期法国宫廷诗人，因涉宗教改革而数次逃亡意大利。

18. 施韦因富特（Schweinfurt），德国中部城市，位于美因河右岸。

19. 《耶利米书》（*Book of Jeremiah*），《旧约·先知书》的一卷，一般认为系耶利米助手巴录（Baruch）汇集先知事迹和言论而成，前6世纪中叶成书，前3世纪被确定为犹太教正典。载录先知耶利米关于耶路撒冷被毁、巴比伦灭亡、以色列终将复兴的预言，并穿插其生平事迹。

20. 阿里斯塔库斯（Aristarchus，前215—前143），古希腊评论家、语法学家和文献校勘家。

21. 摩德纳（Modena），意大利北部城市，位于波河南岸，为艾米利亚罗马涅大区摩德纳省省会。

22. 即鲁德维科·安东尼奥·穆拉托利（Ludovico Antonio Muratori，1672—1750），意大利历史学家、文艺理论家，出生于摩德纳，曾在米兰担任安布罗修图书馆管理员。1700年返回摩德纳，负责管理摩德纳宫廷的图书馆和档案馆。以拉丁文、意大利文撰写多部古代史和中世纪史著作，代表作为12卷本《意大利编年史》（*Annial of Italy*），叙述从1世纪至1749年的意大利政治史，还因发现《穆拉托利经目残篇》（*Muratorian Fragment*）而闻名：曾在米兰安布罗修图书馆发现一册6—8世纪的羊皮卷手抄本，上为拉丁文《新约》部分条目以及有关考证文字。据考证，该书目为2世纪末在罗马编纂而成，是研究《新约》编订史的古代重要文献。因这一残篇为穆拉托利发现并由其整理出版，故名。

23. 即吉罗拉谟·提拉博斯基（Girolamo Tiraboschi，1731—1794），

意大利文学评论家，曾担任摩德纳公爵弗朗西斯三世（Francis Ⅲ）的图书管理员，著有《意大利文学史》（*History of Italian Literature*）。

24. 即那不勒斯的乔安娜二世（Joanna Ⅱ of Naples，1373—1435），安茹女公爵，那不勒斯王国安茹王朝末代女王。1420 年，为抵抗争夺那不勒斯王位的法国安茹家族的路易三世，乔安娜二世邀请阿拉贡国王阿方索五世相援，次年承认阿方索五世为其养子和继承人，后转而承认路易三世为继承人（1423 年），赶走阿方索五世。1435 年，乔安娜二世去世，安茹公爵雷内（René，1400—1480）继承王位，但在 1442 年遭阿方索五世军队驱逐，被迫退回法国，安茹家族在那不勒斯的统治结束。阿方索五世成为那不勒斯国王，那不勒斯王国此后归属阿拉贡王朝。

25. 指阿拉贡的阿方索五世（Alfonso V of Aragon，1396—1458），阿拉贡和西西里国王，那不勒斯国王（称阿方索一世，Alfonso Ⅰ）。第一个同时统治西西里和那不勒斯的西班牙君主，同时也是著名的学术赞助人，夺取那不勒斯后，他将整个阿拉贡宫廷搬到那里，并延揽了一大批人文主义学者、作家和艺术家，包括洛伦佐·瓦拉、安东尼奥·贝卡德利和乔万尼·蓬塔诺等。

26. 安东尼奥·贝卡德利（Antonio Beccadelli，1394—1471），意大利诗人、学者、外交家和编年史家，出生于西西里的巴勒莫，1434 年来到阿方索五世宫廷，在阿方索五世的支持下建立那不勒斯学院（后改名为蓬塔诺学院）。

27. 查理八世（Charles Ⅷ，1470—1498），法国瓦卢瓦王朝嫡系最后一位国王，路易十一独子。1494 年，以那不勒斯王位继承人资格进入意大利；1495 年，攻占那不勒斯，并加冕为那不勒斯国王。其行动遭到教皇亚历山大六世、威尼斯、米兰及神圣罗马帝国皇帝马克西米利安一世和阿拉贡的费尔南多的联合反对，被迫于 1495 年底退出意大利。

28. 布列塔尼的安妮（Anne of Brittany，1477—1514），布列塔尼女公爵，法兰西王后。

29. 乌尔比诺（Urbino），意大利中部马尔凯地区城市，文艺复兴时期著名画家拉斐尔的出生地，15 世纪一度成为意大利文化和艺术中心。1998 年，其因丰富的历史文化遗产被联合国教科文组织列入世界文化遗产名录。

30. 指圭杜巴尔多·达·蒙特费尔德罗（Guidubaldo da Montefeltro，

1472—1508），又称圭杜巴尔多一世，乌尔比诺公爵费得里科三世之子，1482年继任乌尔比诺公爵。因身体原因无嗣，去世后由其外甥弗朗西斯科·马利亚·德拉·罗韦雷（Francesco Maria della Rovere，1490—1538）承袭公爵位。

31. 指艾米利亚·皮娅·卡尔皮（Emilia Pia Carpi），乌尔比诺公爵费得里科三世的私生子安东尼奥·达·蒙特费尔德罗（Antonio da Montefeltro，1445—1508）之妻，为卡尔皮领主马克二世之女。

32. 指巴尔达萨雷·卡斯蒂里奥内（Baldassar Castiglione，1478—1529），意大利人文主义学者、廷臣、外交家和作家，所著《廷臣论》（*Book of the Courtier*）是一部关于廷臣礼仪和道德的著作。卡斯蒂里奥内曾就职于乌尔比诺宫廷，当时的乌尔比诺宫廷是意大利文化和学术中心，聚集了一大批学者名流，以公爵夫人伊丽莎白·贡扎加和其姐姆艾米利亚·皮娅为中心，经常举办智力竞赛、朗诵、露天演出、舞会、音乐会和其他文化活动，并对各种学术问题和宫廷礼仪进行探讨，《廷臣论》便以此为背景创作。1528年，卡斯蒂里奥内去世前一年，《廷臣论》由阿尔定出版社（Aldine Press）出版。《廷臣论》对欧洲贵族的自我教养和行为文明产生过重大影响，在文艺复兴时期被视为"品德工具书"。

33. 指费得里科·达·蒙特费尔德罗（Federico da Montefeltro，1422—1482），费得里科三世，意大利文艺复兴时期雇佣兵首领，1444—1482年为乌尔比诺领主，1474—1482年为乌尔比诺公爵。著名的艺术赞助者，曾下令建造乌尔比诺公爵府和一座藏书规模仅次于梵蒂冈图书馆的图书馆。

34. 拉斯卡利斯家族（House of Lascaris），东罗马帝国贵族，曾于1204—1261年统治东罗马帝国，建立尼西亚（Nicea）王朝，为东罗马帝国第十一个封建王朝，之后一直位列东罗马贵族，直到帝国被奥斯曼帝国灭亡，家族许多成员流亡至意大利。

35. 墨西拿（Messina），意大利城市，位于西西里岛东北端，隔墨西拿海峡与亚平宁半岛相望。

36. 菲利普二世（Philip Ⅱ，1527—1598），哈布斯堡王朝的西班牙国王（1556—1598年在位）和葡萄牙国王（1581—1598年在位），执政时为西班牙最盛时期。

37. 埃斯科里亚尔皇家修道院（El Escorial），位于西班牙首都马德里西北 45 公里处的埃斯科里亚尔，是一处包含修道院、教堂、王宫、陵墓、图书馆、博物馆、大学和医院的综合性建筑。以 3 世纪基督教殉道者圣洛伦佐（St. Lorenzo，225—258）的名字命名，由西班牙国王菲利普二世下令修建，著名设计师胡安·巴蒂斯塔·德·托莱多（Juan Bautista de Toledo）设计。1563 年动工，1567 年托莱多去世后，由其弟子胡安·德·埃雷拉（Juan de Herrera）继续监造，最终于 1584 年完工。建筑风格为西班牙王权统治和天主教信仰的双重结合。

38. 指纪尧姆·比代（Guillaume Budé，1467—1540），法国学者，曾担任枫丹白露皇家图书馆馆长，并劝说法王弗朗索瓦一世建立法兰西学院。

39. 马提亚斯·科维努斯（Matthias Corvinus，1443—1490），匈牙利、克罗地亚国王、波希米亚国王和奥地利大公，天才政治家和军事家，通过一系列政治、经济和军事改革，使匈牙利在长时间动乱后得以振兴，并成为欧洲强国。他同时也是文艺复兴时期著名的文化赞助人，曾在匈牙利首都布达建立欧洲当时最大的图书馆——科维努斯图书馆（Bibliotheca Corviniana）。在他的努力下，匈牙利成为意大利之外首个拥抱文艺复兴的国家。

40. 黎凡特（Levant），地中海东部沿岸国家，源于拉丁文 levare，意为"太阳升起的地方""东方"，一般指今叙利亚、黎巴嫩、巴勒斯坦、约旦一带，有时也包括土耳其和埃及。

41. 沃尔芬布特尔（Wolfenbüttel），德国北部城市。

42. 路易二世（Louis Ⅱ，1506—1526），匈牙利和克罗地亚、波希米亚国王，1516—1526 年在位，在与奥斯曼帝国的摩哈赤战役（Battle of Mohács，1526）中阵亡，此后匈牙利被奥斯曼帝国吞并。

43. 布拉西卡努斯（Brassicanus，1500—1539），全名约翰·亚历山大·布拉西卡努斯（Johann Alexander Brassicanus），德国人文主义学者、作家，曾于 1525 年游历布达，参观科维努斯图书馆，并留下回忆录。

44. 赫里奥多罗斯（Heliodorus，生卒年不详），罗马帝国时期希腊小说家，约生活在 3 世纪，著有浪漫小说《埃塞俄比亚传奇》（Aethiopica），又称《杰亚根和查瑞克莉娅》（Theagenes and Chariclea），讲述埃塞俄比亚国王西达斯派斯（Hydaspes）和王后珀西娜（Persinna）之女查瑞克莉娅，自幼流落民间，与青年杰亚根相爱，经历种种磨难，在即将被杀献祭时，被双亲认出，最终转危为安，与杰亚根终成眷属。

45. 大维齐尔（Grand Vizier），源自阿拉伯语，是苏丹（伊斯兰国家的统治者）以下级别最高的大臣，相当于宰相。

46. 指约翰内斯·萨姆巴库斯（Johannes Sambucus, 1531—1584），匈牙利人文主义学者、医生、文献学者和历史学家。

47. 指奥吉尔·盖斯林·德·伯斯贝克（Ogier Ghiselin de Busbecq, 1522—1592），16世纪佛兰德斯外交家、作家和植物学家，曾任神圣罗马帝国驻奥斯曼帝国大使，长期在君士坦丁堡生活，著有《土耳其书信集》（*Turkish Letters*）。

48. 耶拿（Jena），德国西南部城市，位于图林根州。

49. 布伦瑞克的奥古斯特（Augustus of Brunswick, 1579—1666），布伦瑞克－吕内堡（Brunswick Lüneburg）公爵，当时最有学问的王公，曾在其领地沃尔芬布特尔建起一座图书馆——赫佐格·奥古斯特图书馆（Herzog August Library），又称奥古斯特公爵图书馆，为当时阿尔卑斯山北部藏书规模最大的图书馆。

50. 奥地利的玛丽（Mary of Austria, 1505—1558），匈牙利国王路易二世的王后，也被称为"匈牙利的玛丽"，卡斯蒂利亚国王菲利普一世（Philip I of Castile）和王后乔安娜（Queen Joanna）之女，神圣罗马帝国皇帝查理五世之妹，在路易二世战死后，担任匈牙利摄政，后应其兄查理五世邀请，统治尼德兰。她也是著名的文化艺术赞助者。

51.《亨利三世金色福音书》（*Golden Gospels of Henry III*），成书于11世纪的彩饰福音书手抄本，由神圣罗马帝国皇帝亨利三世赞助，制作于埃希特纳赫（Echternach）修道院，有171个对开页，13幅整页微型画，43幅半页微型画。亨利三世将其赠给斯拜尔教堂（Speyer Cathedral），后为神圣罗马帝国皇帝马克西米利安一世所得，传给其女玛格丽特公主和孙女玛丽公主，之后为西班牙国王菲利普二世所得，收藏于埃斯科里亚尔皇家修道院，至今仍存。

52. 阿伦德尔手稿（the Arundel MSS），为英国第21任阿伦德尔伯爵托马斯·霍华德（Thomas Howard, 1586—1646）所藏，故名。阿伦德尔伯爵是詹姆斯一世和查理一世时期的宫廷宠臣，也是旅行家和收藏家，收藏了大量绘画、手稿、雕塑和徽章等。他收藏的古希腊雕塑被称为"阿伦德尔大理石"（Arundel Marbles），由其孙亨利·霍华德（Henry Howard）捐赠给牛津大学；藏书则一分为二，一部分收藏在英国皇家学会，另一部分收藏于皇家纹章院。1831 年，皇家学会将部分藏书卖给大英博物馆，现藏于大英图书馆，被称为"阿伦德尔手稿"。

53. 帕拉丁（Palatinate），今称普法尔茨（Pfalz），德国历史地名，位于莱茵河中游两岸，原为洛林王国宫伯领地。1155 年，皇帝腓特烈一世将宫伯一职授予其姻兄弟康拉德，后者领有这一地区，以海德堡为首府。

54. 威利巴德·伯克海默（Willibald Pirckheimer，1470—1530），德国文艺复兴时期律师、作家和人文主义学者，生活在纽伦堡，曾两度出任市议员，与画家丢勒和哲学家伊拉斯谟交好，丢勒曾为他画过多幅肖像画。伯克海默也是一位藏书家，其藏书被后人卖给英国阿伦德尔伯爵托马斯·霍华德，今藏于大英图书馆。

第八章

1. 即鲁德维格·德林根堡（Ludwig Dringenberg，约 1415—1477），德国教士、教育家和人文主义学者，曾担任阿尔萨斯塞莱斯塔特（Sélestat）拉丁语学校校长，1442 年建立著名的塞莱斯塔特人文图书馆（Humanist Library of Sélestat）。

2. 鲁道夫·冯·兰格（Rudolph von Langen，1438 或 1439—1519），德国天主教神学家、人文主义学者，曾担任明斯特教堂学校教务长，并将这所学校发展成一所人文主义教育机构。

3. 即比亚图斯·雷纳努斯（Beatus Rhenanus，1485—1547），德国人文主义学者、宗教改革家、古典学者和藏书家，将平生所藏书籍赠予家乡塞莱斯塔特，至今仍旧保存在塞莱斯塔特人文图书馆。

4. 即赫尔曼·冯·德·布舍（Hermann von dem Busche，1468—1534），德国人文主义作家，精通拉丁语，著有《人性的价值》（*Vallum humanitatis*），被视为人文主义运动的宣言。

5. 代芬特尔（Deventer），荷兰历史最悠久的城市之一，位于莱茵河支流艾瑟尔河畔。

6. 拉丁姆（Latium），亚平宁半岛中西部地区，古代拉丁人生活区域，孕育了古罗马文明。

7. 即约翰内斯·罗伊希林（Johannes Reuchlin，1455—1522），德国人文主义学者、希腊语和希伯来语学者，曾编辑讽刺作品《蒙昧者书简》，著有《拉丁文字典》《犹太教的神秘学》《希伯来语的发音和缀语》等。

8. 普瓦捷（Poitiers），法国中西部城市，维埃纳省省会，是这一地区的政治、经济、文化和科教中心。

9. 卡巴拉（Cabala），（尤指中世纪对《圣经》做神秘解释的）犹太教拉比信奉的神秘哲学。

10. 下诺夫哥罗德州（Nizhny Novgorod），俄罗斯西北部历史名城。12 至 15 世纪为诺夫哥罗德公国都城，曾是俄罗斯贸易、文化和宗教中心，自 16 世纪中叶至 20 世纪初，每年 7 月举办的商品交易会，吸引了来自印度、伊朗和中亚的商人，为俄罗斯历史上规模最大的商品交易会。

11. 鲁汶（Louvain），比利时城市，位于首都布鲁塞尔以东大约 25 公里，同时也是弗拉芒 – 布拉班特省省会。

12. 乌瑞克·冯·胡腾（Ulrich von Hutten，1488—1523），德国人文主义学者、诗人，曾被神圣罗马帝国皇帝马克西米利安一世授予"桂冠诗人"头衔，1522—1523 年骑士暴动（Knights' Revolt）领导人之一，著有《对话录》，也是《蒙昧者书简》（第二卷）作者之一。

13. 美因茨（Mainz），德国中西部城市，莱茵兰 – 普法尔茨州（Rhineland-Palatinate）首府，位于莱茵河左岸，美因河河口。

14.《蒙昧者书简》（*Letters from Obscure Men*），16 世纪德意志书信集。因写信人以"蒙昧者"身份出现，故称。作者有克罗图斯·鲁贝阿努斯（Crotus Rubeanus，1480—1519）、赫尔曼·布舍和胡腾等。他们用虚构的姓名，从德意志和罗马等地以拉丁文写信给科隆神学家沃特文·格拉提乌斯（Ortwin Gratius，1475—1542）。由罗伊希林编纂成集，1515 年出版第一卷，1517 年出版第二卷。作品以鲜明俏皮的形式，揭露了教会和僧侣的愚昧无知和腐化堕落。

15. 此处指老尼古拉·海因休斯（Nicolaus Heinsius the Elder，1620—1681），荷兰学者、诗人和藏书家，藏书达到 13000 册。人们称其为"老尼古拉·海因休斯"，以区别于其私生子小尼古拉·海因休斯（Nicolaus Heinsius the Younger, 1655—1718）。后者是一位作家、医生，曾在罗马担任瑞典女王克里斯蒂娜的私人医生。

16. 即乔治·威廉·冯·霍亨朵夫（Georg Wilhelm von Hohendorff, 1670—1719），普鲁士贵族，藏书家，曾担任选帝侯腓特烈三世、后来的普鲁士皇帝腓特烈一世的侍从，后服务于欧根亲王（Prince Eugene of Savoy, 1663—1736），担任其副手和秘密外交事务大使，同时也是亲王的藏书顾问。霍亨朵夫藏书丰富，包括一些珍贵的早期印本，如《福斯特和修费尔圣经》、格罗利耶藏书和非常完整的阿尔定版书籍，三册一组，编号从 2851 到 2953。霍亨朵夫于 1719 年去世，其藏书被神圣罗马帝国皇帝卡尔六世（Charles Ⅵ, 1665—1740）以 10 万金币买下，入藏皇家图书馆，后来成为奥地利国家图书馆的馆藏书籍。

17. 即菲利普·梅兰希通（Philipp Melanchthon, 1497—1560），德国宗教改革家、人文主义学者。出生于巴登，曾到维登堡大学教授希腊文，并出版《教义要点》，系统阐述新教教义，为新教第一本"系统神学"著作。1530 年起草《奥格斯堡信纲》，为路德宗的信仰纲要。

18. 约翰·拉斯科（John à Lasco, 1499—1560），波兰宗教改革家，长期在英格兰生活。

19. 富格尔家族（House of Fugger），15—17 世纪德意志商人贵族世家，曾贷款给神圣罗马帝国哈布斯堡王朝和罗马教廷，并资助查理五世当选为神圣罗马帝国皇帝，从哈布斯堡王朝手中取得在蒂罗尔、匈牙利、西班牙等地开采银、铜、汞矿的权利，并取得铸造货币之权，在各地设立银行，16 世纪中期成为欧洲首屈一指的富裕家族，资产超过 700 万莱茵金币。此后随哈布斯堡家族衰落而渐趋式微，17 世纪末破产。

20. 阿尔马登（Almaden），西班牙南部城市，盛产水银。

21. 三十年战争（Thirty Year's War, 1618—1648），由神圣罗马帝国的内战演变而成的一场大规模欧洲战争，也是德意志宗教战争的一部分。

22. 梯利伯爵（Count of Tilly, 1559—1632），本名约翰内斯·采克拉斯（Johannes Tserclaes），"三十年战争"前期天主教联盟军队统帅之一，曾率军取得包括白山战役、施特塔隆战役、鲁特战役、马格德堡战役等在内的一系列战役的胜利，1631 年在布赖滕菲尔德战役中被瑞典国王古斯塔夫·阿道夫（Gustavus Adolphus）击败，次年在列克河又被击败，受重伤而死。

23. 埃诺（Hainault），西欧历史地区名，今比利时西南部一省，省会为蒙斯。

24. 圣贝尔纳（St. Bernard，1090—1153），又称克莱尔沃的贝尔纳（Bernard of Clairvaux），法国神学家，克莱尔沃修道院创始人、院长，第二次十字军东征的鼓吹者。主张改革修会，严格遵守会规，对当时的西欧教会事务极有影响，死后被教会追谥为圣徒。

25. 托马斯·肯佩斯（Thomas à Kempis，1380—1471），基督教神学家、作家，出生于德国杜塞尔多夫附近的肯彭。1392 年前往代芬特尔共同生活兄弟会的学校接受教育，1399 年入兹沃勒附近阿格尼滕贝格的奥斯定会修道院，从事著述、布道和抄写古代书卷，著有《效法基督》（Imitation of Christ）一书，为基督教经籍中影响仅次于《圣经》的灵修著作。

26. 密涅瓦（Minerva），罗马神话中的工艺女神，等同于希腊神话中的智慧女神雅典娜。

27. 苏瓦尼森林（Sonian Forest），位于比利时布鲁塞尔西南，有 4000多公顷，横跨比利时布鲁塞尔首都大区、瓦隆和佛兰德斯三个大区，森林中有许多修道院。2017 年被联合国教科文组织列入世界文化遗产名录。

28. 共同生活兄弟会（The Brothers of the Common Life），天主教修会组织。由荷兰神秘主义学者杰拉德·格鲁特（Gerard Groote，1340—1384）与其追随者佛罗伦提乌斯·拉得文（Florentius Radewyn，1350—1400）于 1381 年在荷兰代芬特尔共同创立，以抄写灵修书籍和布道传教活动为主。该会还建立了许多学校，伊拉斯谟和托马斯·肯佩斯等曾在其学校读书，16 世纪后逐渐消失。

29. 兹沃勒（Zwolle），荷兰中部城市。

30. 根特（Ghent），比利时自治市，东佛兰德省省会，是佛兰德斯地区的中心城市、比利时西北部港口城市。

31. 圣巴夫修道院（St. Bavo's Abbey），位于根特，是一座 89 米高的哥特式教堂，以 7 世纪天主教和东正教圣徒圣巴夫（Saint Bavo of Ghent，622—659）的名字命名，教堂初建于 10 世纪，历经数次改建，现为根特主教座，内有许多艺术珍品，最著名的为凡·艾克（Van Eyck）兄弟绘制的《根特祭坛画》（*Ghent Altarpiece*），被称为世界上第一件真正的油画作品。

32. "好人菲利普"（Philip the Good, 1396—1467），法国瓦卢瓦王朝第三代勃艮第公爵，1419—1467年在位，其统治时期勃艮第政治、经济和文化盛极一时，成为西欧的文化和艺术中心。

33. 布鲁日的路易（Louis de Bruges, 1427—1492），佛兰德斯贵族，格拉休斯（Gruuthuse）领主，同时也是一位藏书家，拥有190多部彩饰手抄本。

34. 布鲁日（Bruges），比利时西佛兰德省省会，文化名城。

35. 威廉·卡克斯顿（William Caxton, 1422—1492），英格兰商人、外交官和作家，英格兰第一个使用活字印刷的印刷师、翻译家和出版家，1475年与人合作在布鲁日印刷出世界上第一本英文出版物《特洛伊史回顾》（*Recuyell of the Historyes of Troye*），此书由他亲自翻译。1476年底在伦敦威斯敏斯特教堂附近建立英格兰第一个印刷厂，出版了在英格兰本土印刷的第一部英文书籍《哲学家的名言警句》（*Dictes and Sayings of the Philosophers*），这也是第一本印有出版日期的英文印刷品。

36.《亚当的忏悔》（*Penitence of Adam*），也称《亚当的遗言》（*Testament of Adam*），系基督教伪经，流行于叙利亚、埃塞俄比亚、亚美尼亚、格鲁吉亚和希腊等地区，内含亚当留给其第三子塞特（Seth）的遗言，预言救世主和大洪水的到来。最早的手稿出现于9世纪，但文本更有可能出现在2—5世纪，或由叙利亚的基督教团体编纂而成。

37. 布洛瓦（Blois），法国中部城市，卢瓦尔－谢尔省首府，位于奥尔良和图尔之间的卢瓦尔河谷。

38. 希波利特·德·贝休恩（Hippolyte de Béthune, 1603—1665），法国贵族、藏书家，亨利四世大臣苏利伯爵的侄子，1665年去世后，将平生所藏历史文献和艺术书籍遗赠给法王路易十四。

39. 克洛德·杜菲（Claude d'Urfé, 1501—1558），法国廷臣，曾担任弗雷兹地方行政和司法长官，法王弗朗索瓦一世的好友，曾随其征战意大利。他还是亨利二世的孩子们的老师，以及意大利文艺复兴建筑在弗雷兹的主要赞助人，曾模仿意大利文艺复兴时期建筑风格，在弗雷兹修建巴斯蒂·杜菲城堡（Chateau of Bastie d'Urfé）。他也是藏书家，收藏了200

多部手抄本和 4400 部印本。

40. 弗拉芒语（Flemish），比利时荷兰语的旧称，主要通行于比利时北部地区。

41. 瓦隆语（Walloon），比利时境内主要语言之一，为比利时南部瓦隆区和法国北部地区一些村庄使用，与法语相近。

42. 勃艮第的公爵们（The Dukes of Burgundy），1363 年，法国国王约翰二世（John Ⅱ of France）将自己的小儿子"勇敢者菲利普"（Philip the Bold，1342—1404）封为勃艮第公爵，以表彰他在普瓦捷战役（Battle of Poitiers，1356）中英勇作战。菲利普因此而成为瓦卢瓦家族勃艮第分支的开创者。1363—1477 年，勃艮第由这一家族的四代人统治，他们分别是"勇敢者菲利普"、"无畏者约翰"（John the Fearless，1371—1419）、"好人菲利普"（Philip the Good，1396—1467）、"勇敢者查理"（Charles the Bold，1433—1477）。1477 年，"勇敢者查理"在南锡战死，标志着这一家族对勃艮第统治的结束，之后勃艮第归属法国。

43. 第戎（Dijon），法国东部城市，勃艮第大区首府和科尔多省省会，为法国东部重要的经济、文化、交通和教育中心。

44. 约克的玛格丽特（Margaret of York，1446—1503），英王爱德华四世和查理三世的姐姐，勃艮第公爵"勇敢者查理"的妻子，热心学术和艺术，曾委托画家制作许多彩饰手抄本，最著名的是《骑士托德尔的幻觉》，现存于洛杉矶保罗·盖蒂博物馆。

45.《骑士托德尔的幻觉》（The Getty Tondal），12 世纪雷根斯堡爱尔兰僧侣马库斯（Marcus）用拉丁文写成，是中世纪最流行、最详细的关于地狱幻象的文学作品，在 15 世纪已被翻译成 43 种文字，有人认为该作品是但丁《神曲》中关于天堂、地狱和炼狱的灵感来源之一。

46.《居鲁士的教育》（Cyropaedia），关于波斯国王居鲁士大帝半小说性质的传记，由古希腊思想家、苏格拉底的学生、雅典的色诺芬（Xenophon，约前 430—前 350）写于前 370 年左右。通过叙述居鲁士所受的理想教育来表达作者对培养政治人才的见解，为色诺芬最为博大精深的一部政治学著作。

47. 昆图斯·科尔提乌斯·鲁特斯（Quintus Curtius Rufus），古罗马历史学家，大约生活于前 1 世纪，著有《亚历山大大帝史》，是一部关于亚历山大大帝的拉丁文传记。

48. 莫拉特（Morat），位于瑞士西部，伯尔尼和洛桑之间。1476年，勃艮第公爵"勇敢者查理"率领约 2 万人与汉斯·瓦尔德曼（Hans Waldmann）指挥的 2.5 万瑞士军队在此展开激战，勃艮第惨败，大量溃败的勃艮第士兵被赶入附近的莫拉特湖中，溺死、被射杀者无数。根据法国编年史作家让·马林（Jean Molinet）的统计，此次战役勃艮第死亡人数达到 6000—7000 人，但后世历史学家认为更多，介于 9000—10000 人。

49. 南锡战役（Battle of Nancy），1477 年 1 月 5 日，勃艮第公爵"勇敢者查理"率军在南锡城外与洛林公爵（Duke of Lorraine）雷内二世（René Ⅱ）及瑞士联邦军作战，结果勃艮第军队大败，"勇敢者查理"战死。南锡战役是勃艮第战争（Burgundian Wars，1474—1477）中最后也是最具决定性的一场战役，之后勃艮第被法国吞并。

50. 低地国家（Low Countries），欧洲对西北部沿海地区荷兰、比利时和卢森堡的统称。

51. 约翰·奥尔德卡斯特尔（John Oldcastle，1370—1417），英格兰贵族、科巴姆勋爵（Lord Cobham）、罗拉德起义的领袖（罗拉德派是 14 世纪英格兰信奉威克利夫教义的基督教教派），起义失败后被俘并被处死，是莎士比亚戏剧《亨利五世》中约翰·福斯塔夫（John Falstaff）的原型。

52. 指约翰·威克利夫（John Wycliffe，1324—1384），英国哲学家、神学家，曾将《圣经》由拉丁文翻译成英文，被称为《威克利夫圣经》（Wycliffe's Bible），是第一部完整的英语《圣经》。

53. 詹姆斯·费因斯（James Fiennes，1395—1450），英格兰贵族、第一任塞伊男爵（Baron Saye）、亨利六世的财政大臣，在 1450 年的杰克·凯德起义（Jack Cade's Rebellion）中被处死。

54. 安东尼·伍德维尔（Anthony Woodville，约 1440—1483），英格兰贵族、廷臣和作家，第二任里夫斯伯爵（Earl Rivers），英王爱德华四世的王后伊丽莎白·伍德维尔（Elizabeth Woodville，1437—1492）的弟弟，其家族在爱德华四世统治时期达到权力顶峰。爱德华四世死后，被理查三世逮捕并被处死。他是威廉·卡克斯顿的赞助人，第一本在英国本土印刷的英语书籍《哲学家的名言警句》即由安东尼·伍德维尔译自法语，1477 年由卡克斯顿印于威斯敏斯特。

55. 即迪米特里乌斯·查尔孔戴拉斯（Demetrius Chalcondyles，1423—1511），拜占庭学者，出生于雅典，在君士坦丁堡接受教育，1447年来到意大利，讲学40年，出版了最早的印刷版《荷马史诗》。

56. 雷吉纳德·波利（Reginald Pole，1500—1558），天主教红衣主教，坎特伯雷大主教。

57. 罗德岛（Rhodes），希腊多德卡尼斯群岛（Dodecanese）中最大的一个岛屿，以岛上的巨像闻名，是爱琴地区文明的起源地之一。

58. 托马斯·莫尔（Thomas More，1478—1535），英国人文主义学者、律师，著有《乌托邦》一书，为空想社会主义学说创始人，1535年因反对国王亨利八世而以叛国罪被处死。

59. 威廉·罗珀（William Roper，约1496—1578），英国律师和议会议员，妻子为托马斯·莫尔的女儿玛格丽特，著有一部托马斯·莫尔的传记，1626年出版。

60. 指亨利·哈勒姆（Henry Hallam，1777— 1859），英国历史学家，英国皇家学会会员。

第九章

1. 德摩斯梯尼（Demosthenes，前384—前322），古希腊雄辩家，又译为狄摩西尼。

2. 即让·格罗利耶·德·塞尔维埃（Jean Grolier de Servières，1479—1565），法国财政部部长，也是藏书家，拥有一座私人图书馆，藏书约3000册，其中不乏精美珍本。

3. 鲁昂（Rouen），法国西北部城市，位于塞纳河下游，塞纳省省会及诺曼底大区首府。

4. 拉罗什富科（La Rochefoucauld）家族，法国古老的贵族，起源于昂古莱姆地区，家族历史可追溯到11世纪，家族中曾出过著名作家弗朗索瓦·德·拉罗什富科（François de La Rochefoucauld，1613—1680，著有《道德箴言录》《回忆录》）和教育家、社会改革家弗朗索瓦·亚历山大·弗雷德里克·德·拉罗什富科（François Alexandre Frédéric de La Rochefoucauld，1747—1827）。

5. 即让·朱万纳尔德斯乌尔辛（Jean Juvenal des Ursins，1388—1473），法国神学家、历史学家，曾担任博韦（Beauvais）、拉昂（Laon）和兰斯（Reims）地区主教。

6. 即阿列克谢·索尔提科夫（Alexis Soltykoff，1806—1859），俄国艺术家、旅行家和收藏家，出生于彼得堡，早年曾参与俄国外交事务，先后到过君士坦丁堡、雅典、伦敦、佛罗伦萨、罗马、德黑兰和印度。

7. 费尔曼·迪多（Firmin Didot，1764—1836），法国印刷师、雕刻家和字体设计家，曾设计迪多字体（Didot）。

8. 艾蒂安·舍瓦利耶（Étienne Chevalier，约1410—1474），法王查理七世和路易十一的大臣。曾委托让·富凯制作两部手抄本：一为《默伦双联画》（Melun Diptych），一为《艾蒂安·舍瓦利耶祈祷书》（Hours of Étienne Chevalier），两者均为中世纪著名的彩绘手抄本，后者在经欧洲和北美的7位藏书家的手后，目前仅剩48页47幅微型画，其中40幅藏于尚蒂伊城堡（Château de Chantilly）中的孔代美术馆（Musée Condé）。

9. 即奥尔良的查理（Charles of Orléans，1394—1465），法王查理六世之弟，奥尔良公爵，中世纪诗人，一生创作了500多篇诗作，是法国历史上伟大的宫廷诗人之一。

10. 皮埃尔·德·龙沙（Pierre de Ronsard，1524—1585），法国诗人，1547年组织七星诗社，有《颂歌集》四卷问世。

11. 路易丝·拉贝（Louise Labé，约1524—1566），16世纪法国女诗人，出身于一个富裕的制绳匠家庭，史称"美丽的制绳匠"（Beautiful Ropemaker），有《里昂人路易丝·拉贝作品集》存世，包括卷首献词、散文《疯神与爱神的辩论》、3首哀歌和24首十四行诗。

12. 玛格丽特·德·昂古莱姆（Marguerite d'Angoulême，1492—1549），法国国王弗朗索瓦一世的姐姐、纳瓦拉亨利二世的王后、法国波旁家族的祖先、法王亨利四世的外祖母，波旁家族对法国王位的继承权就始于玛格丽特。她是文艺复兴、人文主义和宗教改革的赞助人，还是一位作家和诗人，著有短篇小说集《七日谈》（The Heptameron）。

13. 语出玛格丽特公主的一首诗《玛格丽特公主中的雏菊》（Les

Marguerites de La Marguerite Des Princesses），法语中 marguerite 有"雏菊"之意。

14. 让·德·贝里公爵（Jean Duc de Berry，1340—1416），法国国王约翰二世第三子，其兄弟分别为法国国王查理五世、安茹公爵路易一世和勃艮第的"勇敢者菲利普"，是文艺复兴时期著名的艺术赞助人，拥有很多精美手抄本，最著名的一部是《贝里公爵的豪华祈祷书》（*Les Très Riches Heures du Duc de Berry*）。

15. 皮埃尔·吉尔（Pierre Gilles，1490—1555），文艺复兴时期法国自然科学家、地志学者和翻译家。

16. 即雅克·奥古斯特·德图（Jacques Auguste de Thou，1553—1617），法国历史学家、藏书家，曾担任法国高等法院庭长，著有《我们时代的历史》，记叙了1545—1584年间包括宗教战争在内的法国历史。

17.《珀西弗雷传奇》（*Perceforest*），讲述虚构的不列颠王珀西弗雷的中世纪传奇，约于1330—1344年在低地国家以法语写就，作者不详，1528年在巴黎首次印刷出版。

18. 路易·菲利普（Louis Philippe，1793—1850），法国国王，1830—1848年在位，奥尔良公爵路易·菲利普·约瑟夫之子，1848年二月革命后被迫退位，隐居于英格兰萨里郡。

19. 亨利·德·奥尔良（Henri d'Orléans，1822—1897），法国国王路易·菲利普之子，奥马勒公爵、法国政治家、军事家，同时也是一位藏书家，死后将自己的尚蒂伊城堡捐赠给法兰西学会（Institut de France）。

20. 即阿内城堡（Château d'Anet），位于法国厄尔·卢瓦尔区德勒附近，1547—1552年间修建，为法王亨利二世送给情妇狄安娜的礼物。

21.《法国藏书家》（*Bibliophile Français*），1867—1873年间刊行的一本有关法语书籍的刊物。

22. 即本韦努托·切利尼（Benvenuto Cellini，1500—1571），意大利文艺复兴时期佛罗伦萨雕刻家、金匠和画家。

23. 即雅克·阿米欧（Jacques Amyot，1513—1593），法国教士，文艺复兴时期作家和翻译家，曾任布朗日大学希腊语教授，并将普鲁塔克的《希腊罗马名人比较列传》（简称《名人传》）翻译成法语，1558年被法王亨利二世任命为宫廷教师，辅导未来的国王查理九世和亨利三世。

24. 舍农索城堡（Château of Chenonceau），法国卢瓦尔河谷著名城堡，位于安德尔－卢瓦尔省，横跨谢尔河。亨利二世的情妇狄安娜、王后凯瑟琳·德·美第奇，亨利三世的王后路易丝·德·洛林都曾在这里居住，因此被称为"女人的城堡"。

25. 玛格丽特·德·瓦卢瓦（Marguerite de Valois，1553—1615），即法国历史上著名的玛戈王后，法王亨利二世和王后凯瑟琳·德·美第奇的女儿，法王亨利四世的王后。

26. 即杜巴利伯爵夫人（Comtesse du Barry，1743—1793），即让娜·贝库（Jeanne Bécu），法王路易十五的情妇，路易十五死后被逐，大革命期间被送上断头台。

27. 玛丽·卡洛琳娜（Marie Caroline，1798—1870），即玛丽·卡洛琳娜·德·波旁·西西里（Marie Caroline de Bourbon Sicile），意大利波旁家族公主，后嫁入法国王室，为贝里公爵夫人，是著名的艺术赞助人。

第十章

1. 约翰·费舍尔（John Fisher，约1469—1535），英格兰教士、神学家，罗切斯特主教、天主教红衣主教，曾担任剑桥大学校长，由于在英格兰宗教改革中拒绝承认亨利八世为英格兰教会领袖而被后者下令处死，死后被罗马教廷追谥为圣徒。

2. 托马斯·富勒（Thomas Fuller，1608—1661），英国学者，1635年获剑桥大学神学士学位，内战期间任皇家军队随军牧师，1660年成为剑桥大学神学博士。著有许多历史著作，其中《英格兰名人传》（*History of the Worthies of England*）是英格兰第一部全国性人物传记词典。其他著作还有《不列颠教会史》（*The Church History of Britain*）和讲述十字军东征的《圣战史》（*The History of the Holy War*）等。

3. 托马斯·克伦威尔（Thomas Cromwell，约1485—1540），英国政治家、律师，第一任埃塞克斯伯爵，1532—1540年担任亨利八世的首席大臣，权倾一时，后在权力斗争中失势，被亨利八世以叛国罪和异端罪处死。

4. 马丁·布塞尔（Martin Bucer, 1491—1551），德国宗教改革家，曾为亨利八世在与阿拉贡的凯瑟琳离婚的问题上出谋划策，1549 年前往英国，担任剑桥大学三一学院钦定教授，后在此地病逝。

5. 托马斯·克兰麦（Thomas Cranmer, 1489—1556），英国神学家，宗教改革后首任坎特伯雷大主教，《公祷书》（*The Book of Common Prayer*）和英国国教《三十九条信纲》（*Thirty-nine Articles of Religion*）的主要起草人，对英国国教教义、教规和仪式等方面的改革贡献巨大。由于他曾宣布玛丽一世的母亲阿拉贡的凯瑟琳和亨利八世的婚姻无效，在玛丽一世登基后被处以火刑。

6. 本·琼森（Ben Jonson, 1572—1637），英国戏剧家、诗人和文学批评家，主要剧作包括《伏尔波尼》（*Volpone*）、《炼金术士》（*The Alchemist*）、《巴托罗缪集市》（*Bartholomew Fair*）等。

7. 新居（New Place），指莎士比亚在埃文河上的斯特拉福的故居，1616 年他病逝于此。原址建筑已不复存在，现为一个花园。

8. 约翰·弗洛里奥（John Florio, 1553—1625），英国语言学家、词典编纂家，詹姆斯一世时期英国宫廷语言导师，首次将蒙田作品翻译成英语。

9. 全名米歇尔·德·蒙田（Michel de Montaigne, 1533—1592），法国16 世纪人文主义思想家，著有《蒙田随笔全集》《蒙田意大利之旅》等。

10. 埃德蒙德·斯宾塞（Edmund Spencer, 1552—1599），英国诗人，著有诗集《牧羊人日记》（*The Shepheardes Calender*）和《仙后》（*The Faerie Queene*）。

11. 约翰·迪伊（John Dee, 1527—1608 或 1609），英国数学家、天文学家、占星术家。曾担任伊丽莎白一世顾问，极力鼓吹和倡导英国海外扩张，"大英帝国"（British Empire）一词即为他首创。晚年沉迷于炼金术和神秘哲学，并尝试与天使对话。迪伊也是一位藏书家，拥有当时英国规模最大的藏书，在欧洲仅次于同时代的法国藏书家德图，但这些藏书在他前往欧洲大陆旅行的 6 年中被人肆意毁坏。

12. 弗朗西斯·培根（Francis Bacon, 1561—1626），文艺复兴时期英国政治家和哲学家，曾担任伊丽莎白一世法律顾问，在詹姆斯一世统治时期，更历任掌玺大臣、总检察官和大法官，并先后获封爵士、男爵和子爵，后因被指控受贿而结束政治生涯，此后专心学术研究，著有《新工具》《学术的进步》《伟大的复兴》《随笔》《学术的发展和价值》《新大西岛》等，是中世纪一个里程碑式的人物，被称为"经验主义之父"（Father of Empiricism）。

13. 格雷律师学院（Gray's Inn），伦敦四大律师学院之一，1357 年成立，很多著名政治家和律师均毕业于此，弗朗西斯·培根曾于 1576 年在此学习法律。其他三个律师学院分别为林肯律师学院（Lincoln's Inn）、中殿律师学院（Middle Temple）和内殿律师学院（Inner Temple）。

14. 罗伯特·达德利（Robert Dudley，1532—1588），英国贵族、伊丽莎白一世宠臣、第一任莱斯特伯爵（Earl of Leicester）。曾担任牛津大学校长，并主导创办了牛津大学出版社。1575 年，伊丽莎白女王曾访问罗伯特·达德利位于沃维克郡肯纳尔沃思镇的肯纳尔沃思城堡，在城堡逗留了三周。

15. 兰贝斯宫（Lambeth Palace），位于伦敦兰贝斯区北部，泰晤士河南岸，从 13 世纪起成为坎特伯雷大主教的官邸。

16. 罗杰·阿斯克姆（Roger Ascham，1515—1568），英国人文主义学者，著有《神射手》《书札》等散文。

17. 考克斯队长（Captain Cox），伊丽莎白一世 1575 年访问肯纳尔沃思城堡时，莱斯特伯爵罗伯特·达德利为她安排了盛大的演出，考克斯队长为其中一名演员，有惊人的记忆力，能背诵各种民谣和传奇。伯爵家臣罗伯特·兰厄姆（Robert Laneham）在其 1580 年出版的《信札》中曾详述他的表演。小说家司各特（Scott）在以此事为背景的历史小说《肯纳尔沃思城堡》中也曾提到考克斯队长。

18. 《波尔多的于翁》（Huon of Bordeaux），13 世纪法国骑士传奇故事，讲述波尔多公爵于翁因为误杀查理曼大帝之子夏洛被判死刑，如想赦免，须到巴比伦苏丹高狄斯（Gaudys）的城堡杀掉苏丹最尊贵的客人，亲吻苏丹女儿三次，并带回苏丹的胡子和四颗牙齿作为战利品。在仙王奥伯龙帮助下，于翁胜利完成这一艰巨任务，并娶了苏丹的女儿，当上仙国国王。

19. 《修士与男孩》（The Friar and the Boy），英国中世纪民间故事，讲述一个叫杰克的小男孩受继母虐待，后得仙人帮助，得到一个魔笛，并用魔笛惩治迫害他的继母和恶修士。

20.《埃莉诺·拉梅妮的大酒桶》（*The Tunning of Elynour Rummyng*），英国诗人约翰·斯凯尔顿（John Skelton，约 1463—1529）创作的一部长诗，1550 年左右出版。诗人模仿教堂圣歌的形式，栩栩如生地描绘了当时乡村饮酒和酗酒的场景。

21.《深棕色皮肤的少女》（*Nut-brown Maid*），英国古代民谣，收录在托马斯·珀西（Thomas Percy，1729—1811）所编的《古英语诗歌遗存》（*Reliques of Ancient English Poetry*）中。讲述伯爵的儿子为试探其爱人，即深棕色皮肤的少女是否忠诚，谎称自己被流放，准备落草为寇，未来生活充满种种艰险，但少女不离不弃，誓要跟随，最终真相大白，皆大欢喜。

22. 詹姆斯一世（James I，1566—1625），英格兰斯图亚特王朝首位国王、苏格兰女王玛丽·斯图亚特（Mary Stuart，1542—1587）之子，1567 年即苏格兰王位，称詹姆斯六世（James VI）。1603 年，伊丽莎白一世死后，以远亲即英格兰王位，称詹姆斯一世，兼苏格兰国王，开始了斯图亚特王朝的统治。詹姆斯一世学识渊博，他是第一位被称为"大不列颠国王"（the King of Great Britain）的君主，著有《自由君主的真正法律》（*The True Law of Free Monarchies*）和《君主的赠礼》（*Basilikon Doron*，又译《神权》），并主持修订钦定本英语《圣经》（*The Authorized King James Version of the Bible*）。詹姆斯一世于 1625 年去世，葬礼上，林肯主教约翰·威廉姆斯（John Williams）进行葬礼布道，其中有一句"所罗门王平静辞世，享年六十岁，今詹姆斯王亦如此"，这篇布道后来以《大不列颠的所罗门》（*Great Britain's Soloman*）为名刊行，由是詹姆斯一世得了"不列颠的所罗门"的称号。

23. 乔治·布坎南（George Buchanan，1506—1582），苏格兰历史学家和人文主义学者，曾担任詹姆斯六世老师。年幼的国王正是在他的严厉督导下，培养了持续一生的对学术和文学的热爱。

24. 康拉德·沃思提乌斯（Conrad Vorstius，1569—1622），德国新教神学家，言行叛逆，著有《源于天主的神学约定》和《护教学释义》。詹姆斯一世认为他的著作充满极端的无神论，曾撰文批驳，并主张焚毁康氏著作，作者也应受到惩罚。

25. 托马斯·博德利（Thomas Bodley，1545—1613），英国外交家和学者，牛津大学博德利图书馆的创建者。

26. 即亨利·弗雷德里克（Henry Frederick，1594—1612），詹姆斯一世长子，威尔士王子，18 岁死于伤寒。

27. 休·彼德斯（Hugh Peters，1598—1660），英国牧师，英国内战时期议会派的宣传家和政治顾问，颇受克伦威尔信任，最早提出对国王查理一世进行审判，并支持将其砍头。查理二世复辟后，以弑君罪被处死。

28. 约翰·塞尔登（John Selden，1584—1654），英国历史学家、法学家、东方学家。著有《海洋主权论》（*Mare Liberum*，亦称《闭海论》），为东方学和大陆法领域的里程碑式作品。另著有《什一税的历史》（*History of Tithes*）和散文集《闲谈录》（*Table Talk*）。塞尔登也是一位藏书家，藏有大量的希腊语、阿拉伯语、希伯来语和拉丁语书籍和手抄本，有 8000 多册，这批藏书在他去世后于 1659 年赠予牛津大学博德利图书馆。

29. 清教徒（puritan），指要求清除英国国教中天主教残余的改革派，其名称于 16 世纪 60 年代开始使用，源于拉丁文的 purus，意为"清洁"。

30. 詹姆斯·厄舍尔（James Ussher，1581—1656），爱尔兰教士、神学家、学者，出生于都柏林，曾担任英国国教北爱尔兰阿马地区主教，1625—1656 年任爱尔兰大主教，将自己收藏的数千册书籍死后赠予都柏林圣三一学院。

31. 威廉·卡姆登（William Camden，1551—1623），英国文物学家、历史学家、地志学者，曾担任牛津大学古代史教授。著有《不列颠地志》（*Britannia*），为第一部综合性的英格兰地志；还著有《伊丽莎白时期的英格兰及爱尔兰编年史》等。将其藏书遗赠给学生兼好友罗伯特·科顿。以其姓氏命名的卡姆登学会创建于 1838 年，曾刊行多种历史文献。

32. 亨利·斯派尔曼（Henry Spelman，约 1562—1641），英国文物学家，以所收集的中世纪资料尤其是教会资料而闻名。

33. 福斯蒂娜（Faustina，约 130—176），罗马皇帝马可·奥勒留（Marcus Aurelius）的妻子，备受罗马市民的拥戴和尊崇。

34. 吉尔伯特·伯内特（Gilbert Burnet，1643—1715），苏格兰哲学家和历史学家，曾任索尔兹伯里主教，著有《我自己的时代》（*History of My Own Time*）。

35. 小不列颠（Little Britain），伦敦金融城一条街道，东起圣马丁街，西至史密斯菲尔德。历史上小不列颠还与伦敦城墙北端包括这条街在内的一小片地区有关，狄更斯的小说《远大前程》里贾格斯的办公室就设在这里。自 16 世纪中叶开始，这里书肆林立，是伦敦一处贩卖旧书之地。

36. 亚历山大抄本（Codex Alexandrinus），5 世纪的希腊语《圣经》抄本，包含大部分的《旧约》和《新约》，与西奈抄本、梵蒂冈抄本一起被称为"三大安色尔字体圣经抄本"。抄本名称来源于埃及第二大城市亚历山大，抄本曾在那里存放过一段时间。也有人认为抄本最初就是在那里抄写完毕的，1621 年由东正教亚历山大主教西里尔·拉卡利斯（Cyril Lucaris，1572—1638）从亚历山大带到君士坦丁堡，1624 年作为礼物献给英王查理一世。现存于大英图书馆利特布莱特馆。

37. 亚瑟·昂兹洛（Arthur Onslow，1691—1768），英国政治家，长期担任下议院议长，为科顿藏书的法定信托人之一。1753 年曾劝说议会出资购买汉斯·斯隆的收藏和哈利藏书，并和科顿藏书一起，建立大英博物馆。

38. 1753 年，英国议会下议院正式通过建立大英博物馆的《大英博物馆法》（British Museum Act），6 月获英王乔治二世批准。

39. 汉斯·斯隆（Hans Sloane，1660—1753），出生于爱尔兰的英国医生、自然学家和收藏家，收藏门类繁多，包括书籍、手稿、绘画、钱币、徽章、动植物标本、贝壳和其他珍品等，总数超过 71000 件，去世前将其所有藏品捐赠给英国政府，条件是议会须支付其遗嘱执行人 2 万英镑，而当时他的藏品估价在 8 万英镑左右。其藏品现分别收藏在大英博物馆、大英图书馆和伦敦自然历史博物馆。

40. 哈利父子的藏书（Harley Collection），牛津伯爵罗伯特·哈利（Robert Harley，1661—1724）和其次子爱德华·哈利（Edward Harley，1689—1741）所藏，现存于大英图书馆，包含 7660 部手稿、14000 多件法律文件，被英国政府以 1 万英镑购得，与汉斯·斯隆、罗伯特·科顿的收藏一起成为大英博物馆的最初收藏。

41. 重写本（palimpsests），擦去原件文字另抄上其他文字的犊皮纸抄本。因古代犊皮纸多由牛、羊幼崽的毛皮制成，昂贵且不易得，出于经济性考虑，经常会重复利用。

42. 约翰·白福德（John Bagford，1650 或 1651—1716），英国文物学家、书志作者、民谣收集者、书商，曾与汉弗莱·万利、约翰·塔尔曼一起倡议发起成立英国文物家协会，因喜欢收藏书籍标题页、版权页和古老字体，毁书无数。

43. 安妮女王（Queen Anne，1665—1714），英格兰斯图亚特王朝最后一位国王，1688 年光荣革命被推翻的天主教国王詹姆斯二世之女、玛丽二世之妹，1702—1714 年在位，在位期间曾发动西班牙王位继承战争。

44. 希梅内兹（Ximénes，1436—1517），全名弗朗西斯科·希梅内兹·德·西斯内罗斯，西班牙天主教红衣主教、政治家、宗教法庭大法官、学者，曾主持编纂《康普顿多语种圣经》（Complutensian Polyglot Bible），含希腊语、拉丁语和希伯来语的三种文字版本，由马德里康普顿斯大学（Complutense University of Madrid）出版，故名。

45. 小吉丁（Little Gidding），位于英格兰剑桥郡辖下亨廷顿郡（Huntingdonshire）西北 7 英里处的一个小村庄，英国历史上著名的宗教圣地。1626 年，神学家尼古拉·费拉尔（Nicholas Ferrar，1592—1637）在这里建起一个英国国教灵修社团，成员有 30 人左右，包括他的母亲玛丽·费拉尔（Mary Ferrar）、弟弟约翰·费拉尔（John Ferrar）和妹妹苏珊娜·费拉尔（Susanna Ferrar）一家，除了潜心修行，他们还从事一些宗教慈善活动，并跟随一名剑桥的书籍装帧师学习装帧。他们在书籍装帧过程中，经常将一本书的插图剪下贴到另一本书中，这种剪贴簿式的装帧在当时很受欢迎，但对书籍造成了无法弥补的伤害。查理一世曾三次来访小吉丁，对这种灵修方式表示嘉许。1637 年尼古拉·费拉尔去世，社团由其弟约翰和其妹苏珊娜领导，直到 1657 年二人在一个月内相继去世，社团才最终解散。20 世纪，诗人艾略特（Eliot，1888—1965）受小吉丁的宗教历史启发，将历史元素和象征寓意结合起来，创作长诗《小吉丁》（Little Gidding），作为他《四个四重奏》（Four Quartets）中的一篇。

46. 伊利（Ely），英国剑桥郡的一座主教城，在剑桥东北 23 公里处。

47. 乔治一世（George I，1660—1727），英国汉诺威（Hanover）王朝首位国王。安妮女王 1714 年去世，无嗣，英国王位由英王詹姆斯一世外孙女、索菲亚之子、德国汉诺威选帝侯乔治·路德维格继承，是为乔治一世。

48. 西奥多·白扎（Theodore Beza，1519—1605），法国新教神学家。

49. 即英格兰共和国（Commonwealth of England，1649—1660），全名英格兰、苏格兰与爱尔兰共和国（The Commonwealth of England,

Scotland and Ireland），是第一个统治全英国的共和政府。英国内战期间，克伦威尔领导的议会军打败王党军队后，于 1649 年 1 月建立共和国。1660年，流亡法国的查理二世复辟，共和国结束。

第十一章

1. 美力克·卡索邦（Meric Casaubon，1599—1671），专事英国古典文化研究的法国学者，曾首次将马可·奥勒留的《沉思录》（Meditations）译成英语。

2. 复活节（Easter），基督教纪念耶稣复活的节日。据《圣经》载，耶稣被钉死于十字架后第三日复活。325 年，尼西亚会议规定，每年春分第一次月圆之后的第一个星期日为复活节，通常在每年的 3 月 21 日至 4 月 25日之间。

3. 理查德·罗林森（Richard Rawlinson，1690—1755），英国神学家和文物学家、藏书家，死后将其收藏的 5205 卷手稿捐赠给博德利图书馆。

4. 罗伯特·德弗罗（Robert Devereux，1565—1601），英国贵族，第二任埃塞克斯伯爵，伊丽莎白一世的宠臣。1596 年，在英西战争中，罗伯特·德弗罗和查尔斯·霍华德（Charles Howard）率领英荷联军攻占了西班牙最南端城市加的斯。

5. 忏悔者爱德华（Edward the Confessor，约 1001—1066），英国盎格鲁－撒克逊王朝君主，因其对基督教信仰虔诚，故称"忏悔者"，1161年被罗马教廷追谥为圣徒。

6. 托马斯·艾兰（Thomas Allen，1542—1632），英国数学家、占星家、藏书家，其大部分藏书后来经凯奈姆·迪格比赠予博德利图书馆。

7. 凯奈姆·迪格比（Kenelm Digby，1603—1665），英国廷臣、外交家，英国皇家学会创始人之一，曾将自己收藏的 233 卷手稿赠予博德利图书馆。

8. 威廉·劳德（William Laud，1573—1645），英国坎特伯雷大主教（1633—1645），毕业于牛津大学圣约翰学院，因在苏格兰强制推行英格兰的宗教仪式而引起 1639 年的主教战争，1640 年以叛国罪被逮捕，1645 年被处死。

9. 阿勒颇（Aleppo），叙利亚西北部城市。

10.《卡舍尔诗篇》（*The Psalter of Cashel*），相传为 9 世纪末 10 世纪初爱尔兰主教和芒斯特国王科马克·麦卡利南（Cormac Maccullinan）所著，主要讲述爱尔兰历史和文物，包含很多谱系信息，今已失传。科马克是当时爱尔兰最有影响的学者和战士，他另有一本关于爱尔兰人名和地名的词典存世，被称为《科马克词典》（*Cormac's Glossary*），包含 1400 个词汇注解，其中很多词汇已废弃不用。

11. 古斯塔夫·阿道夫（Gustavus Adolphus，1594—1632），即瑞典国王古斯塔夫二世，在"三十年战争"期间，率领瑞典军队先后在布莱登菲尔德会战（1631）、列克河会战（1632）和吕岑会战（1632）中击败神圣罗马帝国皇帝和天主教联盟军队，他本人也在吕岑会战中战死，终年 38 岁，是一位杰出的政治家和军事家，为瑞典女王克里斯蒂娜之父。

12.《盎格鲁-撒克逊编年史》（*Anglo-Saxon Chronicle*），英国中世纪编年史，是 4 种编年史的统称。从 6 世纪末起，在盎格鲁-撒克逊诸王国的宫廷和修道院中，就有了编写年代记的习惯，但各地撰写体例不一，记载互有出入。西撒克逊王国统一英格兰后，国王阿尔弗雷德于 892 年组织一批学者，把以前各地存编的年代记加以删改和增补，汇编成书，取名为《盎格鲁-撒克逊编年史》。史料主要取材于温彻斯特、坎特伯雷、伍斯特和彼得伯勒的年代记以及史学家比德编写的《英吉利教会史》，记载了自前 55 年恺撒入侵不列颠之后的史事。后各地又有人续编，一直写到 1154 年英王斯蒂芬去世，时间跨度达 1200 余年，覆盖了盎格鲁-诺曼时期英国的诸多重大历史事件，具有很高的史料价值和文学价值。《盎格鲁-撒克逊编年史》现存 9 部，其中 7 部和一些残片在大英图书馆，另外两部分别在牛津大学博德利图书馆和剑桥大学基督圣体学院，其中的 E 本即彼得伯勒抄本，通常也以其主人坎特伯雷大主教威廉·劳德之名而作《劳德编年史》（*Laud Chronicle*）。1116 年，彼得伯勒修道院失火，所藏书籍均付之一炬，后来从坎特伯雷的圣奥古斯丁修道院借得一部编年史稿加以誊录，并续加编写至 1154 年，遂成为几部抄本中最后也是最长的一部：始于前 60 年，终于 1154 年，现存于博德利图书馆。

13. 威廉·赫伯特（William Herbert，1580—1630），第三任彭布罗克伯爵（Earl of Pembroke），英国廷臣、文学赞助人，1617—1630年担任牛津大学校长，牛津大学彭布罗克学院即以他的名字命名。他去世前将所藏大部分希腊手稿捐赠给博德利图书馆。1623年，莎士比亚第一对开本就献给他和他的弟弟菲利普·赫伯特（Philip Herbert），被称为"无与伦比的兄弟"（incomparable pair of brother），博德利图书馆正门前有其雕像。

14. 伊莱亚斯·阿什莫林（Elias Ashmole，1617—1692），英国政治家、化学家、植物学家、占星术士，英国皇家学会创始人之一，也是一位收藏家，其收藏包括书籍、手稿、钱币、动植物标本。1683年，他将自己的绝大部分收藏赠给牛津大学，牛津大学成立了以他名字命名的阿什莫林博物馆，为英国第一个公共博物馆，同时也是世界上规模最大、藏品最丰富的大学博物馆。

15. 托马斯·罗伊（Thomas Roe，约1581—1644），英王伊丽莎白一世和詹姆斯一世时期的外交家，杰出的学者和学术赞助人。

16. 撒玛利亚人（Samaritans），中东地区宗教族群，起源于古代中东地区的希伯来人。撒玛利亚人自称是古代以色列分裂后北以色列人的后裔，为约瑟之子依法莲（Ephraim）和玛拿西（Manasseh）部落后人，同时还包括犹太十二支派中利未人（Levite）的后代；而现代犹太人则认为自己是分裂后南以色列即犹大王国的后人。今撒玛利亚人仅有不到800人，主要分布于巴勒斯坦境内约旦河西岸纳布卢斯城郊基利心山上的卢扎村和以色列境内特拉维夫郊外的霍伦。主要语言为希伯来语和阿拉伯语，信奉古代犹太教，又称撒玛利亚教（Samaritanism）。只承认犹太教《圣经》前五卷（不包括《先知书》和《文集》），又被称为《撒玛利亚五经》（Samaritan Torah）。17世纪以后，撒玛利亚人渐渐引起欧洲人的兴趣，学者和教会人员通过种种方法，获取撒玛利亚人的手稿以研究古代的希伯来宗教和文化。

17. 示剑（Shechem），古巴勒斯坦地名，位于今天约旦河西岸巴勒斯坦境内纳布卢斯东南一个叫巴拉塔（Tell Balatch）的山丘上。

18. 佩雷斯克（Peiresc，1580—1637），即尼古拉·克洛德·法布里·佩雷斯克（Nicolas Claude Fabri de Peiresc），法国天文学家、文学家和收藏家。

19. 科普特语（Coptic），埃及语的最后发展阶段。埃及语在经历了象形文字、僧侣体、世俗体之后，到 3 世纪逐渐形成其最终形式——科普特语。作为文学语言，科普特语在 2—13 世纪繁荣一时，后逐渐被埃及阿拉伯语取代，但科普特语中的伯哈里奇（Bohairic）方言至今仍然是亚历山大东正教教会的礼拜用语。"科普特"原是 7 世纪阿拉伯人占领埃及后对埃及原有居民的称呼，意为"埃及的基督徒"。

20. 士麦那（Smyrna），今指土耳其西部港口城市伊兹密尔。

21. 尼特里亚沙漠（Nitrian Desert），埃及布海拉省沙漠，以其中的 3 座古代修道院而著名。

22. 圣安东尼（St. Anthony，约 251—356），罗马帝国时期的埃及基督徒，为基督徒隐修生活的先驱，被称为"基督教隐修之父""众僧之父"，死后被谥为圣徒，其生平见于阿塔纳修（Athanasius of Alexandria，298—373）所著《安东尼传》。

23. 阿比西尼亚（Abyssinia），埃塞俄比亚旧称。

24. 迦勒底的吾珥（Ur of the Chaldees），迦勒底广义指巴比伦全境，狭义则指巴比伦南部地区，主要指幼发拉底河右岸的下美索不达米亚。该地水网密集，土地肥沃，遍地棕榈和果园，盛产玉米和葡萄酒。吾珥是迦勒底最古老、最著名的城市之一，位于幼发拉底河流入波斯湾的入海口，建城历史可以追溯到前 5000 年，是《圣经》中亚伯拉罕的出生地。亚伯拉罕后来遵从上帝旨意，离开吾珥前往迦南，他的后裔即是希伯来人。直到前 4 世纪，吾珥都是美索不达米亚南部的重要海港和商业中心，4 世纪时因幼发拉底河改道所造成的土地沙漠化而被废弃，其遗址位于今伊拉克南部的穆盖耶尔丘，位于幼发拉底河西岸 16 公里、巴士拉西北 160 公里处。

25.《塔木德》（Talmud），希伯来文 talmudh 的音译，原意为"教学"，为犹太教口传律法集，记录了犹太教的律法、条例和传统，是《密西拿》（Mishnah，3 世纪成书）和《革马拉》（Gemara，《密西拿》的释义和补编，5 世纪下半叶成书）的合称，在经页上二者常左右并列。由于编纂地点不同，分为《巴比伦塔木德》（Babylonian Talmud）和《巴勒斯坦塔木德》（Palestinian Talmud）。目前主要指《巴比伦塔木德》，为犹太教中仅次于《圣经》的主要经典。

26. 即皮埃尔·安托万·克莱文纳（Pierre Antoine Crevenna，1735—

1792），意大利烟草商人、藏书家。出生于米兰，一生大部分时间都生活在荷兰阿姆斯特丹。有大量藏书，包括 1000 本由阿尔定出版社和其他印刷商印刷的摇篮本（incunabula）。

27. 马提欧·康诺维西（Matteo Canonici, 1727—1805），意大利耶稣会教士、藏书家。1817 年，在威尼斯举办的马提欧藏书拍卖会上，博德利图书馆买下其收藏的 3500 本书籍和手稿，其中有 110 卷希伯来语手稿。

28. 理查德·高夫（Richard Gough, 1735—1809），英国古董商、文物学家，1771—1791 年任伦敦古董商协会会长。

29. 弗朗西斯·杜斯（Francis Douce, 1757—1834），英国藏书家，曾供职于大英博物馆，死后将其收藏的印刷书、彩绘手抄本和钱币捐赠给博德利图书馆，包括 430 部手抄本、1500 幅绘画、20000 册书籍和 44000 件印刷品，个人作品手稿则捐给大英博物馆。

30. 塞缪尔·佩皮斯（Samuel Pepys, 1633—1703），日记作家，英国海军上将秘书，曾于 1684 年当选英国皇家学会主席，牛顿的《自然科学的数学原理》一书就由他经手出版。他于 1660—1669 年所写的日记称为《塞缪尔·佩皮斯日记》，是 17 世纪的重要文献。

31. 马丁·福克斯（Martin Folkes, 1690—1754），英国文物学家、钱币收藏家、数学家和天文学家，曾担任英国皇家学会会长和收藏家协会会长。

32. 圣玛丽修道院（St. Mary's Abbey），位于英格兰约克郡，曾为英格兰北部最大的修道院，1539 年在亨利八世发动的宗教改革中被解散，修道院建筑也遭到毁坏，现遗址为约克博物馆花园，圣玛丽塔在修道院的西北角。

33. 约翰·特莱德斯肯特（John Tradescant），英国园艺家、博物学家，父子同名，都叫约翰·特莱德斯肯特。老约翰·特莱德斯肯特（John Tradescant the elder, 1570—1638）曾旅行至法国、俄国、加勒比海地区和印度，广泛收集植物球茎、花朵、藤蔓、浆果等；其子小约翰·特莱德斯肯特（John Tradescant the younger, 1608—1662）曾旅行至弗吉尼亚，二人将搜集而来的动植物标本和奇珍异宝等收藏在伦敦南部的兰贝斯，向公众开放，称为"特莱德斯肯特方舟"（Tradescant's Ark）。1659 年，小特莱德斯肯特将方舟赠予伊莱亚斯·阿什莫林，后者连同自己所藏的文物和书籍一道捐献给牛津大学，成为牛津大学阿什莫林博物馆的基础。

34. 约翰·奥布里（John Aubrey，1626—1697），英国文物学家、博物学家，著有《名人小传》（*Brief Lives*）一书。

35. 蒲式耳（bushel），谷物、蔬菜、水果等的计量单位，1 蒲式耳在英国等于 36.368 升，在美国等于 35.238 升。

36. 威廉·道格戴尔（William Dugdale，1605—1686），英国文物学家、纹章官员，为阿什莫林岳父。著有《英国修道院》（*Monasticon Anglicanum*）、《沃维克郡文物》（*Antiquities of Warwickshire*）和《圣保罗大教堂历史》（*History of St. Paul's Cathedral*）等。

37. 威廉·贝克豪斯（William Beckhouse，1593—1662），英国哲学家、化学家和炼金术士，曾收养伊莱亚斯·阿什莫林为养子，并鼓励他从事科学研究。

38. 威廉·利利（William Lilly，1602—1681），17 世纪英国占星师，出身于莱斯特郡一个自耕农家庭，青年时去伦敦担任男仆，7 年后与前主人的遗孀结婚，得到一大笔财产，同时开始学习占星术，1647 年出版集百家占星术之大成的《基督占星》（*Christian Astrology*）一书，并有自传，被视为英语文学最有趣的传记之一。有人将他比作英国的梅林（亚瑟王神话中大魔法师），反对者则视他为江湖骗子、跳梁神汉。

39. 嘉德勋章（The Order of the Garter），授予英格兰骑士的一种勋章，全称为"最高贵的嘉德勋章"（the Most Noble Order Garter），为世界上最悠久的骑士勋章和英格兰荣誉制度的最高一级，仅适用于英格兰。相传为英格兰国王爱德华三世于 1348 年创立，只有极少数人才能获得，除国王外，固定颁给在世的 24 名以及少数特例成员（包括王室成员和外国君主），其标志为一条印有拉丁文"Honi soit qui mal y pense"（心怀邪念者可耻）的吊袜带。

40. 托马斯·埃杰顿（Thomas Egerton，1540—1617），英国贵族、政治家、法官，出身于著名的埃杰顿家族（Egerton Family），曾担任詹姆斯一世的掌玺大臣和上议院大法官。

41. 弗朗西斯·埃杰顿（Francis Egerton，1736—1803），英国贵族、矿主，第三任布里奇沃特公爵。为英国内河航运的发起人，并委托詹姆斯·布林德利开凿运河，1760 年建成从沃斯利煤矿到曼彻斯特的布里奇沃特运河（Bridgewater Canal），本人也获得英国"内河航运之父"的称号。

42. 乔治·格兰维尔·莱维森·高尔（George Granville Leveson-Gower，1758—1833），英国贵族、政治家、外交官、地主、艺术赞助人，为弗朗西斯·埃杰顿的继承人，当时最富有的人之一。

43. 朱利叶斯·恺撒（Julius Caesar，1558—1636），英国政治家、律师和法官。

44. 亚瑟·安奈斯利（Arthur Annesley，1614—1686），英国政治家、律师，曾任查理二世的掌玺大臣。

45. 马修·黑尔（Matthew Hale，1609—1676），英国律师、大法官，毕业于牛津大学莫德林学院，曾担任财政署首席官员，并在 1671—1676 年担任王座法庭首席法官，先后为托马斯·温斯沃斯和威廉·劳德辩护。著有《英格兰普通法史》和《国王诉讼的历史》。

46. 基尼（guinea），英国币制单位，于 1813 年停用，1 基尼 =1.05 英镑 =21 先令。

47. 即威廉·克拉克（William Clarke，生卒年不详），英国出版商，著有《藏书目录，或英伦知名图书馆详记》。

48. 黑体字（black letter），又称哥特体或古英语字体，在文艺复兴之前作为拉丁语基督教世界的手写体使用了 500 年，发明活字印刷术后曾与罗马字体并行使用，之后被除了德国之外的全欧洲弃用。

第十二章

1. 儒略二世（Julius Ⅱ，1443—1513），全名朱利安诺·德拉·罗韦雷（Giuliano Della Rovere），出生于意大利的阿尔比索，于 1503—1513 年担任罗马教皇，以活跃的外交政策、野心勃勃的建筑计划和对艺术的赞助著称，曾下令重建圣彼得大教堂，并委托米开朗琪罗创作西斯廷教堂天顶画。

2. 拉文纳战役（Battle of Ravenna），15 世纪末，法国和西班牙为争夺亚平宁半岛，爆发了持续半个世纪的意大利战争，并最终演变成争夺欧洲霸权的战争。1511 年 10 月，罗马教皇儒略二世与威尼斯、西班牙、英国和瑞士成立神圣同盟，意图将入侵的法国军队逐出意大利。1512 年 4 月 11日，法军统帅加斯东·德·富瓦（Gaston de Foix）亲率 23000 名法军和 50门火炮与西班牙统帅雷蒙·德·卡多纳（Ramon de Cardona）率领的 16000多名神圣同盟联军在意大利北部的拉文纳展开激战，并大获全胜，加斯东亦在战斗中阵亡。但法军并未守住战果，被迫撤退，并于 1512 年彻底放弃伦巴第。

3. 阿尔都斯家族（House of Aldus），意大利文艺复兴时期威尼斯印刷商，家族第一代老阿尔都斯·皮厄斯·马努蒂乌斯（Aldus Pius Manutius，1449—1515）于 1495 年在威尼斯创办阿尔定出版社，出版古希腊和古罗马典籍，并成立由相关学者组成的编辑队伍，称为阿尔定学院。1520 年出版但丁的《神曲》时，首次在版权页上印上了阿尔定出版社著名的锚和海豚标记。阿尔定出版社还印刷出版了 8 开本的维吉尔的《牧歌》，被后人称为"阿尔定版本"，是西方学术精装图书长期固定的版式。阿尔都斯死后，阿尔定出版社由其子保罗·马努蒂乌斯（Paulus Manutius，1512—1574）和其孙小阿尔都斯·马努蒂乌斯（Aldus Manutius the younger，1547—1597）经营，直至小阿尔都斯·马努蒂乌斯于 1597 年去世。一百年间，阿尔定出版社共出版书籍 1000 多种，大部分为古希腊、古罗马典籍，也有部分为当时意大利人文主义学者之作以及一些手册和科学论文，文艺复兴时期最著名的书籍《波利菲勒之梦》（Hypnerotomachia Poliphili）就出自该出版社。

4. 麦卡锡伯爵（Earl of MacCarthy），爱尔兰贵族，全名贾斯汀·麦卡锡·瑞（Justin MacCarthy Reagh，1744—1811），出身于爱尔兰著名的麦卡锡家族，其父为逃避政治迫害而流亡法国。麦卡锡伯爵是一位杰出的语言学家和古典文化学者，拥有大量藏书，因其爱尔兰贵族出身，获法王路易十六封号"图卢兹伯爵"。

5. 即乔治·斯宾塞（George Spencer，1758—1834），英国政治家、藏书家、第二代斯宾塞伯爵、英国皇家学会和英国古董商学会会员，以藏书闻名，藏书多达 43000 册，包括最完整的阿尔定版书籍和 3000 多册摇篮本，其藏书于 1892 年被拍卖，被曼彻斯特富商约翰·赖兰兹（John Rylands，1801—1888）的遗孀恩里克塔·赖兰兹（Enriqueta Rylands，1843—1908）以 21 万英镑买去，成为她所捐助的曼彻斯特大学赖兰兹图书馆的一部分。

6. 奥尔索普庄园（Althorp），位于英格兰北安普顿郡，其历史可以追溯到 16 世纪初，由斯宾塞家族世代居住。这里也是已故戴安娜王妃的出生地。

7. 活人之地（the land of the living），语出《旧约·诗篇》第 142 章："耶和华啊，我向你哀求，我说：'你是我的避难所，在活人之地，你是我的福分。'"（I cried unto thee, O Lord , I said , Thou art my refuge and my portion in the land of living.）

8. 托马斯·马耶（Thomas Mahieu, 1515 或 1527—1588），法国政治家、藏书家，尤爱精美装帧，曾任法王亨利二世的顾问和秘书，并于 1549—1560 年担任王后凯瑟琳·德·美第奇的私人秘书，之后担任法国财务大臣，其藏书规模仅次于格罗利耶。马耶和格罗利耶在他们的藏书上使用相同的箴言。马耶曾在自己的藏书票上使用他名字的拉丁文书写形式迈欧鲁斯（Maiolus），故几个世纪以来，人们都以为他是一个意大利人，本书亦从此说。直到 1926 年，人们才发现迈欧鲁斯这位未经证实的意大利人就是杰出的法国政治家马耶。今天，马耶藏书得到确认的约有 120 多本。

9. 墨丘利（Mercury），罗马神话中众神的信使、商业神。

10. 尤利西斯（Ulysse），罗马神话中的英雄奥德修斯（Odysseus），对应希腊神话里的尤利西斯。

11. 即托马斯·格伦威尔（Thomas Grenville, 1755—1846），英国政治家、藏书家、目录学家，首相乔治·格伦威尔次子，藏书达 16000 种，逾 20000 卷，死后其藏书遗赠大英博物馆。

12. 弗朗西诺·加弗里（Franchino Gafori, 1451—1522），文艺复兴时期意大利音乐理论家和作曲家，相传达·芬奇的名作《音乐家画像》即以他为原型。曾任米兰教堂唱诗班指挥，并在米兰创办一所音乐学院，在意大利负有盛名，著有《音乐理论》（Theorica Musicae）、《音乐实践》（Practica Musicae）和《论器乐和谐》（De Harmonia Musicorum Instrumentorum），是 15 世纪末 16 世纪初意大利杰出的音乐家之一。

13. 缪斯（Muses），希腊神话中主司艺术与科学的 9 位女神的总称，九位女神各有分管，且各有象征物，如卡利俄珀（Calliope）主司英雄史诗，象征物为尖笔和蜡板；克利俄（Clio）主司历史，象征物为书卷与桂冠；欧忒耳珀（Euterpe）主司抒情诗和音乐，象征物为长笛和花篮；其他女神的象征物还有七弦琴、常春藤、竖琴、面具、短剑、棍棒等；主司天文学与占星学的乌拉尼亚（Urania）的象征物则是天球仪和圆规。

14. 阿尔斯纳图书馆（Bibliothèque de l'Arsenal），今法国国家图书馆（BNF）的一部分。馆藏书籍最早起源于波美侯爵（Marquis de Paulmy）马克·安托万·雷内（Marc Antoine René，1722—1787）的私人藏书，包括一大批中世纪手抄本和印本，建成于1757年，后因财务问题，侯爵将自己的所有藏书卖与路易十六的幼弟阿图瓦伯爵（Comte d'Artois），即后来的查理十世（Charles X）查理·菲利普（Charles Philippe de France，1757—1836）。阿图瓦伯爵又于1786年买下拉瓦利埃公爵的藏书，进一步扩大了藏书规模。图书馆于大革命时期被查封，其间又有大批被查封的修道院藏书加入进来，1797年4月成为公共图书馆，1934年并入法国国家图书馆。

15. 主显节（Epiphany），基督教纪念耶稣向世人显现的节日，天主教、新教在1月6日，东正教在1月18日或19日。

16. 即约翰内斯·萨姆巴库斯（Johannes Sambucus，1531—1584），匈牙利人文主义学者、文献学家、历史学家、医生，又称亚诺什·赞姆博基（János Zsámboky）。曾任神圣罗马帝国皇帝马克西米利安二世的宫廷医生。也是一位杰出的收藏家，其所藏书籍、地图、钱币和艺术品后来成为奥地利国家图书馆的基础。曾编撰著名的匈牙利语寓意画集，并被翻译成法语和荷兰语，是首部被翻译成法语的匈牙利语作品。

17. 寓意画集（emblem book），汇编寓意画的书籍，16、17世纪在欧洲非常流行。寓意画是欧洲中世纪一种文字配图形式，是配有格言警句或劝诫性诗句的画册，尤以道德说教和诗歌为主。一幅寓意画一般包括画像、箴言和解释二者联系的文字三部分，长短不一，短则数行，长则数页。这一形式起源于中世纪的动物寓言集，也有作者从古希腊和古罗马典籍中寻找灵感。1531年，意大利人文主义法学家安德烈·阿尔恰多（Andrea Alciato）出版了欧洲第一部寓意画集，内有104幅寓意画，此后又有纪尧姆·德·拉佩里奥（Guillaume de la Perrière）的《巧妙的剧院》（Le Théâtre des Bons Engins）和皮埃尔·库斯托的《皮埃尔文集》等书都大量使用寓意画。

18. 欧什（Auch），法国西南部热尔省首府。

19. 亨利·德·梅姆（Henri De Mesmes，1532—1596），法国贵族，曾

任亨利二世的掌玺大臣。

20. 即让·巴普蒂斯特·柯尔培尔（Jean Baptiste Colbert, 1619—1683），法国政治家，曾担任路易十四的财政大臣。

21. 拉穆瓦尼翁（Lamoignon）家族，法国著名法律世家，家族成员长期在法国高等法院和司法部任职，其中最为著名的家族成员为纪尧姆－克雷蒂安·德·拉穆瓦尼翁·德·马勒泽布（Guillaume-Chrétien de Lamoignon de Malesherbes, 1721—1794），是法国大革命期间自愿为国王路易十六辩护的三位律师之一。

22. 夏尔·杜费伊（Charles du Fay, 1662—1723），法国著名藏书家，曾在军队服役，退役后专事书籍收藏，藏书达 4000 多册。

23. 德霍伊姆伯爵（Comte d'Hoym），全名卡尔·海因里希·冯·霍伊姆（Karl Heinrich Von d'Hoym），波兰国王和萨克森选帝侯奥古斯特三世的外交官和内阁大臣，后失宠，遭到监禁，于狱中自杀。

24. 保罗·佩图（Paul Pétau, 1568—1614），法国学者、出版商、藏书家。

25. 即阿尔芒·让·杜普莱西·德·黎塞留（Armand Jean du Plessis de Richelieu, 1585—1642），天主教红衣主教，法王路易十三的首相，波旁王朝第一任黎塞留公爵，是一位杰出的政治家与外交家。在任期间，大力加强法国的专制统治，推动法国参加"三十年战争"并取得胜利，为法国取得欧洲的霸权奠定了基础。

26. 埃斯普利特·弗莱希埃（Esprit Fléchier, 1632—1710），法国作家、牧师、宗教演说家，曾任尼姆主教。

27. 弗朗索瓦·皮图（François Pithou, 1543—1621），法国律师、作家，是皮埃尔·皮图的弟弟。

28. 莫卧儿帝国（Mughal Empire, 1526—1857），由帖木儿（Amir Temur）的后裔巴布尔（Babur）在印度建立的封建专制王朝，全盛时期几乎占有整个南亚次大陆和阿富汗等地。

29. 费康（Fecamp），法国上诺曼底滨海塞纳省（Seine-Maritime）的港口城市，濒临英吉利海峡，为法国重要渔港。

30. 圣米歇尔山（Mont St. Michel），法国著名古迹和天主教朝圣地，位于法国西部诺曼底一个小岛上，距海岸 2 公里，是天主教除耶路撒冷、梵蒂冈之外的第三大圣地。山上有建造于 10 世纪的修道院，1979 年被联合国教科文组织列入世界文化遗产目录。

31. 克莱顿·克莱切罗德（Clayton Cracherode，1730—1799），英国藏书家，大英博物馆的主要赞助人和捐赠人之一。

32. 即路易·让·盖尼亚（Louis Jean Gaignat，1697—1768），路易十五的秘书，法国藏书家。

33. 保罗·乔维奥（Paolo Giovio，1483—1552），意大利物理学家、历史学家、高级教士。

34. 艾萨克·迪斯雷里（Issac Disraeli，1766—1848），英国作家、学者，以散文和小品文著称，是英国首相本杰明·迪斯雷里的父亲。主要作品有《文艺集萃》（*Curiosities of Literature*）、《作家之灾祸》（*Calamities of Authors*）、《作家之争议》（*Quarrels of Authors*）、《作家之趣》（*Amenities of Authors*）等。

35. 即克里斯托弗·普兰廷（Christophe Plantin，约 1520—1589），16 世纪佛兰德斯印刷商、出版商、人文主义学者，出生于法国，一生大部分时间在比利时的安特卫普度过。普兰廷去世后，女婿扬·莫雷图斯继续经营印刷厂，更名为普兰廷 - 莫雷图斯博物馆，开放至今。

36. 埃尔泽维尔家族（Elzevirs），17 世纪和 18 世纪初荷兰著名的印刷商、出版商家族，以出版小开本珍本书著称。其出版的 12 开本书籍系列在藏书界久负盛名，被称为"无价的小开本埃尔泽维尔"。

37. 即安托万·奥古斯丁·雷努阿尔（Antoine Augustin Renouard，1765—1853），法国大革命时期实业家、政治活动家、出版商、书志学家，著有《阿尔定的出版史》和《艾斯蒂安的出版史》。雷努阿尔出版的书籍标志是一只站在铁锚上的高卢公鸡。

38. 威廉·贝克福德（William Beckford，1760—1844），英国作家、收藏家，家族因在牙买加经营种植业而发达，其父曾两度出任伦敦市长。贝克福德曾创作哥特小说《瓦塞克》（*Vathek*），并建造了著名的方特希尔修道院（Fonthill Abbey）。该修道院位于英格兰威尔特郡，占地约 500 英亩，由著名建筑师詹姆斯·怀亚特（James Wyatt）设计，其独特的建筑风格激发了许多著名艺术家的创作，后因设计缺陷而在修建 30 年后倒塌。

39. 玛丽亚·巴什基尔采夫（Marie Bashkirtseff，1858—1884），乌克兰女画家、雕塑家、日记作者。

第十三章

1. 福尔维奥·奥西尼（Fulvio Orsini, 1529—1600），意大利历史学家、文物学家。

2. 西比尔（Sibyl），希腊神话中的女预言家，维吉尔在史诗《埃涅阿斯纪》中提到，太阳神阿波罗满足了西比尔永生的请求，却没有给她永葆青春之法。很多年过去，西比尔依然活在世上，但已老得萎缩成一团，悬浮在那不勒斯附近赫拉克勒斯神庙的一个瓶子里。

3. 洛尼侯爵（Marquis of Rosny, 1560—1641），即苏利公爵，全名马克西米利安·德·贝休恩（Maximilien de Béthune），法国贵族、政治家，曾任法王亨利四世的财政大臣。

4. 克洛德·富凯（Claude Fauchet, 1530—1602），16世纪法国历史学家、文物学家。

5. 即儒勒·马萨林（Jules Mazarin, 1602—1661），天主教红衣主教，法王路易十三和路易十四的首相（1642—1661），出生于意大利，以艺术和珠宝收藏闻名。

6.《大西洋古抄本》（IL Codice Atlantico），诸多达·芬奇手稿集册中最大的一部，共12卷，1119页，手稿起始于1478年，终结于1519年，包含飞行、乐器、武器、数学、植物学、天文学、地理、物理等诸多领域的内容，由雕刻家蓬佩欧·莱奥尼收辑于16世纪末，现藏于米兰安布罗修图书馆。

7. 安布罗修图书馆（Bibloteca Ambrosiana），由红衣主教费德里科·波罗米奥（Federico Borromeo）创建于1609年，以米兰守护圣人圣安布罗（St. Ambrose）的名字命名，收藏了30000多卷手稿，涵盖希腊语、拉丁语、希伯来语、叙利亚语、阿拉伯语、土耳其语和波斯语等诸多语种，是世界著名的图书馆之一。

8. 即胡安·德·玛利安那（Juan de Mariana, 1536—1624），西班牙学者、教士、历史学家，反君权运动成员。

9.《安特卫普多语种圣经》（The Antwerp Polyglot Bible），1569—1572年间，在西班牙国王菲利普二世的赞助下，由西班牙学者阿里亚斯·蒙塔诺等人编纂而成，佛兰德斯印刷商克里斯托弗·普兰廷印刷，8卷对开本。该版《圣经》在《康普顿多语种圣经》的拉丁语、希腊语和希伯来语基础上，又加上了叙利亚语的《新约》。

10. 瓦伦西亚（Valencia），西班牙东部城市。

11. 莫扎勒布语（Mozarabic），9—15 世纪摩尔人统治下的西班牙基督徒使用的语言，15 世纪后逐渐消亡。

12. 波利多尔·弗吉尔（Polydore Vergil，约 1470—1555），意大利人文主义学者、教士、历史学家、外交家，长期在英格兰定居，著有《英格兰史》（*Anglica Historia*），被誉为"英格兰历史之父"。

13. 即皮耶罗·阿尔奇奥尼欧（Pietro Alcionio，约 1487—1527），威尼斯人文主义学者、古典学者，以翻译亚里士多德作品著称。

14. 安东尼奥·内布里哈（Antonio de Nebrija，1441—1522），西班牙文艺复兴时期学者、教师、历史学家、天文学家，曾在萨拉曼卡大学执教，并于 1492 年出版《卡斯蒂利亚语语法》（*Grammar of the Castilian Language*），是西班牙第一部语法书。

15. 费迪南·努涅斯（Ferdinand Nunez，1475—1553），西班牙人文主义学者、文献学家、谚语研究学者，曾先后在康普顿斯大学和萨拉曼卡大学教授希腊语和修辞学，并参与《康普顿多语种圣经》的编纂工作，死后其所藏书籍捐赠给萨拉曼卡大学。

16. 萨拉曼卡（Salamanca），西班牙西北部城市，建有著名的萨拉曼卡大学，该大学 1218 年由莱昂国王阿方索九世建立，为欧洲古老学府之一。

17. 迭戈·乌尔塔多·德·门多萨（Diego Hurtado de Mendoza，1503—1575），西班牙小说家、诗人、外交家、历史学家，出生于格拉纳达，曾任西班牙国王、神圣罗马帝国皇帝查理五世驻威尼斯和罗马的大使，并作为帝国代表参加特伦特宗教会议。他也是一位收藏家，收藏了许多书籍、手稿、雕塑和钱币，后献给西班牙国王菲利普二世，收藏于埃斯科里亚尔皇家修道院，著有历史著作《格拉纳达战争》（*The War of Granada*），相传他还是小说《托梅斯河上的拉撒路》的作者。

18. 塞勒斯特（Sallust，前 86—前 34），古罗马历史学家、政治家。

19.《托梅斯河上的拉撒路》（*Lazarillo de Tormes*），西班牙文学史上第一部流浪汉小说，因其反教会色彩而匿名出版，相传作者为迭戈·乌尔塔多·德·门多萨。小说采用自传体叙述方式，以主人公拉撒路的流浪经历为线索，真实反映了中世纪西班牙的社会状况。小说语言流畅，笔调幽默生动，开创了西班牙文学中一种全新的文学形式。中译本有杨绛所译《小癞子》。

20. 唐·费迪南·哥伦布（Don Ferdinand Columbus，1488—1539），西班牙书志学家、宇宙志家、藏书家，航海家克里斯托弗·哥伦布次子，著有《哥伦布生平和事业史》（*The Life of the Admiral Christopher Columbus*）。

21. 神迹剧（miracle-plays），中世纪表演《圣经》里故事的奇迹剧。

22. 塞维利亚大教堂（Seville Cathedral），仅次于梵蒂冈的圣彼得大教堂和米兰大教堂，为世界第三大教堂，在原伊斯兰教清真寺的旧址上改建而成。

23. 吉拉达塔（Giralda），指塞维利亚大教堂的钟楼，原为清真寺的宣礼塔，高 105 米。

24. 伊莎贝拉二世（Isabella Ⅱ，1830—1904），波旁家族的西班牙女王，1868 年在西班牙光荣革命中遭驱逐，1870 年正式退位，其子阿方索七世于 1874 年加冕为西班牙国王。

25. 蒙庞西耶公爵（Duke of Montpensier，1824—1890），法国贵族，法王路易·菲利普幼子，1846 年在西班牙迎娶西班牙女王伊莎贝拉二世的妹妹英凡塔·路易萨·费南迪（Infanta Luisa Fernanda），二人之女梅赛德丝（Mercedes）后嫁给伊莎贝拉的儿子阿方索七世而成为西班牙王后。

26. 亨利·哈利西（Henry Harrisse，1829—1910），美国学者、艺术批评家、律师、历史学家。

27. 皮埃尔·代利（Pierre d'Ailly，1351—1420），法国神学家、占星术家，天主教红衣主教，所著《世界印象》（*Imago Mundi*）是一本宇宙志。

第十四章

1.《梵蒂冈维吉尔抄本》（*Vatican Virgil*），一部抄写于 400 年左右的彩饰手抄本，于罗马成书，现存于梵蒂冈。包含古罗马诗人维吉尔的《埃涅阿斯纪》（*Aeneid*）和《农事诗》（*Georgics*），是现存最早的《埃涅阿斯纪》

文本，世上仅存的三部古典时期的手稿之一，其他两部分别为《罗马维吉尔抄本》（写于 5 世纪，内有维吉尔的《埃涅阿斯纪》《农事诗》和一部分《牧歌》）和《安布罗修伊利亚特抄本》（于 493—508 年成书，地点为君士坦丁堡，古典时期唯一留存的插图本荷马史诗）。

2. 沙隆·德·梅纳尔（Charron de Ménars，1643—1718），全名让·雅克·沙隆·德·梅纳尔（Jean Jacques Charron de Ménars），法国政治家和藏书家，曾任巴黎议会议长，是财政大臣让·巴普蒂斯特·柯尔培尔的内弟。1680 年通过拍卖购得历史学家德图的藏书，又在此基础上扩充，到 1706 年，其藏书已达 20000 册，被红衣主教德·罗昂买去；之后再度收藏一批书籍，于 1720 年卖与荷兰书商亚伯拉罕·德·洪特。

3. 桑－马尔斯侯爵（Marquis de Cinq-Mars），本名亨利·夸菲耶·德·吕泽（Henri Coiffier de Ruze，1620—1642），路易十三宠臣，1642 年，与国王弟弟加斯东合谋推翻首相黎塞留，事败后被处死。

4. 即加斯东·让·巴蒂斯特（Gaston Jean Baptiste，1608—1660），法王亨利四世第三子，路易十三之弟，获封奥尔良公爵。曾与桑－马尔斯侯爵图谋推翻黎塞留，阴谋败露后，又卑鄙地抛弃了同伙，路易十四继位后，成为王国摄政。

5. 罗斯巴赫战役（Battle of Rossbach），七年战争中发生在普鲁士与法国－神圣罗马帝国联军之间的一场战役，时间为 1757 年 11 月 5 日，地点位于萨克森选帝侯国的罗斯巴赫镇，普鲁士军 22000 人，由腓特烈大帝（Frederick the Great）亲自指挥，而联军人数近 42000 人，由法国的苏比兹亲王和奥地利的希尔德堡豪森亲王（Prince of Hildburghausen）指挥。战争持续了 90 分钟，最终普鲁士军队击败了人数几近两倍于己的联军，大获全胜，此役为 18 世纪欧洲经典战役之一。

6. 吉安·文森齐奥·佩内利（Gian Vincenzio Pienlli，1538—1601），意大利人文主义学者，伽利略的老师，亦是知名的植物学家和藏书家。

7. 艾克斯，全称为普罗旺斯地区艾克斯（Aix-en-Provence），法国南部城市，普罗旺斯前首府。

8. 绳索腰带修士（Cordelier），指天主教方济各会修士，因腰间系一打结的绳索而得名。

9. 丹尼尔·海恩休斯（Daniel Heinsius，1580—1655），文艺复兴时期

荷兰学者，于1607年担任莱顿大学图书馆馆长。

10. 皮埃尔·加森迪（Pierre Gassendi，1592—1655），法国哲学家、数学家、天文学家、教士，出身于普罗旺斯一个农民家庭，后获神学博士学位，受天主教神职，并在艾克斯大学任教。

11. 哲罗姆·亚历山大（Jerome Alexander，约1590—1670），英国出生的律师、法官、政治家，一生大部分时间生活于爱尔兰，是都柏林圣三一学院的知名赞助人。

12. 纳瓦尔学院（Collège de Navarre），历史上巴黎大学的一个学院，由法王菲利普四世（Philip IV）的王后、纳瓦尔的乔安娜一世（Joan I of Navarre）于1305年建立。

13. 卡庞特拉（Carpentras），法国东南部城市。

14. 加布里埃尔·诺代（Gabriel Naudé，1600—1653），法国图书管理员、学者、作家，曾主持创建巴黎马萨林图书馆。

第十五章

1. 四喷泉（Quattro Fontane），是一组文艺复兴时期的喷泉。四座喷泉分别象征罗马的台伯河、佛罗伦萨的阿诺河、女神朱诺和女神狄安娜，前三座喷泉由多米尼克·方塔纳（Domenico Fontana）建成，狄安娜喷泉则出自画家和建筑师皮得罗·达·科尔托纳（Pietro da Cortona）之手。

2. 利穆赞（Limousin），法国中部大区，下辖科雷兹省、克勒兹省和上维埃纳省。

3. 利摩日（Limoges），法国中南部城市，利穆赞大区首府和上维埃纳省省会，也是利穆赞大区最大的城市。

4. 安吉利卡图书馆（Angelica Library），由意大利人文主义学者、图书管理员和奥斯定修会主教安杰洛·罗卡（Angelo Rocca 1545—1620）于1604年创立于罗马，1609年向公众开放，与米兰安布罗修图书馆一道，为欧洲最早的公共图书馆，目前收藏了180000卷手稿和1100本摇篮本。

5. 洛伦佐图书馆（Laurentian Library），位于意大利佛罗伦萨，由出身于美第奇家族的教皇克莱门特七世兴建，米开朗琪罗负责设计。图书馆有美第奇家族收藏的诸多珍贵手稿和书籍，包括 11000 种手稿和 4500 多部早期印本。

6. 海因里希·兰特劳斯（Heinrich Rantzaus，1526—1598），德国人文主义学者、政治家、占星术士，同时也是学术赞助人和藏书家。

7. 英寻（fathom），英制水深单位，一英寻等于 6 英尺，等于 1.6288 米。

8. 投石党运动（Fronde，1648—1653），或译"投石党乱""福隆德运动"，法西战争期间发生在法国的一场反抗专制王权的政治运动。投石器是一种类似于弹弓的古代军器，1648 年，巴黎群众曾用投石器射击首相马萨林及其拥护者的住宅。

9. 帕拉斯（Pallas），即智慧女神雅典娜。

10. 即马库思·梅波米乌斯（Marcus Meibomius，约 1630—1710），丹麦学者、历史学家、文物学家，以研究音乐历史闻名。

11. 阿布维尔（Abbeville），法国北部城市，位于索姆省。

12. 即皮埃尔·德·卡尔喀维（Pierre de Carcavi，约 1603—1684），法国数学家，曾在路易十四时期担任皇家图书馆馆长，以严厉著称，被人戏称为"皇家图书馆的看门狗"（Watchdog of the royal library）。

13. 艾蒂安·巴吕兹（Étienne Baluze，1630—1718），法国教会法学者、历史学家，出生于利穆赞的图勒。曾在图卢兹的耶稣会学校学习八年，并在教会史和教会法领域获得了很高声誉。后到巴黎，于 1667—1670 担任财政大臣柯尔培尔的图书管理员，之后接受路易十四任命，担任皇家学会会长，一直到 80 岁高龄，后因发表两卷本的《奥弗涅家谱历史》被放逐。收藏了 1500 卷手抄本，在他去世后均被拍卖。

14. 梅兹（Metz），法国东北部城市。

15. 里弗尔（livre），法国古代货币单位，1794 年停用。

16. 阿德里安·巴耶（Adrien Baillet，1649—1706），法国学者、批评家，以为笛卡尔撰写传记而闻名。巴耶曾于 1680 年接受任命，担任弗朗索瓦·克雷蒂安·德·拉穆瓦尼翁的图书管理员，并亲手制作了一份 35 卷的藏书目录，配以注释和说明。

17. 即尼古拉·雷尼·巴里耶（Nicolas René Berryer，1703—1762），

法国政治家、法官，拉弗尔里埃伯爵，曾在海军部就职，也是一位著名的藏书家，其独女玛丽·伊丽莎白·巴里耶（Marie Élisabeth Berryer）于1758年嫁给了拉穆瓦尼翁家族成员、法国司法部部长克雷蒂安·弗朗索瓦·德·拉穆瓦尼翁·德·巴斯维尔（Chrétien François de Lamoignon de Basville），故两个家族的藏书合并，后被伦敦著名书商和出版商托马斯·佩恩（Thomas Payne）整批购去。

18. 皮埃尔·贝尔（Pierre Bayle，1647—1706），法国哲学家、评论家、早期思想启蒙家，著有《哲学评注》（*Philosophical Commentary*）、《历史与批评辞典》（*Historical and Critical Dictionary*）等。

19. 皮斯托尔（pistole），法国人对1537年开始使用的西班牙金币的称呼，一个皮斯托尔约等于10个里弗尔或者3个埃居（écu）。

20.《南特赦令》（*Edict of Nantes*），法国国王亨利四世于1598年4月30日在南特签署的一项赦令，承认法国境内胡格诺教派（Huguenots，新教加尔文教派在法国的称谓）的信仰自由，并在法律上享有与公民同等的权利。该赦令亦是世界近代史上第一份有关宗教宽容的赦令。后亨利四世之孙路易十四于1685年颁布《枫丹白露赦令》（*Edict of Fontainebleau*），宣布新教为非法，《南特赦令》因此被废除。《南特赦令》原件现存于法国国家档案馆。

21. 约翰·伊夫林（John Evelyn，1620—1706），英国作家、园艺家、日记作家，英国皇家学会创始人之一，著有《日记》（*Diary*）、《森林志，又名林木论》（*Sylva, or A Discourse of Forest-Trees*）等。

22. 码（yards），英制长度单位，1码＝3英尺＝36英寸＝0.9144米。

23. 伊特鲁里亚，意大利中部的古代城邦国家，前8—前6世纪达到鼎盛，曾创造辉煌的文化，后被罗马征服。其艺术风格受希腊文化影响，雕塑、绘画多表现世俗生活，色彩华丽。

24. 即奥尔良的夏尔（Charles d'Orléans de Rothelin，1691—1744），又称罗斯林神甫，法国教士、学者、作家，同时还是藏书家和钱币奖章收藏家。

25. 贝桑松（Besançon），法国东部城市，邻近瑞士，是弗朗什孔泰大区和杜省首府。

26. 安托万·佩莱诺特·德·格兰维尔（Antoine Perrenot de Granvelle,

1517—1586），勃艮第政治家、红衣主教，西班牙哈布斯堡王朝首席大臣，也是著名的艺术赞助人，曾赞助过提香和莱奥尼。

27. 沙隆（Chalons），法国东部自治市，位于勃艮第－孔泰大区。

28. 让·布依埃（Jean Bouhier, 1673—1746），法国法学家、历史学家、翻译家和藏书家，收藏了 35000 册书籍和 2000 部手稿。

29. 安托万·维拉尔（Antoine Verard），15 世纪末 16 世纪初巴黎印刷商，所印书籍以插图华丽著称。

30. 安德烈·格里菲乌斯（Andreas Gryphius, 1616—1664），德国抒情诗人、戏剧家。

31. 红鞋跟（talon rouge），17 世纪法国对穿红色高跟鞋的贵族的称呼。

32. 宁录（Nimrod），《圣经》人物，按《创世记》和《历代志》所载，宁录是古实之子，诺亚的曾孙，士拿地的王，"为世上英雄之首，他在耶和华面前是个英勇的猎户"。后人以宁录比喻"勇猛的猎手"或"无敌英雄"。

33. 曼特侬侯爵夫人（Marquise de Maintenon, 1635—1719），本名弗朗索瓦丝·多比涅（Françoise d'Aubigné），法王路易十四的第二任妻子，但并未由官方正式公告承认，也从未被视为法国王后，但她仍旧在法国朝政中有着重要影响力，是路易十四最亲近的顾问。

34. 詹森派（Jansenist），17 世纪天主教反正统派别，创始人为荷兰天主教神学家康内留斯·奥图·詹森（Cornelius Otto Jansen, 1585—1638），主张教会的最高权力不属于教皇而属于公会议，1653 年被教皇英诺森十世斥为异端，下诏禁绝。其追随者传其学说于法国、荷兰等地。

35. 布鲁塞尔轰炸（Bombardment of Brussels），发生于大同盟战争期间（War of the Grand Alliance, 1688—1697），法王路易十四的军队于 1695 年 8 月 13 日对布鲁塞尔发动炮击，历时三天，炮击引起大火，包括大宫殿在内的三分之一城市建筑被摧毁。法军本想通过布鲁塞尔轰炸缓解联军的那慕尔之围（Siege of Namur），但终告失败。大同盟战争，又叫奥格斯堡同盟战争（War of the League of Augsburg）、九年战争（Nine Years' War），是英国、西班牙、荷兰和神圣罗马帝国为首的大同盟为抵制法王路易十四在欧洲的领土扩张而进行的战争，战争进行了 9 年，最终于 1697 年签订《里斯维克和约》（*Treaty of Ryswick*），法国被逼与各同盟国言和。但其称霸欧洲的野心未改，数年后又掀起了更大规模的西班牙王位继承战争（War of the Spanish Succession，1701—1714）。

36. 老加图（Cato the Elder），全名马库斯·波西乌斯·加图（Marcus Porcius Cato，前234—前149），罗马共和国时期政治家、演说家、历史学家，通常称为老加图（Cato the Elder）或监察官加图（Cato Censorious），以区别于其曾孙、罗马共和国晚期政治家小加图（Cato the Younger，前95—前46）。

37. 尼古拉·福柯（Nicolas Foucault，1643—1721），法国政治家、藏书家，曾任大议会（Grand Council）法律总顾问和蒙托邦、波城及卡昂等地的地方长官。

38.《海豚集注本经典》（*The Delphin Variorum Classics*），路易十四时期为皇太子路易（Louis, Grand Dauphin，1661—1711）学习而专门编辑出版的拉丁语经典，约有25卷，39位学者参与编纂，每部作品都有一本拉丁文注解和词语索引，每卷书上都有阿里昂（Arion，希腊神话中的诗人和乐师）和海豚的雕版画（海豚是1349—1830年间法国对皇太子的称呼），还有一句题词："为最尊贵的太子殿下使用（in usum serenissimi Delphini）"。

39. 米拉尔·德·圣朱斯特（Mérard de St. Just，1749—1812），法国学者、藏书家，曾在1783年发行一本仅有25份的书籍目录。该目录甚为古怪，包括他自己的藏书、不再属于他的藏书和他渴望得到的书，甚至还有一些完全杜撰的书。

40. 指米拉波侯爵（Marquis de Mirabeau），全名维克多·德·里克蒂（Victor de Riqueti，1715—1789），法国经济学家，因其作品《人类之友》（*L'Ami des homes*）而得昵称"人类之友"。

41. 布封（Buffon，1707—1788），法国植物学家，本名乔治·路易·勒克莱克（Georges Louis Leclerc），布封伯爵（Comte de Buffon），著有《自然史》（*Histoire Naturelle*），在他生前出版35卷，去世后又出版9卷。

42. 皮埃尔－路易·甘格纳（Pierre-Louis Guinguené，1748—1816），法国诗人、评论家，著有14卷的《意大利文学史》。文中所提文章的全名为《从〈巨人传〉中看拉伯雷在当前革命和教士、皇家机构、政治和教会的公民宪法中的权威》(*The Authority of Rabelais in the Revolution and the Civil Constitution of the Clergy or Royal Institutions Political and Ecclesiastical from Gargantuan and Pantagruel*）。

43. 埃匹克提图（Epictetus，约 55—约 135），古罗马新斯多葛派哲学家。

44. 卢克莱修（Lucretius，约前 99—约前 55），全名提图斯·卢克莱修·卡鲁斯（Titus Lucretius Carus），罗马共和国末期诗人和哲学家，以哲理长诗《物性论》(*De Rerum Natura*）著称于世。

第十六章

1. 威廉·欧戴斯（William Oldys，1696—1761），英国纹章官、文物学家，著有《杂录》一书，全称为《古典文学，威廉·欧戴斯自传，与他的日记、杂录选注和伦敦图书馆一览》(*A Literary Antiquary; Memoir of William Oldys. Together with His Diary, Choice Notes from His Adversaria, and an Account of the London Libraries*）。

2. 威廉·亨特（William Hunter，1718—1783），苏格兰解剖学家、物理学家，也是著名的收藏家。

3. 威廉·约翰·汤姆斯（William John Thomas，1803—1885），英国作家、编辑，是《注释与查询》(*Notes and Queries*）杂志的创刊人，该刊自 1849 年创刊，目前仍由牛津大学出版社继续出版，内容涵盖英国语言文学、历史文物研究和词典编纂等方面。

4. 南海泡沫事件（South Sea Bubble），发生在 1720 年的英国，因公众对南海公司股票的投机而引发的泡沫经济。南海公司成立于 1711 年，成立之初认购了总价值近 1000 万英镑的政府债券，作为回报，英国政府对该公司经营的酒、醋、烟草等商品实行永久性的退税政策，并赋予该公司对南美洲的贸易垄断权，公众因而对公司前景充满信心，公司股票价格不断上涨。随着 1719 年英国政府允许中奖的政府债券与南海公司股票进行转换和南美贸易障碍的扫除，公司股价进一步飞涨，同时带动了英国所有公司的股票价格上涨，形成投机狂潮。1720 年 6 月，为制止各类公司股票价格膨胀，议会通过了《反泡沫公司法》。之后股票投机狂潮冷却，南海公司股价一落千丈，"南海泡沫"遂告破灭。

5. 即杰拉德·朗贝因（Gerard Langbaine，1656—1692），英国戏剧传记作者、批评家，著有《英国戏剧诗人》（*An Account of the English Dramatic Poets*）一书。

6. 爱德华·海德（Edward Hyde，1609—1674），英国政治家、历史学家，第一任克莱伦登伯爵，英国女王玛丽二世和安妮女王的外祖父，并于1660—1667 年担任牛津大学校长。著有反映英国内战的历史著作《英格兰叛乱和内战史》（*The History of Rebellion and Civil Wars in England*）。

7. 托马斯·沃特森·温特沃斯（Thomas Watson Wentworth，1693—1750），英国贵族、政治家，1734 年被封为马尔顿伯爵，1746 年被封为罗金汉姆公爵。

8. 托马斯·温特沃斯（Thomas Wentworth，1593—1641），英国政治家，英国内战前期重要人物，因支持国王查理一世而被议会处决。

9. 温特沃斯·伍德豪斯庄园（Wentworth Woodhouse），位于英格兰约克郡南部罗瑟汉姆温特沃斯村的一座乡间庄园，是目前英国最大的私人宅邸，占地约 1 公顷，环以 73 公顷大的花园。最早属于英国内战时期因支持查理一世而被议会处决的斯特拉福德伯爵托马斯·温特沃斯，由其后人第一代罗金汉姆公爵托马斯·沃特森·温特沃斯于 1725 年重建，为典型的巴洛克风格建筑。200 年间，数度易主，今由温特沃斯·伍德豪斯保护信托组织（Wentworth Woodhouse Preservation Trust）代表英国政府管理。

10. 征服者威廉（William the Conqueror，约 1028—1087），即威廉一世（William I），英国诺曼王朝首位国王，1066—1087 年在位。原为法国诺曼底公爵，1066 年凭军事征服登上英格兰王位，故得"征服者威廉"之绰号。

11.《玫瑰传奇》（*Le Roman de la Rose*），法国中世纪长篇叙事诗，分为两部分。第一部分完成于 13 世纪 20 年代，有 4058 行，作者为纪尧姆·德·洛里斯（Guillaume de Lorris，1200—约 1240），以"玫瑰"喻少女，叙述诗人追求"玫瑰"而不得的故事。第二部分完成于 13 世纪 60 年代，作者为让·德·墨恩（Jean de Meung，约 1240—1305），这部分长达

17724 行，讲述诗人在理性和自然的帮助下，经过种种努力，终于得到玫瑰。《玫瑰传奇》是中世纪流传最广的文学作品之一，14 世纪末至 16 世纪初，即有 200 多种手抄本。印刷术发明后，又有许多版本印行。

12. 詹姆斯·怀斯特（James West，1704—1772），英国政治家、文物学家，1728 年进入律师界，有数年住在内殿律师学院，1736 年 1 月 4 日，他房中突起大火，3000 份文物和藏书均被烧毁。

13. 哈默顿（Homerton），伦敦东部一地区，位于哈克尼区（Hackney）。

14. 约翰·尼科尔斯（John Nichols，1745—1826），英国作家、出版商、文物学家，从 1788 年到其去世前一直从事《绅士》（*Gentleman's Magazine*）杂志的编辑工作，著有 9 卷本的《18 世纪文坛轶事》（*Literary Anecdotes of the Eighteenth Century*）一书。

15. 威廉·塞西尔（William Cecil，1520—1598），英国政治家，伊丽莎白一世的主要顾问，两度出任国务秘书，于 1571 年获得贵族封号，成为第一代伯雷勋爵（Lord Burghley），次年出任财政大臣，1559 年起任剑桥大学校长。

16. 约翰·福克西（John Foxe，1516—1587），英国历史学家，牛津大学莫德林学院院士，曾在牛津大学执教。玛丽一世（Mary I，1516—1558）统治时期福克西大肆迫害新教徒，后被迫流亡欧洲大陆，并在那里完成《殉道史》（*Book of Martyrs*）一书，又称为《事迹与丰碑》（*Acts and Monuments*），是英国宗教改革中最有影响力的作品之一。

17. 克里斯托弗·耶尔弗顿（Christopher Yelverton，1536—1612），英国法官、下议院议长，留给其后人一大批法律手稿。

18. 弗朗西斯·沃尔辛汉姆（Francis Walsingham，约 1532—1590），英国政治家，曾长期担任伊丽莎白一世的国务秘书（1573—1590），受封为弗朗西斯爵士。

19. 即约翰·克里斯托弗·佩普施（Johann Christoph Pepusch，1667—1752），德国作曲家，一生大部分时间都居住在英国。

20. 吉尔伯特·谢尔登（Gilbert Sheldon，1598—1677），英国教士，自 1663 年起任坎特伯雷大主教，一直到去世，并于 1667 年担任牛津大学校长，曾激烈反对 1672 年的《宽容宣言》（*The Declaration of*

Indulgence)。

21. 威廉·桑克罗夫特（William Sancroft, 1617—1693），坎特伯雷大主教（1677—1690），7 位因反对詹姆斯二世（James Ⅱ, 1633—1701）而被关押的主教之一。1688 年 5 月，英王詹姆斯二世颁布第二道意欲恢复天主教的《宽容宣言》并下令在全国各教堂宣读。鉴于多数教堂拒绝宣读，坎特伯雷大主教桑克罗夫特和 6 名主教联名向詹姆斯二世递交请愿书，要求取消此宣言，詹姆斯二世下令将他们逮捕并囚于伦敦塔，并以诽谤罪起诉，被称为"七主教审讯案"（Trial of the Seven Bishops），后因陪审团裁定他们无罪而被释放。

22. 乔治·卡鲁（George Carew, 1555—1629），英国政治家，在都铎王朝占领爱尔兰期间被任命为芒斯特省长官，同时也是一位收藏家，与威廉·卡姆登、罗伯特·科顿、托马斯·博德利交好，死后其藏书遗赠给秘书托马斯·斯坦福德，另有部分藏书被坎特伯雷大主教劳德收藏，因而入藏兰贝斯宫。

23. 达尔维奇学院（Dulwich College），英国著名私立寄宿制男校，位于伦敦市郊，成立于 1619 年。

24. 菲利普·马辛格（Philip Massinger, 1583—1640），英国戏剧家，著有《旧债新还》（*A New Way to Pay Old Debts*）、《都市女士》（*The City Madam*）和《罗马演员》（*The Roman Actor*）等剧，以讽刺性和现实主义著称。

25. 威廉·马克汉姆（Williams Markham, 1719—1807），英国牧师、神学家，1753—1765 年担任威斯敏斯特学校校长，1777 年担任约克大主教。

26. 理查德·贝克（Richard Baker, 约 1568—1645），英国政治家、历史学家，著有《英格兰国王编年史》（*A Chronicle of the Kings of England*）一书。

27. 约翰·科利特（John Colet, 1467—1519），英国人文主义学者、神学家、教士，曾担任圣保罗大教堂教长，同时也是圣保罗公学创始人，语法学家威廉·利利曾担任圣保罗公学第一任校长（1509—1522）。

28. 亨利·皮尔庞特（Henry Pierrepont, 1606—1680），英国贵族，多切斯特侯爵，生平爱书，其藏书死后赠予医师学院。因喜好医学和法律，获得医师学院研究员名誉。

29. 贝维斯马克思（Bevis Marks），位于伦敦东部阿德盖特区，是一条仅有 150 米长的短街，犹太人于 1701 年在此建起一座犹太会堂（Bevis Marks Synagogue）。

30.《密什那》（Mischna），希伯来语 Mishnah 的音译，意为"重复学习""教导"，系《塔木德》的前半部和条文部分，依据前代学者的 13 种口传资料，以希伯来语写成，用以记载教规、戒律、婚姻家庭、宗教生活等守则，分为 6 卷 63 篇，是犹太教一部重要的口传律法典籍。

31. 萨伏伊（Savoy），伦敦城中心一小片区域，覆盖半条斯特兰德（the Strand）大街，南邻泰晤士河。

32. 浸礼会（Baptist），基督教新教宗派之一，反对给婴儿施洗，坚持成年人才能受洗，主张施洗者必须全身浸入水中。后分化成浸信会、浸礼会、安息浸礼会等，主要分布于英、美等国。

33. 贵格会（Quaker），又名教友会、公谊会，兴起于 17 世纪中期的英国及其在美洲的殖民地，"贵格"为英文 Quaker 的音译，意为"颤抖者"。会名来源传说不一。一说在初期宗教聚会中常有教徒全身颤抖；一说创始人乔治·福克斯（George Fox，1624—1691）曾劝人"在神的话语前，震惊颤抖"，故有此别称。

34. 约翰·威廷（John Whiting，1656—1722），英国贵格会教徒，曾编纂《教友书目录》（*A Catalogue of Friends' Books*）。

35. 托马斯·海德（Thomas Hyde，1636—1703），英国教士、东方学家，16 岁入剑桥大学国王学院学习，1665 年担任牛津大学博德利图书馆馆长，在任期间，主持编纂了《博德利图书馆印本目录》（*Catalogue of the Printed Books in the Bodleian Library*），为该图书馆出版的第三种目录。1673 年，被任命为格罗斯特主教。

36. 布莱尼姆宫（Blenheim Palace），又称丘吉尔庄园，位于英格兰牛津郡伍德斯托克（Woodstock），是英格兰最大的乡间别墅之一，修建于 1705—1722 年间，系安妮女王为第一任马尔博罗公爵约翰·丘吉尔（John Churchill，1650—1722）所建，以表彰他 1704 年在巴伐利亚的布莱尼姆（Blenheim）率军打败法国军队的功绩。约翰·丘吉尔于 1722 年去世，由于他的儿子们都先于他去世，英国议会专门通过一项议案，由其长女亨利埃塔（Henrietta，1681—1733）继承公爵爵位，亨利埃塔育有一子，但先于她去世，故她去世后，马尔博罗公爵爵位和布莱尼姆宫则由她的妹妹安妮与丈夫、第三任桑德兰伯爵查尔斯·斯宾塞之次子查尔斯·斯宾塞继承。

37. 理查德·米德（Richard Mead，1673—1754），英国医生、皇家学会会员，也是收藏家，收藏包括绘画、珍版书、古典雕塑、珠宝和动物标本，藏书达到10000多册，在其死后被拍卖，用了56天才拍卖完毕。

38. 英国文学的奥古斯都时期（Augustan Age of Britain），在英国文学史上，18世纪上半叶被称为"奥古斯都时期""新古典主义时期"，奥古斯都一词源自当时作家和诗人对古罗马奥古斯都时期诗人维吉尔、贺拉斯的模仿，特指英国王政复辟后到亚历山大·蒲柏（Alexander Pope）和乔纳森·斯威夫特（Jonatham Swift）去世这段时间，主要作家有蒲柏、约翰·德雷顿、乔纳森·斯威夫特和约瑟夫·阿狄生等。

39. 理查德·史密斯（Richard Smith，1590—1675），英国藏书家，出生于白金汉郡利林斯顿戴维尔（Lillingston Dayrell），曾为伦敦家禽监狱副手。

40. 约翰·布里奇斯（John Bridges，1666—1724），英国律师、文物学家、地志学者。

41. 托马斯·布雷顿（Thomas Britton，1644—1714），英国木炭商人，以举办音乐会闻名，收藏了很多音乐书籍和乐器，死后由其遗孀卖给收藏家汉斯·斯隆。

42. 约翰·德雷顿（John Dryden，1630—1700），英国诗人、文学批评家、翻译家和剧作家，英国第一位桂冠诗人，被称为"光荣约翰"（Glorious John）。

43. 威廉·康格里夫（William Congreve，1670—1729），英国剧作家、诗人，著有《老光棍》（*The Old Bachelor*）、《以爱还爱》（*Love for Love*）和《如此世道》（*The Way of the World*）等，是英国风俗喜剧（comedy of manners）的杰出代表。

44. 罗伯特·伯顿（Robert Burton，1577—1640），英国教士、牛津大学学者，著有《忧郁的剖析》（*The Anatomy of Melancholy*）一书。

45. 理查德·希伯（Richiard Heber，1773—1833），英国藏书家，英国藏书家俱乐部罗克斯伯勒俱乐部（Roxburghe Club of Bibliophiles）的18

位发起人之一。

46. 约瑟夫·阿狄生（Joseph Addison，1672—1719），英国散文家、诗人、剧作家，曾就读于牛津大学莫德林学院，与他人合办《闲话者》（*Tatler*）和《旁观者》（*Spectator*）等刊物，为英国散文大师之一，著有诗篇《远征》、悲剧《卡托》和众多文学评论文章。

47. 汤姆对开本（Tom Folio），语出英国散文作家约瑟夫·阿狄生发表在1710年4月13日《闲话者》上的一篇文章，作者以"汤姆对开本"讽刺那些出没于各种书籍拍卖场合的藏书家。阿狄生在文中写道："汤姆对开本是一名知识掮客，负责将各种好书凑到一起，囤积大人物的藏书。没有哪桩交易不等他大驾光临就开始，没有哪次拍卖在关键时刻未闻他的大名就能一锤定音，没有哪桩订购能在他不知情的情况下完成。就书籍的标题页来说，他堪称一名万能学者，熟谙手稿的发现地，通晓版本的流转过程，深知书籍曾受知识界何人赞美，何人批评。"

48. 安东尼·艾思丘（Anthony Askew，1722—1774），英国古典学者、内科医生、收藏家，其收藏被大英博物馆购买，藏书则为乔治三世所购买，后入藏国王图书馆。

49. 约瑟夫·史密斯（Joseph Smith，约1682—1770），英国驻威尼斯领事，艺术赞助人、收藏家、鉴赏家。

50. 国王图书馆（King's Library），由英王乔治三世（1738—1820）收集的一批藏书，约有65000卷，后由乔治四世捐献给英国政府，今存于大英图书馆。

51. 弗朗西斯·蔡尔德（Francis Child，1642—1713），英国银行家、政治家，英国最早的银行蔡尔德银行的创始人。

52. 霍拉斯·沃波尔（Horace Walpole，1717—1797），英国艺术史学者、文物学家、政治家，著有首部哥特体小说《奥兰多城堡》（*The Castle of Otranto*）。

53. 托普汉姆·伯克勒克（Topham Beauclerk，1739—1780），英国皇家学会会员、藏书家。

54. 文学俱乐部（Literary Club），伦敦一家晚餐俱乐部，由艺术家约书亚·雷诺德（Joshua Reynolds，1723—1792）和散文家塞缪尔·约翰逊、哲学家埃德蒙德·伯克（Edmund Burke，1729—1797）于1764年发起创立。

55. 坎提勒努斯（Cantilenus），和赫苏图斯（Hirsutus）均为散文家塞缪尔·约翰逊在随笔集《漫步者》（*Rambler*）中虚构的收藏家，作者在文中批评这些收藏家除了展示他们的稀罕物件之外，对身边发生的一切浑然不觉，没有任何意愿提高自己的智识和思想。

56.《林中小孩》（*The Children in the Wood*），英国一首古老民谣，讲述两个孩子在父母去世后由其叔父抚养，叔父贪图孩子的财产而将他们交给两名恶徒带到森林中杀死，其中一名恶徒动了恻隐之心，杀死另一恶徒后一去不回，两个孩子终死于林中，知更鸟用树叶掩埋了他们。此后，邪恶的叔叔连遭厄运，最终死于囹圄。民谣于 1595 年首次出版。

57.《伦敦公报》（*London Gazette*），英国第一家真正的报纸，以单页纸定期出版，刊载新闻。由著名报人麦迪曼（H.Muddiman）于 1665 年 11 月 16 日创刊于牛津，作为迁都于此的英国政府机关报，始称《牛津公报》（*Oxford Gazette*）。第 24 期后又随英国政府迁回伦敦，改称《伦敦公报》，现在每周出版 4 次，是世界上最古老的报纸之一。

58. 即理查德·平森（Richard Pynson, 1448—1529），英国早期印刷商，出生于法国的诺曼底，后移居英国。1491 年左右在伦敦开业印刷，后成为英王亨利八世的御用印刷师，一生所印 500 册书籍对英语的标准化有重要影响。

59. 詹姆斯·怀斯特（James West, 1768—1772），英国政治家、文物学家，1768—1772 年担任英国皇家学会主席。

60. 托马斯·皮尔森（Thomas Pearson，约 1740—1781），英国海军少校、藏书家，收藏了大量有关历史、文物、地志以及关于英国和爱尔兰纹章、航海和旅行等的书籍。

61. 理查德·法穆尔（Richard Farmer, 1735—1797），剑桥大学伊曼努尔学院院长、莎士比亚研究学者、藏书家，其藏书于 1798 年被拍卖时，目录长达 379 页。

62. 即马克·马斯特曼·塞克斯（Mark Masterman Sykes, 1771—1823），英国政治家、藏书家，其藏书于 1824 年被拍卖。

63. 约翰·登特（John Dent, 1761—1826），英国政治家、银行家、藏书家、罗克斯伯勒俱乐部成员、英国皇家学会会员。

64. 本杰明·希思（Benjamin Heath，1739—1817），英国学者、教育家，曾担任哈罗公学校长（1771—1785）。

65. 西奥多·德·布里（Theodor de Bry，1528—1598），荷兰雕刻师、金匠和出版商，以出版关于早期欧洲探险者到美洲的经历的书籍而闻名。

66. 约翰·亨特（John Hunter，1728—1793），著名外科医生、英国皇家学会会员，伦敦亨特协会以他的名字命名，皇家外科医师学院有以他名字命名的亨特博物馆。

67. 艾萨克·格斯特（Isaac Gosset，1745—1812），英国书志学家、藏书家。

68. 朱利奥·克洛维奥（Giulio Clovio，1498—1578），文艺复兴时期活跃于意大利的肖像画家，出生于克罗地亚。

69. 迈克尔·伍德赫尔（Michael Wodhull，1740—1816），英国藏书家、诗人，曾首次将欧里庇得斯的所有悲剧译成英语。

70. 罗克斯伯勒公爵（Duke of Roxburghe，1740—1804），本名乔治·科（John Ker），第三任罗克斯伯勒公爵，苏格兰贵族和收藏家，在意大利旅行期间，曾以100基尼的价格买下一本瓦尔德斐印刷的薄伽丘的《十日谈》。他收藏了大量书籍，尤其是莎士比亚的作品版本，或者是仅仅提到莎士比亚的作品。1804年，所藏10000多册书籍被拍卖，英国著名的藏书家俱乐部罗克斯伯勒俱乐部即以他的名字命名。

71. 乔治·斯宾塞·丘吉尔（George Spencer Churchill，1765—1840），英国贵族、政治家和藏书家，为英国首相温斯顿·丘吉尔的曾曾祖父，曾在罗克斯伯勒藏书拍卖会上击败斯宾塞伯爵，以2260英镑的价格买下一本1471年由威尼斯克里斯托弗·瓦尔德斐出版的薄伽丘的《十日谈》。